KB275126

추천사

클래식 음악은 한없이 멀고도 어려운 세계처럼 느껴지지만, 사실 제대로 된 안내자 한 명만 있어도 그 거리는 순식간에 좁혀집니다. 이 책은 음악 전공자가 아닌 한 건축가가 스스로 길을 찾으며 깨달은 '클래식 듣기의 진짜 방법'을 담아, 누구나 클래식을 즐길 수 있도록 다정하게 이끌어줍니다. 마치 좋은 친구가 옆에서 귀를 열어주는 것처럼, 클래식이 우리 삶 속으로 자연스럽게 스며들게 만듭니다. 클래식을 한 번쯤 좋아하고 싶었지만, 어디서 어떻게 시작해야 할지 막막했던 분들께 이 책을 진심으로 권합니다. 클래식을 듣는다는 것, 그 기쁨과 설렘을 이 책과 함께 꼭 만나 보기를 바랍니다.

김대진 _ 한국예술종합학교 총장, 피아니스트 & 지휘자

알게 되면 진실로 사랑하게 된다고 했습니다. 고전 음악은, 잘 알지 못하면 어렵고 따분하게 느껴질 수밖에 없습니다. 건축가 이지협은 클래식을 처음 만나는 순간부터 진정으로 사랑하고 즐기는 수준에 이르기까지 여섯 단계로 쉽고도 재미있게 독자들을 클래식의 세계로 안내합니다. 건축가가 풀어내는 고전 음악 입문서인 만큼 아름다운 건축물처럼 짜임새 있고 유용하며 창의적입니다. 기존 입문서의 패러다임을 깨뜨리는 이 흥미진진하고 참신한 『왜 내 귀에는 클래식이 안 들리는 걸까』와 더불어 클래식의 시공간을 마음껏 항해해 보시기를 추천합니다.

최왕돈 _ 국민대학교 건축대학 교수

『왜 내 귀에는 클래식이 안 들리는 걸까』라는 도발적 질문을 던지며 이 책은 클래식 듣기의 방법을 여섯 단계에 걸쳐 제시한다. 도시가 수많은 건물이 모여 만들어지는 공간의 총체이듯, 클래식

도 수많은 악기와 작품이 모여 완성되는 소리의 세계다. 이 책은 어렵게만 느껴지던 클래식 음악을 체계적으로 '건축'하듯 안내하여, 독자의 듣는 경험을 확장한다. 특히 건축가의 시선으로 클래식 듣기를 풀어냈기에, 이미 프로 수준의 애호가와 음악의 문턱 앞에서 망설이던 초심자 모두가 편안하게 다가갈 수 있다. 독자가 여섯 단계를 밟아가며 음의 결을 감지할 때, 클래식은 지루한 배경음이 아닌 도시의 골목길처럼 무궁무진한 이야기가 깃든 공간으로 변모한다. 이 책이 전하는 '클래식 듣기의 필수 단계'는 자신만의 음악 도시를 설계하는 든든한 청사진이 될 것이다.

김세훈 _ 서울대학교 환경대학원 교수

건축은 내게 익숙한 언어지만, 클래식 음악은 낯선 풍경이었다. 아름다움을 느끼면서도 어떻게 다가가야 할지 몰라 멀리서 바라볼 뿐이었다. 『왜 내 귀에는 클래식이 안 들리는 걸까』는 그런 사람을 따뜻하게 이끄는 책이다. 클래식에 대한 배경지식 없이도, 이 책이 안내하는 길을 따라가다 보니 어느새 익숙하지 않던 음악이 자연스럽게 들리기 시작했다. 건축과 음악은 다른 장르지만, 결국 감각과 질서를 창조하는 예술이라는 점에서 닮아 있다. 창작의 본질을 공유하는 두 세계를 연결해 준 이 책을, 클래식을 가까이하고 싶지만 망설였던 이들에게 권한다.

김이홍 _ 홍익대학교 건축도시대학원 교수,
(주)건축사사무소 김이홍아키텍츠 대표, 건축사

30년간 클래식을 사랑한 한 건축가의 생생한 경험이 담긴 이 책은, 클래식이 어렵게 느껴지는 이유를 명쾌하게 설명하고, 누구나 따라 할 수 있는 클래식 듣기의 체계적인 접근법을 제시합니다. 클래식이 낯설고 어렵게만 느껴졌던 이들에게, 이 책은 단순한 감상법을 넘어 클래식을 깊이 이해하고 온전히 즐길 수 있도록 도와주는 최고의 안내서가 될 것입니다.

최하늘 _ 계명대학교 경영정보학과 교수

막연히 클래식 음악은 어렵고 다가가기 어렵다고 느꼈던 분들에게 이 책은 친절한 안내서입니다. 쉽고 재미있는 설명으로 클래식에 대해 이해할 수 있고, 누구나 편안하게 클래식에 입문할 수 있도록 도와줍니다. 클래식에 담긴 흥미로운 이야기와 작품을 들어 나가는 체계적인 방법이 한층 더 클래식 음악을 가깝게 만들어 줍니다. 복잡한 이론 없이도 음악의 매력을 충분히 느낄 수 있는 최고의 입문서입니다. 이 책과 함께라면 클래식이 인생의 즐거운 동반자가 될 것입니다.

황용호 _ 의사, 웰스킨의원 대표원장

'음악을 전문적으로 공부하지 않은 건축가가 클래식 음악에 대해 깊게 논할 수 있을까?' 거기서 출발한 의문이 이 책에 사정없이 끌려간 이유이기도 하다. 필자는 과거와 현재를 크게 관통하는 클래식의 특성을 강조한다. 그래서 시대를 초월해 인정받는 클래식 음악의 가치를 탐닉하기로 작정했다. 음악을 듣는다는 데 무슨 정답이 있겠냐마는, 필자가 제시하는 음악 듣기의 방법으로서 나의 뇌리에 강하게 박힌 것은 클래식을 들을 때의 '태도'이다. 이 책은 고전 문학을 읽는 태도를 가지고 고전 음악을 찾아 떠날 결심을 하게 만든다. 나 같은 클래식 문외한이 클래식을 알고 즐기게 하는 길잡이로서 손색이 없는 책이다.

박재역 _ 한국어문교열연구원 원장, 전 동아일보 교열기자

'내가 먼저 여유로운 사람으로' 아이들을 지도하다 보면 자신을 돌아보게 된다. 가끔 내 안에 여유가 부족해 아이들에게도 그 부족함이 드러날 때가 있다. 이 책은 내가 이해하지 못했던 클래식 음악에 대한 관심을 키워주었고, 클래식을 이해하면서 교사로서 아이들을 품고 섬길 수 있는 여유가 커졌다. 이 책을 통해 내가 먼저 여유로운 사람이 되어야 한다는 깨달음을 얻었고, 풍요로운 삶을 향한 동기를 가질 수 있었다.

조혜영 _ 미사중학교 교사

어디선가 들어본 멜로디지만 무슨 음악인지 떠올리기 힘든 순간을 모두 겪어 보았을 것이다. 클래식에 입문하고자 수없이 문을 두드려 보았지만 클래식 교과서와 같은 책들은 오히려 더 거리감을 느끼게 했다. 이 책은 초보자의 시선에서 시작해 어느 순간 클래식에 빠져드는 경험을 저자의 삶과 함께 풀어낸 클래식 에세이다. 클래식을 제대로 알고 나면 보이는 이야기들, 더 나아가 예술 전반에 대해 더 풍부히 이해할 수 있는 가이드로 이 책은 클래식을 제대로 듣고자 하는 이들에게 훌륭한 친구(동반자)가 되어 줄 것이다.

김아름 _ 아라우건축사사무소 대표, 경북대학교 건축학과 겸임교수, 건축사

불 꺼진 사무실 한 켠에서 이어폰을 끼고 지휘하는 신입사원이 있다는 소문을 들은 적이 있다. 그 신입사원은 곧 대리가 되었고 사내 클래식 동호회를 만들어 런치 음악 감상회를 열었다. 그는 기회가 될 때마다 회사 동료들을 모아 좋은 콘서트를 찾아다녔다. 시간이 지나, 그는 굵직한 프로젝트를 이끄는 건축가가 되었고 마침내, 클래식 입문을 위한 글을 쓰게 되었다. 클래식을 전혀 모르고 사는 사람은 없을 것이다. 그러나 온전히 이해하고 감동을 느낄 수 있는 사람은 소수에 불과할 것이다. 클래식 음악을 가까이하고 싶지만, 그것이 막연하고 어려운 이들에게 이 책은 든

든한 길잡이가 되어 클래식에 한 걸음 더 다가갈 수 있도록 도와줄 것이다.

강민수 _ 아마추어 첼리스트, ㈜삼우종합건축사사무소 건축사

저자 이지협은 한 가지 좋아하는 것에 빠지면 끝없이 탐구하고 몰입하는 사람입니다. 클래식 역시 그에게는 단순한 취미가 아니라, 깊이 파고들어 연구하고 사랑해 온 세계입니다. 그런 저자의 열정과 애정이 담긴 이 책은 깊이 있는 지식과 따뜻한 감성이 어우러진 설명으로 클래식을 처음 접하는 이들에게는 친절한 길잡이가, 애호가들에게는 새로운 발견의 기쁨을 선사하는 책이 되어 줄 것입니다.

백동일 _ ㈜신세계 복합개발팀, 건축사

스스로 클래식을 듣는 힘을 기르는 이야기. 저자는 늘 건축과 여행에 목말라 있다. 클래식은 그의 삶의 동반자로서 그가 인생에서 추구하는 것을 완성하게 한다. 저자가 편안하게 들어보라며 건네준 쇼팽 에튀드 앨범과 새벽까지 함께 건축 프로젝트를 진행하며 들었던, 카티아 부니아티슈빌리의 바흐 「사냥 칸타타」는 나의 삶에 큰 위로가 되었다. 저자가 알려준 클래식 음악은 오랫동안 나의 플레이리스트에 남아 있고 앞으로도 남아 있을 것이다. 이 책은 클래식 입문서를 넘어서서, 클래식을 통해 삶을 보다 더 풍요롭게 하고 싶은 사람들을 위한 클래식 듣기의 구체적인 출발점이자 이정표가 될 것이다.

최수용 _ ㈜삼우종합건축사사무소 건축사

'교양있는 사람들이 클래식을 듣는다'는 생각은 내가 지금까지 살면서 느껴왔던 바다. 나 또한 그 교양인 부류에 들기 위해 클래식을 억지로라도 들어보려 했지만 어딘가 부담스럽게 느껴지는 자신을 발견하곤 했다. 그 모습은 솔직하지도, 떳떳하지도 못했다. 어려운 클래식은 항상 나와 먼 거리를 유지하고 있었다. 그것에서 큰 감흥을 느끼기가 힘들었다. 하지만 이 책을 만난 이후로 클래식은 나에게 멀리 있기만 한 존재가 아니라 멀리서 나를 반기며 크게 손짓하는 친구라는 사실을 깨닫게 되었다. 나는 그에게 점점 다가갔고 그는 결국 나의 손을 따뜻하게 잡아주었다. 드디어 클래식은 나의 떳떳하고 자랑스러운 취미이자 삶의 일부가 되었다.

신웅식 _ 건축가, 「한 건축가의 사람, 이야기, 공간에 관한 낙서장」 저자

몇 년 전에, 유튜브에서 들었던 클래식 음악이 마음에 들어 작업 중에 한 곡을 반복해서 들은 적

이 있다. 곡의 분위기가 좋아 그와 비슷한 곡들을 찾아보려 했지만, 음악을 어떻게 찾아봐야 할지 몰라 이리저리 헤맸어야만 했다. 결국 찾는 것을 포기하고 계속 듣고 있던 곡만 들으며 작업을 마무리했었던 기억이 있다. 만약 그때 이 책을 먼저 만나 클래식을 듣고, 찾고, 선택하는 방법에 대해 잘 알았더라면 얼마나 좋았을까. 그랬다면 작업할 때 필요한 클래식 플레이리스트가 잘 정리되어 있었을 것이고, 선택한 클래식 음악들이 일러스트에 필요한 감정의 폭을 넓혀줘 많은 도움이 됐을 텐데 말이다. 이 책은 끊겨버린 클래식 음악의 연결고리를 이어줄 뿐만 아니라, 스스로를 새로운 음악의 풍경으로 이끌어 수세기 동안 인류가 만들어 낸 음악의 세계를 만나게 하는 좋은 지도가 되어 줄 것이다.

김호경 _ 일러스트레이터, 「뉴욕타임스(The New York Times)」, 「뉴요커(The New Yorker)」 일러스트레이션 게재 작가

왜 내 귀에는
클래식이 안 들리는 걸까

일러두기

* 클래식은 본문 내용에 따라 클래식과 클래식 음악으로 표기하였다.
* 교향곡과 협주곡은 심포니와 콘체르토로 병행하여 표기하였다.
* 국립국어원 맞춤법을 따랐으나, 일반인에게 익숙한 외국 이름은 예외로 하였다.

왜 내 귀에는
클래식이 안 들리는 걸까

초판 1쇄 인쇄 2025년 7월 7일
초판 1쇄 발행 2025년 7월 18일

지은이 이지협
발행인 권윤삼
발행처 (주)연암사

등록번호 제2002-000484호
주　소 서울시 마포구 월드컵로 165-4
전　화 02-3142-7594
팩　스 02-3142-9784

ISBN 979-11-5558-125-4　　03670

연암사의 책은 독자가 만듭니다. 독자 여러분들의 소중한 의견을 기다립니다.
인스타그램 @yeonamsa
이메일 yeonamsa@gmail.com

이지협 지음

왜 내 귀에는 클래식이 안 들리는 걸까

끊어서 듣고 반복해서 들으면 클래식이 열린다

연암사

엄마, 내가 어렸을 때
그 예쁜 누나가 쳤던 게 뭐예요?

"엄마, 내가 어렸을 때 그 예쁜 누나가 쳤던 게 뭐예요?"

초등학교 5학년짜리 한 남자아이가 다급한 목소리로 엄마에게 물어본다. 엄마는 아이의 질문을 듣고 이렇게 대답한다.

엄마: 아! 그 누나가 쳤던 건 베토벤 피아노 소나타 「발트슈타인」
　　　이야.

외국어를 잘 모르는 어린아이에게 엄마의 대답은 그저 어렵고 긴 영어 문장 같은 것이었다. 아이는 엄마에게 다시 묻는다.

아이: 그럼 엄마, 그거 어떻게 하면 들을 수 있어?
엄마: 엄마가 전축[1]에 이 LP판을 올려놓을 테니까 듣고 싶을 때 들

어. 핀은 여기쯤에 올려놓으면 돼.

그날부터 남자아이는 그의 기억 속에 예쁜 누나가 자주 연주했던 베토벤 피아노 소나타 21번 「발트슈타인」(Beethoven Piano Sonata No.21, Op.53 「Waldstein」)을 LP판의 생명이 다할 정도로 많이 듣게 된다. 그리고 이 사건은 내가 클래식이라는 음악을 능동적으로 듣기 시작한 인생의 중요 포인트가 되었다.

어머니는 음대에서 피아노 전공을 하시고 결혼 후 서울의 한 동네에서 어느 정도 규모가 있는 피아노 학원을 운영하셨다. 항상 피아노 학원에서 생활하며 어머니의 보살핌을 받고 있었던 나는 초등학교에 입학할 때까지 다수의 피아노에서 울려 퍼지는 피아노 소리를 매일같이 들었어야만 했다. 그때 나는 피아노 소리가 너무 싫고 지겨웠다. 피아노 소리가 마치 일종의 소음처럼 느껴졌다.

피아노 소리에 싫증을 느끼던 나는 당연히 피아노를 배우는 것 또한 꺼렸다. 한동안 어머니는 피아노 교육을 위해 나를 피아노에 앉히시고는 바이엘, 하농 등의 피아노 교재를 연습하라 하시며 오늘 내가 연습해야 할 횟수 분량을 동그라미의 개수로 공책에 그려 주셨다.

엄마: 네가 오늘 해야 할 것은 바이엘 동그라미 10개, 하농 동그라미 10개, 소곡집 동그라미 10개야! 곡 한 번씩 칠 때마다 동그라

---

1. 오디오 기기.

미에 작대기를 긋고 모든 동그라미에 작대기가 다 그려지기 전까지 피아노에서 내려올 생각 하지 마!

어렸을 때부터 자유인이었던 나는 엄마의 말을 듣지 않았다. 나는 연습해야 할 곡을 한 번 치고는 세 개의 동그라미에 작대기를 그었다. 결국 연습해야 할 총량의 반의반도 하지 않은 채 엄마에게는 "다 쳤다!"고 거짓 통보를 했었다. 자식 이기는 부모 없다고 어머니의 '아들 피아노 교육'은 실패로 돌아갔다. 이렇듯 피아노는 나에게 스트레스였을 뿐만 아니라 재미없고 따분한 것이었다.

아들의 피아노 교육에는 큰 성과가 없었지만 어머니는 지역에서 꽤 유명했던 피아노 선생님이었다. 어머니의 초등학생, 중학생 제자들은 어머니의 지도하에 여러 콩쿠르(경연대회)에 참가하였고 다수의 수상과 좋은 성적을 거두었다. 어머니는 또한 고교 입시를 준비하는 학생들의 지도(레슨) 또한 두루 맡으셨다. 그때를 어렴풋이 기억해 보면 입시를 준비하는 학생들은 항상 늦은 시간에 학원에 왔었고 평상시와 다르게 조용하고 엄숙한 분위기에서 피아노 연습을 했다. 늦은 시각까지 학원에서 학생들이 집중을 다해 연습했던 작품은 주로 '모차르트 피아노 소나타(Mozart Piano Sonatas)'와 '베토벤 피아노 소나타(Beethoven Piano Sonatas)'였는데, 그때 나는 그들이 연습하는 작품의 작곡가가 누구인지, 작품의 장르가 무엇인지, 그리고 작품의 번호가 몇 번인지 전혀 알지 못했다. 당연히 어린 꼬마였던 나는 누나들이 치는 피아노 작품이 무엇인지 알 수 없었다. 그렇지만 피아노에 대해 아무것도 모르는 어린 꼬마가 기억하는 것은 고입을 준비하는 누나들이 저녁 늦게 연주하는 피아노 소리는 오전에 시끄럽게 들리는 피아노 소리보다 훨씬 듣기에 좋았다는 것이다.

　시간이 흘러 나는 초등학교에 입학하였고 그즈음 우리는 단독주택에서 아파트로 이사하게 되었다. 어머니는 피아노 교습 방식을 학원에서 개인 레슨으로 전향하셨다. 어머니의 새로운 시작과 함께 나의 환경에도 큰 변화가 생겼는데, 지금까지 지겹게 들었던 피아노 소리를 들을 수 없게 되었다는 것이다. 내가 새로 맞이한 아파트 공간에는 많은 학생들이 오지 않았고 동시에 적층되어 들려오는 어지러운 피아노 소리도 없었다. 고요하고 평화로운 나와 내 가족이 생활할 공간만 있을 뿐이었다. 아버지와 어머니는 맞벌이를 하시고 누나는 늦게까지 과외를 받거나 외부에서 공부하는 시간이 많았기 때문에 나는 늘 집에 혼자 있는 시간이 많았다.

　어느 날 집에 혼자 있던 나는 심심해서 거실에 있는 전축의 전원을 켜고 무작정 아무 버튼이나 눌러 보았다. 우리 가족은 기독교 집안이고, 아버지께서는 음악을 전공하지는 않으셨지만 교회에서 성가대를 지휘하셨기에 부모님이 집에 계실 때는 전축으로 성가 합창곡을 많이 들으셨다. 내가 스스로 전축의 전원을 켠 날도 어김없이 성가 곡이 울려 퍼졌다. 초등학생이라는 어린 나이에도 불구하고 성가 곡을 들었을 때 그 음악이 가지고 있는 성스러움과 아름다운 합창의 화음을 조금은 느낄 수 있었다.

　초등학교 4~5학년 무렵부터 유행에 대한 관심이 조금씩 생겨나기 시작했다. 그때 나의 귀를 만족시켰던 것은 전축에서 항상 흘러나오는 성가 곡이 아닌, 스타 가수들이 부르는 대중가요였다. 여러 이유가 있었겠지만 부모님은 내가 대중가요 음반을 구입하는 것을 엄격하게 금지하셨다. 그래서 나는 친구들에게 간식거리를 사줌으로써 내가 원하는 가수의 앨범을 한동안 빌리거나 친구에게 부탁하여 유행하는 대중가요를 공테이프에 녹음할 수 있었다. 내가 좋아하는 가수의 앨범을 어렵지 않게 들으면서 인기가요에 대해 친구들과 이야기를 나누는 즐거운 시간을 보낼 수 있게 된 것이다.

내가 친구들과 유행하는 가요를 따라 부르며 즐거운 초등학교 5학년 시절을 보내던 연말에 내 인생에서 청천벽력 같은 중요한 사건이 일어났다. 그 사건은 추운 겨울방학 어느 날 저녁에 벌어졌다. 나는 과외 수업을 마치고 집으로 돌아가는 길이었고, 집에 거의 다다를 즈음

집으로 가는 발길을 붙잡은 피아노 연주 소리

어느 집 창가에서 들려오는 피아노 소리를 우연히 듣게 되었다. 그 소리는 나의 발걸음을 멈추게 했다.

　나는 그 자리에서 오랫동안 서 있었다. 어렸을 적 어머니의 피아노 학원에서 들었던 음악이 그 집에서 울려 퍼졌기 때문이다. 그 음악은 학원에서 입시를 준비하던 누나들이 연습했던 피아노 작품 중에서 내가 유독 좋아했던 것이었다. 낯선 집에서 흘러나오는 피아노 소리는 나에게 예사롭지 않게 다가왔고 그동안 즐겨 들었던 대중가요에서는 느낄 수 없었던 진지한 감정과 강한 인상을 전해 주었다. 나는 내 귀에 들리는 그 음악이 무엇인지 알기 위해 곰곰이 옛 기억을 떠올려 보았다. 그리고 그것이 어머니의 제자 중에서 내가 예쁘다고 생각했던 한 누나가 집중적으로 연습했던 작품이라는 것을 기억해 냈다.

　나의 발걸음을 멈추게 했던 그 음악은 베토벤 피아노 소나타 21번 「발트슈타인」[2]인데 그때는 그 작품의 이름이 무엇인지, 누가 그 작품을 작곡했는지 등에 대해 아는 것이 전혀 없었다. 그리고 그 피아노 소리를 지금 기억해 보면 연주 템포가 아주 느리고 실수가 많은, 미숙한 실력의 연습이었다. 하지만 오랫동안 한자리에 서서 미숙한 연주 소리에 집중한 이유는 내가 지금까지 소음이라고 여겼던 피아노 소리가 더 이상 싫지 않았기 때문이다. 또한 나와 시간상 몇백 년 떨어져 있는 위인의 음악에 내 마음이 움직이고 있다는 것이 신비롭게만 느껴졌다.

---

2. '발트슈타인'은 베토벤에게 큰 후원을 아끼지 않았던 '페르디난트 폰 발트슈타인' 백작의 이름(성)이다. 베토벤은 이 작품을 발트슈타인 백작에게 헌정하였다.

나는 피아노 연주를 한동안 듣고 있다가 이내 정신을 차리고 집으로 들어갔다. 그러고는 엄마에게 "엄마! 내가 어렸을 때 그 예쁜 누나가 쳤던 게 뭐야?"라고 다급하게 물었다.

어머니는 그 질문을 듣고 바로 대답하지 못하셨다. 그동안 어머니에게는 수많은 제자가 있었고 모든 제자들이 어머니에게는 다 예뻐 보였기 때문이었을 것이다. 어머니는 나에게 되물으셨다.

엄마: 그렇게 말하면 엄마가 어떻게 아니? 좀 더 자세하게 설명해 봐.

그래서 나는 스스로 기억하는 그 누나의 모든 인상착의를 어머니에게 설명하고 집으로 돌아오는 길에 나의 걸음을 멈추게 했던 그 음악의 시작 부분을 입으로 따라 불렀다.

나: 엄마, 잘 들어 봐! 빠– 빰빰빰 빰빰빰빰 빰빰빰빰 빰빰 빰빠 빰

어머니는 내가 말하는 음악의 첫 부분을 들으시고는 바로 대답하셨다.

엄마: 아! 그 누나가 쳤던 건  '베토벤 피아노 소나타 「발트슈타인」'

Beethoven Piano Sonata No.21
in C Major, Op.53 「Waldstein」
I. Allegro con brio
Piano: Wilhelm Kempff

이야.

나는 그 음악을 집에서 들을 수 있는 방법을 어머니에게 물었다. 어머니는 전축 오른쪽에 있는 LP 수납장에서 베토벤 피아노 소나타 21번 「발트슈타인」이 수록된 음반을 꺼내 오셨다. 그리고 음반 커버 속의 LP판을 꺼내어 턴테이블에 올리시고는 작품이 시작하는 핀의 위치를 나에게 자세히 알려주셨다.

엄마: 엄마가 전축에 이 LP판을 올려놓을 테니까 듣고 싶을 때 들어. 핀은 여기 즈음에 올려놓으면 돼.

그때부터 나는 베토벤 피아노 소나타 21번을 셀 수 없을 정도로 많이 들으며 어린 나이에 '클래식 감상'이라는 것을 경험해 나갔다. 신기하게도 이 음악은 수백 번을 들어도 질리지 않았다. 음악을 들으면 들을수록 다양한 감정을 느끼며 작품에 깊게 빠져들어갔다. 이 LP판의 「발트슈타인」을 녹음한 피아니스트는 빌헬름 켐프(Wilhelm Kempff)라는 20세기를 대표하는 베토벤 스페셜리스트이다. 그러나 그때 나에게 피아니스트는 관심 밖의 대상이었다.

나는 클래식 음악에서 피아니스트라는 존재가 그렇게 중요한지도 몰랐다. 피아니스트는 그저 아무나 와서 위대한 작품을 연주하는 사람으로밖에 생각하지 않았다. 그리고 정확히 말해서 그때 나는 베토벤 피아노 소나타 21번 「발트슈타인」의 '1악장'만 들었다. 그 당시에 나는 클래식 음악이 가지는 악장의 개념을 전혀 알지 못했다. LP판에서 「발트슈타인」을 듣고 나면 연이어 조용한 음악이 연주되었는데 그것이 「발트슈타인」의 '2악장'인지도 몰랐다. 내가 들었던 작품의 '1악장'이 작품의 '전부'인 것으로만 생각했다.

이렇듯 나는 아무것도 모르는 무의 상태에서 클래식 듣기를 시작했다. 30여 년이라는 오랜 시간 동안 클래식을 듣고 주위 사람들에게 클래식 음악이 지닌 강한 매력을 알리는 데까지 수많은 시행착오와 어려움을 겪었다. 나는 지금까지 클래식 음악을 들을 때 클래식 음악이 가지는 어려움을 이겨내기 위해서 전문적이지는 않지만 틈틈이 작곡가와 작품에 대해 공부하였고 들어도 이해가 안 되는 작품은 끝까지 집중하며 들어 나의 것으로 만들었다.

내가 이렇게까지 큰 노력을 기울이면서 클래식을 듣는 이유가 있다. 그 이유는 스스로 힘든 과정을 이겨내어 그동안 이해하기 힘들었던 음악이 내 귀에 들리는 순간을 맞이할 때 클래식은 나에게 끝을 알 수 없는 감동과 성취감을 안겨주기 때문이다. 클래식이 주는 감동은 절대적인 힘을 가지고 있어 나의 신체까지 스스로 움직이게 만든다. 나의 눈을 감게 하고 얼굴 표정에 변화를 만들며 나의 손을 불끈 쥐게 하거나 입으로 노래를 부르게 한다. 이러한 클래식의 위대한 감동을 많은 사람에게 전하는 것이 나의 가장 큰 목표이다.

클래식이 주는 감동을 나만 알고 느끼기에는 그 가치가 상상할 수 없을 정도로 크다. 나는 클래식을 들을 때마다 클래식을 모르고 살아가는 사람들을 생각하면 음악이 너무 아깝다는 생각을 수도 없이 많이 했다. 내가 느끼는 이 음악의 감동을 이 세상 대부분의 사람들이 모르고 죽는다는 것에 매우 큰 안타까움을 느꼈다. 그래서 나는 클래식을 모르고 삶을 살아가는 사람들을 위해서 클래식을 듣는 아주 구체적인 방법을 글로써 이야기하게 되었다.

나는 현재 대한민국의 건축사(Registered Architect)이다. 국내 큰 규모의 건축사사무소에서 근무하면서 일반 사람들이 쉽게 알 만한 여러 건축물을 설계했다. 이렇듯 나는 음악을 전공하지 않은 음악 비전공자이지만 누구보다 클래식 음악에 대해서 많은 이야기를 할 수 있다. 왜냐하면 그동안 나는 클래식 음악을 감상하는 데 여러 시행착오를 했고, 그것을 해결하면서 클래식 듣기에 대해 다양한 지식과 경험을 축적했기 때문이다.

클래식은 무작정 들으면 실패할 가능성이 크다. 아니, 클래식은 무작정 들으면 실패할 수밖에 없다. 클래식을 무작정 듣기에는 음악의 세계가 방대할 뿐만 아니라 음악 자체도 길고 어려워 금방 싫증을 느끼게 된다. 클래식 음악도 듣는 순서와 방법이 있다. 누군가가 "클래식은 어렵지 않다"라고 말하는 것은 거짓 중 거짓이다.

지금까지 내가 클래식을 들으면서 겪었던 수많은 시행착오와 경험을 바탕으로 사람들이 클래식을 효과적으로 들을 수 있는 구체적인 방법과 클래식을 들을 때 반드시 해야 할 것들을 이 책에 정리하였다. 이 책은 클래식을 들으려 하는 사람들이 클래식 음악에 최대한 집중하며 일정 수준 이상의 클래식 리스너가 되는 것을 현실적인 방법으로 도와줄 것이다. 클래식 듣기는 '일정 수준 이상'에 도달하는 것이 아주 중요하다. 클래식 듣기가 일정 수준 이상에 이르게 되면 그 이후서부터는 자기 주도적인 음악 듣기가 가능해진다.

    이 책을 선택하고 읽는 사람들은 클래식에 대한 기본적인 관심이 있어 그것을 잘 들어 보고 싶은 마음이 클 것이다. 그들을 돕고자 음악 비전공자인 한 건축가가 나섰다. 건축가가 쓴 클래식 입문서이기 때문에 음악의 이해를 돕는 이미지와 시각 자료를 다수 첨부하였고 봐도 잘 모르는 음악의 전문적인 내용이나 용어, 작품에 대한 상세한 설명은 글에서 최대한 배제했다. 그렇지만 꼭 알아야 할 음악 지식은 자세하게 설명해 두었다.

    이 책을 한 번 읽고 끝내는 것이 아니라 오랫동안 곁에 두고 참고하는 '클래식 듣기의 적극적인 가이드'로 활용하길 원한다. 음악은 시간의 예술이기 때문에 단기 프로젝트가 절대 될 수 없다. 느긋하고 여유로운 마음으로 클래식 듣기를 시작하길 바란다. 당신이 '클래식 듣기'라는 인생 프로젝트를 진행하면서 길을 헤매는 어려움을 겪을 때마다 이 책은 당신이 나아가야 할 길을 환히 밝혀주는 좋은 길잡이가 되어 줄 것이다.

c o n t e n t s

차례

Prologue

Step 1. 알다

STEP 1
알다

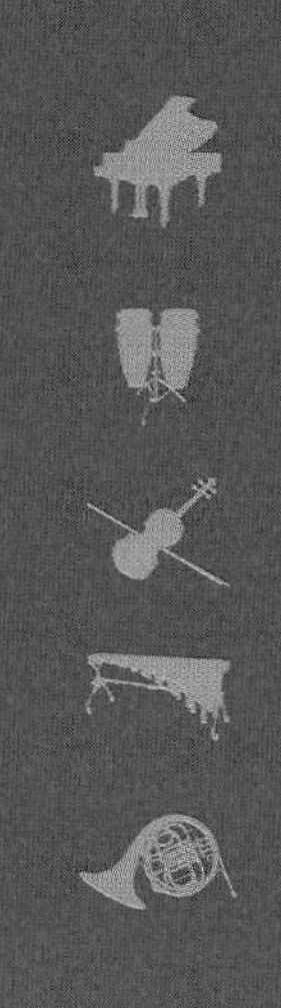

1장

어렵고 힘든 클래식,
도대체 왜 듣는지 모르겠다

세상에는 말하기가 무색할 정도로 많은 종류의 음악이 있다. 그리고 우리는 그 수많은 종류의 음악 가운데서도 '클래식'을 들으려 한다. '클래식'이라는 단어를 처음 들을 때 어떠한 느낌이 드는가?

나는 내가 공부했던 학교나 현재 근무하는 회사에서 클래식이라는 음악이 가지는 감동의 위력에 대해 주위 사람들에게 알려 왔고 지금도 클래식의 가치를 전파하는 데 많은 노력을 기울이고 있다. 하루는 회사 선배가 내가 클래식을 좋아한다는 것을 알고 나에게 이러한 이야기를 한 적이 있었다.

"난 네가 클래식을 좋아한다기에 아주 고리타분한 사람일거라 생각했어. 그런데 의외로 그렇지가 않네!"

이 말을 듣고 나는 사람들이 일반적으로 느끼는 클래식의 이미지에 대해 생각할 수밖에 없었다.

그리고 한번은 친한 회사 동기에게 내가 이러한 제안을 한 적이 있었다.

"내가 너한테 죽여주는 클래식 작품을 하나 추천해 주고, 그 작품이 들어 있는 음반까지도 사 줄 테니 같이 음악회에 한번 가자. 너는 음악회에 가는 날까지 내가 사 준 음반을 몇 번 들어 보기만 하면 돼. 그리고 음악회가 끝나고 근처에서 와인 한잔하자!"

나의 제안을 들은 친한 동기는 단 몇 초의 고민도 없이 이렇게 대답했다.

"아니야, 아니야! 나는 클래식을 듣는 게 너무 괴롭고 무섭기까지 해! 미안해, 나는 정말 괜찮아."

나는 이 대답을 듣고 적지 않은 충격에 빠졌었다.

그렇다. 클래식은 그 말을 처음 들었을 때 부정적인 이미지가 강하게 느껴진다. 클래식은 '어렵다', '너무 길다', '지겹다', '힘들다', '졸리다', '고리타분하다', '왜 듣는지 모르겠다', '이해불가다', '이런 것도 음악인가', '비싸다', '남에게 보이려는 허세다', '무섭다' 등의 세상에 있는 좋지 않은 평가를 다 가지고 있다. 그런데 이렇게 어렵고 힘든 클래식을 도대체 왜 들어야 하는 것일까? 들으면 무엇이 좋고 나에게 무엇이 남기에 이 힘든 도전을 해야만 하는 것일까?

　우선 클래식을 들어야 하는 이유를 설명하기 전에 나는 '클래식을 듣는 행위'가 '대한민국 사람이 김치를 담가 그 김치를 맛있게 먹는 것'과 아주 비슷하다는 것을 말하고 싶다. '김치'와 '클래식'의 상관관계를 알기 위해서는 먼저 사람들이 이들을 취하는 구체적인 모습을 알아야 할 것이다. 그렇다면 김치에 대한 이야기를 먼저 나누어 보자.

　김장철이 되어 맛있는 김치를 담그기 위해 신선한 배추와 무, 좋은 빛깔의 고춧가루와 잘 숙성된 액젓 등 좋은 재료를 찾아 구입한다. 그리고 전보다 김치를 더 맛있게 담그기 위해 요리 전문가나 김치 장인의 레시피도 간단히 찾아본다.

　좋은 재료가 준비되면 먼저 배추를 오랜 시간 소금에 재우고 김칫소로 들어가는 다양한 재료를 하나하나 손질한다. 김칫소를 만드는 재료만 준비하는 데에도 큰 노동과 시간이 소요된다. 재료 손질이 끝나 김칫소를 버무리기 시작하면 중간중간에 양념의 간이 잘 맞는지 수시로 맛을 보면서 그에 대한 대처를 한다. 싱거울 때는 액젓을 더 넣고 짤 때는 무나 채소를 더 넣는다.

　그렇게 잘 만들어진 김칫소를 이제 절여서 물기를 뺀 배추에 버무린다. 벌써부터 김치를 담그는 일에 허리가 아프고 팔이 저려 오기 시작한다. 하지만 가족과 맛있게 김치를 먹을 날을 위해서 힘든 순간을 참고 견딘다.

　　큰 수고 끝에 100포기의 배추가 맛있는 김치로 만들어졌다. 큰 한숨과 함께 담근 김치를 깨끗한 독에 담고 정성스럽게 김치가 익기를 소망한다. 그리고 앞으로 몇 주 동안 김치가 잘 익어 가는지 상태를 계속 지켜본다.

　　숙성의 시간이 지나 김치가 알맞게 익었다. 김치에 국물도 자박해지고 상큼한 냄새가 코끝을 자극한다. 작품이 된 김치에서 맛의 즐거움을 느낀다. 다양한 김치 요리를 통해 김치의 맛을 즐기고 김치를 더 숙성시켜 묵은 김치의 깊은 맛을 느낀다.

　　위의 내용은 전통적으로 한국인이 가지는 김치에 대한 생활 방식이다. 그 생활 방식을 몇 개의 키워드로 요약해 보면 다음과 같다.

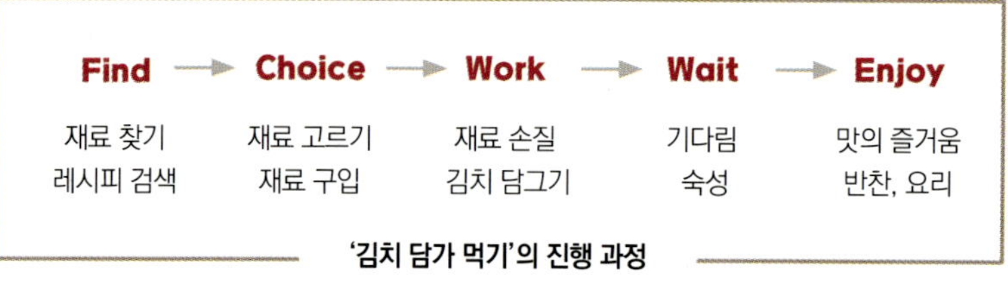

'김치 담가 먹기'의 진행 과정

　　다섯 개의 키워드로 정리한 '김치 담가 먹기'의 진행 과정을 보면 소설의 구성 단계인 '발단 - 전개 - 위기 - 절정 - 결말'과 흡사하다는 것을 알 수 있다. 이 말은 곧 '김치를 담가 먹는 것'이 사건의 진행 과정을 담고 있는 하나의 '이야기'가 된다는 것이다. 그리고 그 '이야기'에는 사건을 진행시키는 다양한 '갈등'이 존재한다. 이렇듯 한국 사람은 김치를 먹기 위해 김치를 담그면서 경험하는 많은 갈등을 있는 그대로 받아들인다. 우리 대한민국 국민이 김치에서 민족의 정신을 찾을 수 있는 것은 김치 안에 이러한 극적인 이야기가 숨어 있기 때문일 것이다. 그렇다면 클래식을 듣는 것은 어떠할까? 그것은 김치와 어떠한 공통점을 가지고 있는 것일까?

다음 표에 '김치를 담가 먹는 것'과 '클래식을 듣는 것'의 진행 과정을 요약하여 정리하였다. '클래식'이 '김치'와 어떠한 '과정의 공통점'을 가지는지 이 둘의 비교를 통해 살펴보도록 하자.

	김 치	클 래 식
1	• 김치의 종류를 선택하고 좋은 재료를 찾는다. • 요리 전문가의 레시피를 참고한다. • 찾은 좋은 재료를 구입한다.	• 클래식 작품을 선택하고 작품의 명연주를 찾는다. • 음악 평론가나 전문가가 추천하는 작품의 명음반도 알아본다. • 찾은 명연주의 음반을 구입하거나 스트리밍3받는다.
2	• 재료를 손질하고 김칫소를 준비한다. 많은 노력과 시간으로 김치를 만들어 간다.	• 노력과 시간을 들여 작품을 꾸준히, 반복적으로 듣는다.
3	• 김치를 담그면서 허리가 아프고 팔과 다리가 저려온다.	• 작품이 잘 들리지 않고 어렵게 느껴져 음악을 듣는 것을 포기하고 싶어진다.
4	• 앞으로 김치를 맛있게 먹을 그날을 위해 힘든 순간을 참고 견딘다.	• 앞으로 작품이 전해 줄 큰 감동을 느끼기 위해 힘든 순간을 참고 작품을 더 들어 본다.
5	• 김치가 맛있게 익는다.	• 작품의 전체적인 흐름이 보이고 음악이 귀에 들리기 시작한다.
6	• 다 익은 김치를 다양한 방법으로 맛있게 먹는다.	• 음악으로 인해 깊이를 알 수 없는 큰 감동과 감정을 느낀다.
7	• 김치를 더 숙성시켜 묵은 김치로 먹는다.	• 시간이 지나 작품을 다시 들을 때, 이전과 다른 감동과 가치를 느낀다.

---

3. 음악 파일이나 동영상 파일을 인터넷에 연결된 상태에서 실시간으로 재생하는 것.

앞의 표에서 살펴본 바와 같이 클래식을 듣기 위해서는 '음악을 들어 가는 과정'이 필요하다. 클래식을 듣는 것은 김치를 담가 먹는 것과 마찬가지로 사건이 진행되는 과정에서 다양한 갈등이 존재한다.

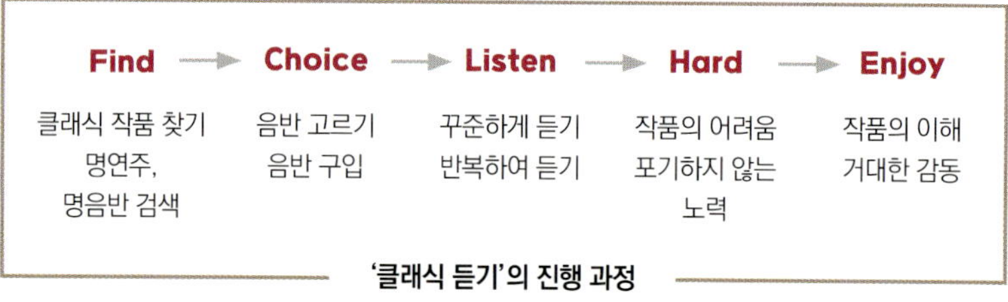

'클래식 듣기'의 진행 과정

클래식을 듣는 것도 하나의 극적인 이야기이다. 클래식을 들을 때 이러한 이야기의 과정을 거치지 않으면 클래식을 듣기가 어려워진다. 어떠한 클래식 작품을 고른다는 것은 그 작품을 듣기 위해 스스로 감내해야 할 과정을 선택하고 받아들인다는 것이다. 또한 클래식 듣기는 김치와 같이 음악 듣기의 숙성 시간을 거쳐야 한다. 이렇듯 시간의 예술인 음악을 나의 것으로 만들기 위해서는 '음악을 들어 알아 가는 절대적인 시간'이 꼭 필요하다.

클래식을 듣는 것은 결코 쉬운 일이 아니다. 물론 클래식 음악 중에는 듣는 것이 그다지 어렵지 않은 것도 있다. 보통 그러한 음악은 클래식 작품에서 듣기에 좋은 부분만을 골라낸 작품의 일부일 가능성이 크다. 작품의 일부만 듣고 클래식을 듣는다고 말하기는 어렵다. 그것은 그저 듣기에 편한 음악을 듣는 것이다.

클래식은 작품의 세계가 깊고 방대하기 때문에 듣는 것이 어렵고 때로는 인내가 필요하다. 하지만 어렵고 힘든 만큼 그것을 극복하여 결국 작품을 나의 것으로 만들었을 때 스스로 느끼게 되는 감동과 환희는 우주적이라 말해도 과언은 아닐 것이다.

그렇다면 클래식을 들을 때 느끼는 우주적인 감동과 환희는 도대체 무엇이고 그것이 사람에게 어떠한 반응을 일으키는가. 어떠한 미사여구를 사용하더라도 언어라는 도구로써 클래식이 주는 그 거대한 느낌을 알고 이해하기에는 큰 한계가 따른다. 그렇다고 해서, 이해할 수 있는 방법이 없는 것은 아니다. 결국 그 방법은 클래식 음악에 몰입한 사람들의 모습을 자세하게 살펴보는 것이다. 우리는 클래식 음악에 몰입하고 있는 사람에게 나타나는 특별한 모습을 통하여 클래식이 주는 우주적인 감동과 환희의 느낌을 이해하고 공감할 수 있다.

내가 열 살쯤 되었을 때, 텔레비전 방송에서 간간이 보이는 클래식 연주자들을 바라볼 때마다 연주자들이 참으로 '바보스럽다'는 생각을 많이 했다. 그 이유는 클래식 연주자들이 작품을 연주하면서 이해할 수 없는 이상한 표정을 지었기 때문이다. 그때 기억하는 텔레비전 장면 속에 연주자의 모습은 이러했다. 한 여성 연주자가 피아노 앞에 앉아 있었고 그 연주자의 뒤쪽으로는 오케스트라가 자리한 것으로 보아 연주자는 피아노 협주곡4을 연주하고 있었을 것이다.

피아노를 연주하는 피아니스트에게 충격을 받았던 것은 그의 표정 때문이었다. 피아니스트는 웃는 것도 아니고 우는 것도 아닌, 내가 난

---

4. 피아노와 오케스트라의 협연을 위해 작곡된 곡.

생처음 보는 표정을 짓고 있었다. 그는 웃었다가 울기도 하고 울었다가 눈살을 찌푸리기도 하며 계속 안타까워하다가도 바로 웃음을 보이기도 했다. 그는 마치 무언가에 홀린 듯이, 평소에 잘 사용하지 않는 얼굴 근육을 많이 움직이고 있었다.

그러한 피아니스트의 모습을 보며 옆에 있던 엄마에게 물었다. "엄마! 엄마! 저 사람 표정이 왜 저래?" 엄마는 나의 물음에 웃으시더니 대답하셨다. "음악 작품에 빠져 있어서 그런 거야. 작품에 빠지면 저런 표정이 나오거든." 그때 나는 엄마의 말을 이해하지 못했다. 클래식 작품에 빠지면 꼭 저런 표정을 지어야 하는 것인지, 그리고 저 여자 피아니스트뿐만 아니라 클래식을 연주하는 대부분의 사람들이 왜 저와 같은 표정과 과장된 행동을 보이는지 말이다.

오랜 시간이 지나 나에게 한 가지 아이러니가 찾아왔다. 내가 클래식을 들으며 깊은 감상을 할 수 있게 되었을 때 어릴 적 보았던 여자 피아니스트의 충격적인 표정과 행동들이 어느새 나의 얼굴과 몸에 들어와 있었다.

나의 얼굴과 몸을 자유롭게 움직이게 하는 것. 나는 이것이 클래식이 전해 주는 가슴 뛰는 감동과 환희를 명확하게 설명하는 것이라 생각한다. 오랜 시간 작품을 집중하여 들어 작품이 나의 귀에 들리게 되었을 때, 또한 듣는 작품이 나에게 체화되어 이성과 감성에 큰 영향을 끼칠 때 클래식은 나로 하여금 평소에 짓지 않는 다양한 표정을 얼굴에 드러나게 하고 손과 팔을 저절로 움직이게 하며 입으로 노래를 흥얼거리게 한다.

클래식은 인생을 살면서 꼭 들어야 하는 음악이다. 그렇다면 이 어렵고 힘든 클래식을 왜 들어야 하는지 그 이유를 살펴보자.

첫째, 클래식은 나의 몸과 마음을 움직이게 하는 감동과 환희를 느끼게 한다. 그 감동과 환희는 하루하루가 힘겨운 우리네 생활 속에서 큰 열정과 도전을 가지게 한다. 그리고 그 열정과 도전은 스스로의 삶을 더욱 풍요롭게 만든다. 클래식을 들어야 하는 첫 번째 이유는 내가 이 책을 쓰게 된 가장 근본적인 이유이기도 하다. 내가 느끼는 클래식의 거대한 감동을 나만 알고 즐기기에는 너무나도 아까웠다. 세상 사람들이 클래식이 주는 가슴 뛰는 감정을 한번도 느껴보지 못한 채 세상을 떠난다는 것이 참으로 안타깝게 느껴졌다.

나는 내가 클래식을 들을 수 있다는 것에 감사함을 느낀다. 또한 나는 음악을 들을 때 나에게 클래식을 듣는 귀를 주신 하나님께 감사하는 기도를 나도 모르게 쏟아 내곤 한다. 클래식을 듣기 위해 이 책을 읽는 당신을, 당신의 몸과 마음을 움직이게 할 클래식의 감동이 기다리고 있다. 당신이 클래식 듣기에 대한 관심과 의지를 높인다면 클래식 음악이라는 새로운 세계와 함께 열정과 도전이 풍요로운 삶을 만들어 줄 것이다.

둘째, 클래식을 듣는 것에는 큰 성취감이 따른다. 클래식은 기본적으로 작품을 알아야 들을 수 있는 음악이다. 작품을 알기 위해서는 많은 시간과 노력을 들여 작품을 꾸준하게 들어야 한다. 한 작곡가가 대단한 노력으로 남긴 작품을 나의 것으로 만들었을 때 느껴지는 성취감은 이루 말할 수 없을 정도로 크다.

클래식을 들을 때의 성취감은 스스로의 자신감을 크게 높인다. 그 자신감은 나로 하여금 여러 클래식 작품에 도전하게 하고 수준이 높은 어려운 작품으로 건너가도록 만든다. 작품에 더 깊게 다가가기 위해 작품이 쓰인 시대의 역사적 배경을 공부하게 하고 작곡가에게 큰 영향을 주었던 대문호들의 작품세계와 철학을 탐구하게 한다. 그리고 자신감은 한 작곡가가 활동했던 도시와 그가 살았던 생가를 찾아가게 하고 작곡가 혹은 연주자의 영혼이 잠들어 있는 묘지에 찾아가 고개를 숙이게 한다. 세계적으로 유명한 뮤직 페스티벌이 펼쳐지는 도시를 여행하게 하고 세계 최정상 오케스트라의 콘서트홀에 찾아가 수준 높은 공연을 감상하게 한다. 이렇듯 성취감은 개인의 삶 속에서 큰 자신감이 되어 스스로를 성장시키는 다양한 기회를 만들어 준다.

셋째, 클래식은 나를 나로부터 분리시킨다. 클래식을 들을 때는 많은 집중력을 요구한다. 이러한 집중은 스스로를 음악으로 깊이 몰입하게 한다. 음악으로의 몰입은 나의 정신이 나로부터 잠시 벗어나는 순간을 맞이하게 한다. 사람의 삶이 힘든 이유는 사람은 수많은 관계(사람, 일, 사건 등) 속에 있고 그 관계에서 파생되는 헤아릴 수 없는 많은 생각과 기억, 감정, 염려들이 머릿속에 항상 자리 잡고 있기 때문이다. 그것은 엄청난 스트레스이고 고통이다. '불멍', '물멍' 등 현대 사회에서 다양한 형태로 나타나는 '멍 때리기'가 사람들 사이에 큰 유행으로 자리 잡게 된 이유는 단 몇 분 몇 초의 짧은 시간만이라도 나를 나로부터 잊기 위한 시간이 필요한 까닭일 것이다.

클래식을 들으며 그것에 몰입하는 시간은 내가 내 자신으로부터 '로그아웃'되는 시간이다. 클래식을 듣는 것은 최고의 가치를 지닌 명

음악으로의 몰입, 자신으로부터 '로그아웃'되는 시간

상이라 할 수 있다. 클래식은 어지러운 세상 속에서 나를 나로부터 벗어나게 하고 시간을 관통하는 시대로의 여행을 이끌어 준다.

넷째, 클래식은 시대를 관통하는 '절대 가치의 미'를 깨닫게 한다. 이것을 설명하기 위해 나의 일화를 먼저 소개한다면 나는 회사에서 같은 프로젝트를 진행하는 팀원들에게 '슈베르트 피아노 3중주 2번의 2악장'을 들려준 적이 있다. 그런데 한 팀원이 이 음악을 듣고는 말도 안 된다는 표정으로 다음과 같은 말을 했다.

*주의: 책을 처음 읽을 때는 곡의 시작부 1분 정도만 듣고 그 이상은 듣지 말 것.

"아니 이게 어떻게 200년 전의 음악이야? 옛날 음악이라 하기엔 너무 세련됐는데! 이런 게 고전(古典, Classic)이라니……."

나의 팀원이 말한 것처럼 클래식은 세련된 음악이다. '세련되다'의 의미는 '모습 따위가 말쑥하고 품위 있다.'를 뜻하는데 지금은 그 의미가 사전적인 의미를 넘어서 '시대가 바라는 가치를 품은 아름다움'이라 말할 수 있을 것이다. 이렇듯 세련된 클래식 음악은 그것이 어느 시대에 있든 간에 시대를 관통하는 '절대 가치의 미'를 표현한다.

우리는 학창 시절, 음악 수업 시간에 바흐와 모차르트, 베토벤, 쇼팽, 슈베르트 등과 같은 클래식 작곡가의 이름을 자연스럽게 듣고 알게 된다. 학교에서 배운 인물들이어서 그런지, 그들의 이미지는 마치 세상을 위해 착하고 좋은 일을 했던 세계 위인들 중에 한 사람으로 느껴진다.

그런데 클래식 음악을 많이 들어 보면 그저 쉽게 그 이름을 알게 되는 클래식 작곡가들이 생각보다 놀라운 능력을 가지고 있다는 것을 발견하게 된다. 그런 그들을 두고 감히 '신(神)'적인 존재라고 표현할 수 있을 정도이다. 그 이유는 그들에게는 시간이라는 개념을 해체하는 능력이 있기 때문이다.

우리가 흔하게 이름을 들어 본 위대한 클래식 작곡가들은 한 시대가 원하는 유행을 좇아 음악을 하는 사람들이 아니었다. (클래식을 과거 시대의 '대중음악'이라고 말하는 사람들이 있는데 그것은 틀린 말이다. 자세한 내용은 '2장'에서 설명하도록 하겠다.) 그들은 '인류의 절대적 가치와 정신(사랑, 신, 자연, 평화, 개혁, 부활 등)'을 음악으로 표현한 사람들이었다. 그렇기 때문에 클래식은 현시대에서도 초월적인 힘을 발휘하며 인류에게 시대를 관통하는 절대적 가치의 메시지를 강하게 전달하고 있다.

마지막으로 클래식을 들어야 하는 이유는 클래식이 나의 역사를 만들어 주기 때문이다. 음악은 사람의 '기억'을 저장하는 능력이 있다. 10년 전에 들었던 음악을 다시 들었을 때 그 당시 가지고 있었던 감정과 생각 그리고 마주했던 상황들, 심지어 그때 느꼈던 냄새까지도 기억하게 되는 것은 음악이 가지는 '기억 저장 능력' 때문이다.

대학 시절에 유럽 여행을 장기간 떠난 적이 있다. 여행 중에 도시와 도시를 이동하는 기차 안에서 긴 시간을 보낼 때마다 나는 MP3 플레이어를 꺼내어 브람스의 「대학축전서곡(Academic Festival Overture)」을 계속해서 들었다. 달리는 기차의 창가에 펼쳐지는 자연이 음악과 아주 절묘하게 어우러졌다. 그리고 그 작품은 내가 유럽을 여행하고 있다는 것을 실감하게 만들었다. 지금은 「대학축전서곡」을 그리 많이 듣지는 않지만 가끔씩 작품을 꺼내어 들을 때마다 혈기 왕성했던 대학 시절의 추억이 고스란히 되살아나고, 가슴 먹먹한 애틋함마저 느끼게 한다. 이 기억은 내가 소중하게 가지고 있는 나만의 음악 역사이다. 내가 지금까지 들었던 클래식 작품에는 내 인생의 수많은 장면이 선명하게 저장되어 있다.

클래식을 들으며 나의 삶을 역사로 만드는 과정을 즐겨 보자. 당신이 듣는 클래식 작품에는 당신의 현재 정서와 상황이 타임캡슐처럼 저장된다. 그리고 클래식을 듣는 당신은 음악을 통해 당신의 역사 속에

음악의 '기억 저장 능력'

서 살아가고 있는 수많은 당신의 자아와 언제든지 만날 수 있게 될 것이다.

지금까지 다섯 가지의 이유를 들어 어렵고 힘든 클래식을 왜 들어야 하는지를 설명했지만, 이것만으로는 충분치 않아 부족함을 느낀다. 결론적으로 말하고 싶은 것은 클래식은 다양한 방법으로 당신의 삶을 가치 있게 만들 것이라는 사실이다. 클래식을 들으며 삶을 살아가는 당신은 위의 다섯 가지 이유를 뛰어넘는 자신만의 진정한 클래식의 의미를 찾게 될 것이다.

2장

클래식은
대중음악이 아니다

"음악은 듣고 바로 즐기는 거야.
어떠한 음악이 힘들게 느껴지면 그건 더 이상 음악이 아니야.
그것은 음악의 본래 가치에서 벗어나는 거야."

어떤 사람이 음악에 대해 이같이 말한다. 우리는 그가 한 말이 틀리다고 말할 수 없다. 그리고 그와 같은 생각으로 음악을 듣는 사람들이 세상에는 많을 것이다.

대중음악은 이 세상에 존재하는 음악 가운데 혹자가 말하는 음악의 가치를 가장 크게 담고 있는 음악이다. 대중음악은 세상을 살아가는 많은 사람으로부터 많은 사랑을 받아 왔고 지금도 또한 받고 있다. 나도 대중음악을 좋아하고, 어렸을 때부터 좋아하는 뮤지션의 음악을 많이 들어왔다.

그런데 우리는 앞에서 혹자가 말하는 음악의 가치를 다시 생각해 볼 필요가 있다. 나는 그가 음악에 대해 틀린 주장을 하고 있다고 생각한다. 그는 음악이 가지는 가치의 일부만을 이야기하는 오류를 범하였다. 혹자가 한 말을 좀 더 올바르게 정정해 본다면 이렇게 말할 수 있을 것이다.

"음악은 듣고 바로 즐길 수 있는 것이 있고,
반면에 듣고 알기까지 시간이 걸려 바로 즐길 수 없는 것도 있다."

클래식 음악은 대중음악과 달리 그것을 듣고 감상하는 데까지 비교적 많은 시간이 걸리는 음악이다. 클래식과 대중음악은 서로 추구하는 것이 다르다. 대중음악은 클래식과 달리 대중과의 즉각적인 소통을 중요한 가치로 삼는다. 사람들이 살면서 느끼는 '사랑', '아픔', '그리움', '즐거움' 등을 좋은 멜로디로 노래하며 대중의 즉각적인 공감을 형성한다. 반면에 클래식은 대중과의 즉각적인 소통에 큰 가치를 두기보다는 '인간이 추구하는 절대적인 가치와 정신'에 집중하고 그것을 표현한다. '신', '인간', '인류애', '자연', '평화', '개혁', '사상', '(다양한 의미의)부활' 등은 지금까지 클래식 음악이 끊임없이 추구해 온 인류의 절대적 가치와 정신이다.

"클래식은 과거의 대중음악이 아닌가요?"라고 물으며 그 질문을 사실로 받아들이는 사람들이 많다. 그러나 그것은 틀린 사실이다. 과거에 클래식 음악은 교회(종교)나 왕족을 위한 음악이었다. 그리고 시간이 흘러 시민이 부를 축적할 수 있게 되었을 때는 부유한 사회 계층이 향유하는 전유물이었다.

과거에 왕족과 귀족들은 자신과 친분이 있거나 관계를 유지하고 싶은 사람들을 자신의 저택에 초대하여 그들만의 음악회인 '살롱(Salon)[5]뮤직'을 행하였다. 그들은 그들이 좋아하는 클래식 작곡가에게 작품을 의뢰하고 그 음악을 동등 계층들과 함께 그들의 개인 저택에서 듣고 즐겼다. 일반 계층의 사람들이 이러한 고급문화와 클래식 음악을 향유하기에는 큰 한계가 따랐다. 과거의 한 시기에는 대중이 클래식 음악을 즐길 수 있었던 때도 있었지만, 기본적으로 클래식은 대중과는 거리가 있었던 음악이었다.

그렇다면 과거의 서양 대중사회가 즐겼던 음악은 과연 무엇일까? 그 음악은 바로 한 민족의 공감과 정서 그리고 정신문화를 표현하는 전통음악이나 민속음악(민요)이었다. 우리가 살아오면서 한번이라도 들어 봤을 프랑스의 샹송(Chanson)이나 이탈리아의 칸초네(Canzone)와 마드리갈(Madrigal), 스페인의 플라멩코(Flamenco) 등은 오랜 과거서부터 대중의 사랑을 받아 온 민속음악이자 대중음악이다. 음악의 체계적인 질서와 형식에 의해 만들어지는 클래식이 세상에 태어나기 이전부터 전통음악과 민속음악은 이미 세상에 존재하고 있었고, 대중의 음악으로서 큰 역할을 하고 있었다.

서양의 민속음악과 클래식 음악은 서로 대립 관계로 존재하면서 끊임없이 영향을 주고받았다. 이 말은 곧 체계적인 질서와 형식을 갖춘 클래식이라는 음악이 큰 영향을 받았을 만큼 대중뿐만 아니라 클래

---

5. 살롱(Salon): 궁정과 귀족의 저택을 무대로 한 사교계 모임, 사전적 의미로는 큰 저택의 '응접실'이나 '큰 방'을 뜻한다.

식 작곡가 사이에서도 민속음악의 존재가 대단했다는 것을 의미한다.

클래식은 대중음악이 아니다. 대중음악에 접근하듯이 클래식을 접했다가는 낭패를 보기 쉽다. 이들은 서로 추구하는 세계가 다르다. 사람들이 듣고 즉각적인 공감을 이끌어 내는 음악이 대중음악이라면, 클래식은 사람들이 음악을 듣고 아는 데 시간과 노력을 필요로 하는 '고전(古典, Classic) 음악'이다. 고전이란 시대를 초월하여 인류의 공통된 가치나 모범을 추구하는 것을 말한다.

우리는 여기에서 '고전'과 '음악'에 대해 한 가지 생각해 볼 것이 있다. 사람들은 이해하기 어려운 고전 철학서를 반복해서 읽으며 한 철학자의 깊은 사상을 탐구하려고 하는데, 왜 음악에서는 그런 태도를 보이지 않는 것일까? 그리고 수천 페이지에 달하는 도스토옙스키의 고전 문학을 오랫동안 읽으며 그의 고귀한 정신세계를 탐구하는 수고를 기울이지만, 음악에서는 왜 그런 노력을 기울이지 않는 것일까?

클래식 음악은 음악이라는 도구로써 작곡가의 생각과 가치관을 이야기하는 '고전 문학'이고 음악으로서 한 작곡가의 사상을 드러내는 '고전 철학'이다. 그렇기 때문에 클래식 음악을 들을 때에는 고전을 읽는 마음가짐과 태도를 보여야 한다.

이 세상 모든 사람이 다 고전을 읽는 것은 아니다. 하지만 누군가가 고전을 읽으려 할 때에는 그것을 한번 이해해 보겠다는 노력과 마음가짐을 갖는다. 클래식도 이와 똑같은 태도를 가져야 한다. 이러한 태도를 가지는 것은 절대 거창한 일이 아니다. 짧은 생각만이라도 '어렵지만 들어 보겠다'고 스스로 다짐하면 되는 것이다. 그리고 이 다짐은 클래식을 꾸준하게 듣게 하는 지속의 힘을 가지게 한다.

음악은 시간의 예술이라고 말한다. 시간을 내서 음악을 듣지 않고서는 절대 알 수 없는 것이 음악이다. 클래식은 여러 종류의 음악 중에서도 방대한 시간을 자랑한다. 연주 시간이 보통 4~5분 정도 되는 대중음악과는 다르다. 클래식은 한 작품이 최소 20분에서 길게는 한 시간이 넘고, 오페라 같은 경우에는 보통 두세 시간 이상의 연주 시간을 갖는다. 많은 사람들이 클래식을 피하는 이유는 잘 모르는 음악 작품을 오랜 시간 듣기 때문이다. 그렇기에 클래식 음악은 연주의 길이가 길더라도 작품을 잘 아는 것이 중요하다. 자신이 잘 아는 작품은 오랜 시간 들을 수 있고 감동을 느끼며 감상할 수 있다. 하나의 클래식 작품을 잘 알기 위해서는 그 작품을 많이 들어야 한다. 또한 음악은 시간의 예술이기에 작품을 이해하기 위해서는 많은 시간과 노력을 들여야 한다.

클래식 음악에 관심을 보이는 사람 중에는 눈으로만 작품을 확인하는 이들이 있다. 그들은 작품에 대한 해설만 보고 정작 음악을 듣는 것에는 큰 노력을 기울이지 않는다. 그리고 작품의 해설을 보는 것으로 그 작품을 스스로 알고 있다고 생각한다. 이렇듯 클래식 작품을 이해하는 데 있어서 작품의 음악을 제대로 듣지 않는다면 그것은 아무런 의미가 없는 것이다. 자신 앞에 유명한 프랑스 와인이 있는데 그 와인의 맛을 보지 않고 전문가의 평만 읽는다면, 그것이 무슨 소용이 있겠는가? 클래식 음악은 듣는 것이 최고의 가치이고 듣는 가운데 다양한 아름다움을 느끼는 예술이다.

나는 클래식 음악을 시간의 예술에서 더 나아간 '시공(時空)의 예술'
이라 말하고 싶다. 이것은 '시간'의 개념에 '공간'의 개념을 추가한 것
이다. 여기에서 말하는 공간은 눈에 보이는 3차원의 물리적 영역을 말
하는 것이 아니라 눈에 보이지 않는 '자아의 공간'을 말한다. 클래식을
들을 때는 음악이라는 시간을 듣는 동시에 자신이 음악과 만나는 자아
의 공간을 지속적으로 만들어 나가야 한다. 자아의 공간은 작곡가와
나 그리고 음악이 은밀하게 만나는 장소이다. 또한 그 공간은 음악을
이해하기 위한 나의 끊임없는 노력과 작곡가에 대한 수많은 상상, 그
리고 음악과 나누었던 다양한 감정으로 가득 차 있다.

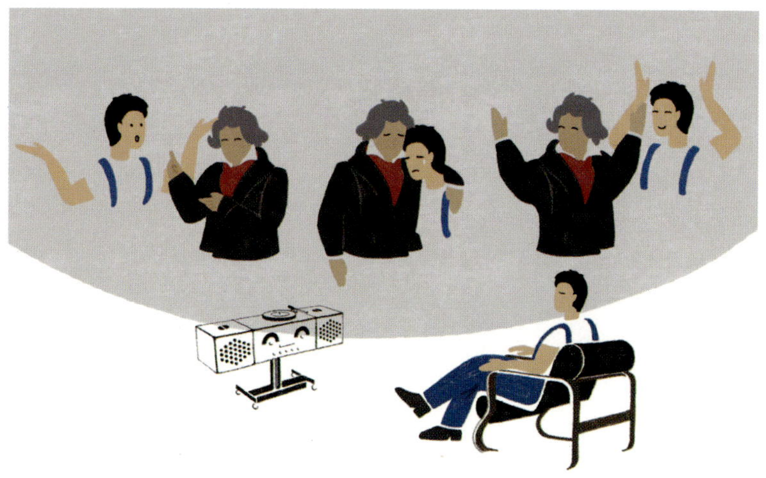

작곡가와 나 그리고 음악이 만나는 '자아의 공간'

이제 본격적으로 클래식을 들어 보도록 하자. 우리는 클래식을 들
을 준비가 되어 있다. 다시 말하지만 준비란 대단한 것이 아니다. 어려
워도 들어 보겠다는 태도만 가지고 있으면 된다. 클래식 음악 중에는

내가 다짐한 것에 비해 쉽게 다가오는 작품도 있고 그렇지 않은 작품도 많다. 결론적으로 중요한 것은 자신이 어떠한 클래식 작품을 만나더라도 그것을 고전으로 대하는 태도는 분명히 가지고 있어야 한다는 점이다.

3장

클래식은 '작품명을 볼 줄 아는 것'부터가
시작이다

그렇다. 클래식 작품의 이름은 길고 어렵고 또한 복잡하다. 우선 클래식 작품명은 우리가 지금까지 접하지 못했던 낯선 외국어의 어려운 어휘들로 구성되어 있다. 그리고 작품명마다 숫자와 약어 같은 것들이 붙어 있어 더욱 알기 어렵고 난해하게 느껴진다.

Johannes Brahms
Symphony No. 2 in D major, op. 73

1. Allegro non troppo
2. Adagio non troppo – L'istesso tempo, ma grazioso
3. Allegretto grazioso (Quasi Andantino)
4. Allegro con spirito

클래식 작품명의 예 – '브람스 교향곡 2번'

기본적으로 클래식 작품명은 그 길이가 상당히 길다. 그래서 작품명을 보고 읽고 기억하는 것이 여간 어려운 일이 아니다. 클래식은 한 작품 안에 악장이라는 것을 두어 그 악장에도 길고 어려운 이름을 다 붙여 놓았다. 보통 '제목'은 한 단어이거나 길면 한 문장인데 클래식 작품명은 한 문장 이상의 '문단'으로 느껴진다.

이렇듯 클래식 작품명이 어렵기 때문에 사람들은 작품명을 제대로 이해하지 않고 바로 음악을 듣는 경우가 대부분이다. 사람들 중에는 작품명에 큰 의미를 두지 않는 경우도 있다. 그것을 모르고 음악을 들어도 상관없다는 식의 생각을 하고 있기 때문이다. 물론 작품명을 모른 채 음악을 들어도 당분간은 크게 상관없다. 하지만 클래식을 제대로 듣고 싶은 사람이라면 작품명의 구조를 반드시 이해하고 있어야 한다. 클래식 작품명의 구조를 확실하게 알고 있으면 클래식 세계의 전체적인 틀이 보이게 된다. 자신이 듣고 있는 클래식 장르(형식)가 더 잘 이해되며 클래식 듣기의 수준이 지속적으로 발전하게 된다.

클래식 작품명을 알고 이해하는 것은 마치 여행을 떠나는 것과도 같다. 내가 여행을 가게 될 대륙과 그 대륙에 속해 있는 나라와 그 나라에서 마주하게 될 다양한 도시들의 이름을 알게 되면 머릿속에 여행의 전체적인 동선이 그려진다. 그리고 각 도시에서 벌어지게 될 이벤트와 경험을 상상하게 된다. 여행을 위해서 방문하는 도시의 기후와 문화, 분위기, 에티켓 등을 스스로 공부하게 되고 도시에서 보이는 것과 보이지 않는 것 모두를 능동적으로 받아들일 준비를 하게 된다.

이처럼 이름은 스스로 위치를 나타내는 기능을 가지고 있다. 따라서 자신이 현재 취하고 있는 무언가의 이름을 통해, 자신의 현 위치와 상태를 확인할 수 있다. 클래식 또한 마찬가지이다. 작품의 이름을 잘 알고 있으면 내가 지금 듣는 음악이 어느 시대의 누구의 것인지, 그리고 나의 음악 듣기의 단계가 어디쯤에 와 있는지를 가늠할 수 있게 된다.

그렇다면 클래식 작품명은 과연 어려운 것일까? 우리는 그것을 알기 위해서 많은 노력과 공부를 해야 하는 것일까? 이 질문에 대한 대답은 '전혀 그렇지 않다'는 것이다. 클래식 작품명은 작품명이 이루어지는 구성 공식만 알면 전혀 어렵지가 않다.

아래에 클래식 작품명의 구성 공식이 있다. 우리는 이 쉬운 공식을 주의 깊게 볼 필요가 있다.

작곡가 ✛ 형식 ✛ 형식번호[6]

음악의 형식　형식의 작곡된 순번

예: **베토벤 교향곡 7번**

작곡가　+　형식　+　형식번호

클래식 작품명의 구성 공식

이것이 클래식 작품명의 기본이 되는 구성 공식이다. 생각보다 구성이 간단하지 않은가! 이것만 알아도 클래식 작품명을 말하는 데 전

---

6. 작곡가가 하나의 음악 형식(예: 교향곡, 협주곡, 소나타 등)으로 작곡한 작품의 순번(순서대로 매겨지는 번호)을 말한다.

혀 부족함이 없다.

클래식 작품명의 구성 공식을 기억하며 다음 대화를 살펴보자. 철수와 영희가 클래식에 대해 이야기하고 있다. 둘 다 자신이 클래식 박사라고 하는데, 한 명은 거짓말을 하고 있다. 누가 거짓말쟁이인지 한번 찾아보자.

철수: 영희야! 요즘 클래식 좀 듣니? 요즘 듣는 건 뭐야?
영희: 응, 나는 요새 베토벤이 그렇게 좋더라. '베토벤 심포니 3번'을 자주 들어.
철수: 오! 겨울에는 베토벤이지!
영희: 그럼 너는 요즘 뭐 듣는데?
철수: 나는 요즘 '쇼팽 2번' 들어. '쇼팽 2번'은 정말이지 역작이야.

둘 중에 누가 거짓말쟁이일까? 답은 철수이다. 이 세상에 '쇼팽 2번'이라는 것은 없다. 철수가 말한 작품명에는 '작곡가(쇼팽)'와 '형식번호(2번)'는 있지만 '형식'이 빠져 있다. 반면에 영희는 '작곡가(베토벤) + 형식(심포니[7]) + 형식번호(3번)' 순으로 정확하게 작품명을 말하였다.

위의 대화에서 철수의 말이 우습게 느껴질 수 있다. 하지만 현실은 이보다 더 한 경우가 많다. 사람들에게 "당신이 아는 클래식 작품명을 하나만 말해 보시오."라고 했을 때, 작곡가의 이름조차 말하지 못하는

---

7. 심포니(Symphony): 교향곡.

경우가 다반사이다. 바흐! 모차르트! 베토벤! 학교 음악 시간에 위대한
작곡가의 이름을 몇몇 들어 봤지만 그들은 그저 위인전에 나오는 위인
일 뿐이고 클래식 작품명에 작곡가의 이름이 들어가는지, 작곡가 이름
다음에 무엇이 와야 하는지 모르는 사람들이 부지기수이다. 앞의 대화
에서 만약 철수와 영희가 '피아노 협주곡'이라는 형식을 한정 지어서
이야기하는 상황이었다면 철수가 말한 '쇼팽 2번'은 옳을 수도 있다.
하지만 앞의 상황에서는 전혀 옳지 않다. 클래식 작품명을 말할 때는
'작곡가 + 형식 + 형식번호'의 규칙을 지켜야 한다.

그런데 여기에서 알아 둘 것은 '작곡가 + 형식 + 형식번호'가 작품
명의 전체(Full Name)는 아니라는 것이다. 그것은 이름으로 주되게 사용
하는 작품명 전체의 '한 부분'이다. 마치 사람들이 작곡가 '멘델스존'
을 말할 때 그의 전체 이름 '야코프 루트비히 펠릭스 멘델스존 바르톨
디(Jakob Ludwig Felix Mendelssohn-Bartholdy)'를 말하지 않고 전체 이름 중
의 한 부분인 '멘델스존'만을 주된 이름으로 사용하듯이 클래식 작품
명도 그러한 것이다.

그렇다면 영희가 좋아하는 '베토벤 심포니 3번'의 작품명 전체가
무엇인지 자세하게 살펴보자.

Beethoven Symphony No.3 E-flat Major Op.55 「Eroica」
　　I. Allegro con brio

　　II. Marcia funebre: Adagio assai

　　III. Scherzo: Allegro vivace

　　IV. Finale: Allegro molto

앞의 작품명을 보면 생소한 어휘들이 많이 있다. 이렇듯 클래식 작품명은 생소한 어휘들로 이루어져 있기에 더 어렵게 느껴질 수 있다. 클래식 음악 용어는 이탈리아어가 대부분을 차지한다. 이탈리아어는 클래식 음악에서 작곡가가 작품의 연주 방법을 연주자에게 전달하는 데 가장 널리 사용되고 있다.[8]

이탈리아어가 이렇게 클래식 음악의 중심이 된 이유는 근대 유럽 문화의 모태인 르네상스(Renaissance)가 이탈리아를 중심으로 일어났기 때문이다. 르네상스와 르네상스를 넘어 바로크 시대 이후에 이르기까지 서양음악의 중심에는 이탈리아가 있었다. 르네상스에 수많은 작곡가들이 이탈리아에서 배출되고 수많은 음악 용어와 기보법[9]이 이탈리아어로 만들어졌다. 르네상스를 기점으로 이탈리아어의 음악 용어는 빠르게 유럽 전역으로 전파되었고 그것이 '표준화된 기보법'으로 보편화되어 오늘날까지 이어져 오고 있다.

본론으로 넘어와 영희가 좋아하는 '베토벤 심포니 3번'의 작품명을 우리말로 번역해 보자.

Beethoven Symphony No.3 E-flat Major Op.55 「Eroica」
베토벤 교향곡 3번 내림 마장조, 작품 55 「영웅」

---

8. 이 말은 클래식 작곡가들이 이탈리아어만을 음악에 사용한다는 것은 아니다. 말러나 리하르트 슈트라우스와 같은 작곡가들은 이탈리아어가 아닌 독일어를 자신의 작품에 사용하였고, 라벨, 드뷔시와 같은 프랑스 작곡가들 또한 그들의 모국어인 프랑스어를 작품의 언어로 사용하였다.

9. 기보법(Musical Notation): 음악을 기호나 문자 등으로 악보에 표기하는 방법.

I. Allegro con brio (1악장. 힘차고 빠르게)

II. Marcia funebre: Adagio assai (2악장. 장송행진곡: 매우 느리게)

III. Scherzo: Allegro vivace (3악장. 스케르초: 매우 빠르고 생기 있게)

IV. Finale: Allegro molto (4악장. 피날레: 매우 빠르게)

위에 우리말로 번역된 작품명을 작품을 설명하는 글로 풀이해서 써 보면 아래와 같을 것이다.

베토벤이 작곡한 교향곡으로, 그의 교향곡 중에 세 번째 작품이다. 이 작품의 조성은 내림 마장조(E-flat major)이고 작품번호(Op.)[10]는 55이다. 그리고 작품의 부제는 「영웅」이다. 이 작품의 1악장은 힘차고 빠르게 연주하며 2악장은 장송행진곡풍으로 매우 느리게 연주한다. 3악장 스케르초[11]는 매우 빠르고 생기 있게 연주하며 4악장은 최종 악장인 피날레로서 매우 빠르게 연주한다.

작품명을 풀이한 설명을 보니 작품에 대해서 어느 정도 알 것 같은데 그래도 모르는 것이 많다. 작품명에서 조성이 무엇인지, 형식번호가 있는데 작품번호는 또 무엇인지 생소하고 이해 안 되는 것들이 많이 있다. 우리말의 번역 없이 작품명의 1악장 'Allegro con brio(알레그로 콘 브리오)'를 처음 읽었을 때 어떤 느낌이 드는가? 학교 음악 시

---

10. Op.: 'Opus(오퍼스)' – 작품번호. 작품번호에 대해서는 뒤에서 별도로 설명할 것이다. '작품번호'와 '형식번호'는 서로 다른 것이다.

11. 스케르초(Scherzo): 우리말로 번역하면 '해학곡'이라 하는데 그렇게 부르는 경우는 거의 없다. 스케르초는 교향곡이나 소나타에서 '악곡의 분위기를 잠시 전환하는 역할'을 하며, 일반적으로 3박자의 빠른 리듬을 가지지만 일정한 형식을 갖추고 있지는 않다.

간이나 피아노 학원에서 'Allegro(알레그로)'는 들어 본 것 같은데 'con brio(콘 브리오)'는 도대체 무엇인지 모르겠다. 2악장에 있는 'assai(아싸이)'와 3악장의 'Scherzo(스케르초)' 또한 난생처음 보는 말이다. 4악장의 'Finale(피날레)'는 무슨 뜻인지 알겠는데 알레그로 뒤에 'molto(몰토)'는 잘 모르겠다.

그렇다면 클래식 작품명을 알기 위해서는 이 많은 어휘들을 다 알고 있어야 하는 것일까?

절대 그렇지 않다. 이미 알고 있듯이 일반적으로 클래식 작품을 말할 때는 작품명에서 주되게 언급하고 사용하는 부분이 있기 때문이다. 우리는 클래식 작품명을 보면서 어려운 어휘들을 하나하나 다 찾아볼 수 없다. 물론 마음을 먹으면 할 수 있겠지만 매번 그럴 수는 없다. 꼭 그래야만 한다면 클래식을 듣는 것은 세상에서 제일 귀찮은 일이 될 것이다. 다시 말해 우리는 작품명 전체에서 주되게 사용하는 부분인 '작곡가(Beethoven) + 형식(Symphony) + 형식번호(No.3)'만 알고 있으면 된다. 이외에 조성이나 작품번호, 악장 이름 등과 같은 것들을 그저 눈으로 한번 보고 확인만 하면 되는 것이다.

결론적으로 클래식을 들을 때 작품명은 아래의 것만 알고 있으면 된다. 꼭 알아야 하는 것은 진한 컬러로, 몰라도 상관 없지만 알아두면 좋은 것은 옅은 컬러로 표현하였다.

Beethoven Symphony No.3 「Eroica」
베토벤 교향곡 3번 「영웅」

I. 1악장.

II. 2악장.

III. 3악장.

IV. 4악장.

다시 강조하지만 클래식 작품명은 '작곡가 + 형식 + 형식번호'를 아는 것이 전부이다. 어렵고 길이가 긴 작품명의 전체를 알고 있으면 좋겠지만 사람의 머리에 반도체 메모리가 있지 않는 한 그것은 불가능하다.

어느 한 사람이 이렇게 말한다.

"나는 요즘 차이콥스키 교향곡 6번, 「비창」을 듣습니다."

이것은 아주 훌륭한 클래식 작품명을 말하는 방식이다. 작품명을 말할 때 작품의 부제(「비창」)가 있다면 부제를 같이 언급하는 것이 좋지만, 아래의 문장과 같이 그러하지 않아도 크게 상관없다.

"저는 지금 차이콥스키 교향곡 6번을 들으려 합니다."

여기에서 조금 더 상세하게 작품명을 말하고자 한다면 '작곡가 + 형식 + 형식번호' 뒤에 '악장번호'를 붙이면 된다. 다시 말하지만 악장의 '번호'만 알면 되지 '알레그로 콘 브리오'와 같은 각 악장의 수많은 어려운 어휘들을 절대로 외울 필요가 없다.

이 문장도 클래식 작품명을 말하는 더할 나위 없는 표현이다.

이제 클래식 작품명에 대해 알았으니 '작곡가 + 형식 + 형식번호'의 구성 공식을 통하여 다양한 클래식 작품을 말해 보자.

· Bach Violin Concerto No.1: 바흐 바이올린 콘체르토(협주곡) 1번
　작곡가　　　형식13　　　형식번호
· Haydn Piano Sonata No.23: 하이든 피아노 소나타 23번
　작곡가　　　형식　　　형식번호
· Mozart Violin Sonata No.27: 모차르트 바이올린 소나타 27번
　작곡가　　　형식　　　형식번호
· Chopin Ballade No.2: 쇼팽 발라드 2번
　작곡가　　형식　　형식번호
· Mahler Symphony No.9: 말러 심포니(교향곡) 9번
　작곡가　　　형식　　　형식번호

음악회나 방송과 같은 공식적인 자리에서 클래식 작품을 소개할 때 작품명 전체를 말하는 경우가 있다. 그것은 작품을 듣는 사람에게 작품이 가지는 전체적인 구성을 설명하기 위함이다. 앞서 '베토벤 심포니 3번'의 작품명을 풀이한 설명에서 알 수 있듯이, 작품명 전체에는 음악이 어떻게 진행되어 나가는지에 대한 정보를 담고 있다.

---

12. 정확히 말하자면, '바이올린 콘체르토'에서 음악의 형식은 '콘체르토(협주곡)'이다. '바이올린 콘체르토'는 바이올린(악기)을 위한 콘체르토(형식)를 말한다. 이 책에서는 독자의 이해를 돕기 위해 '바이올린 콘체르토'를 악기와 형식으로 각각 구분하지 않고, 이를 합쳐 '형식'으로 정리하였다. '바흐 바이올린 콘체르토 1번' 다음의 '하이든 피아노 소나타 23번'도 마찬가지이다. 피아노 소나타에서 음악의 형식은 '소나타'이다.

우리나라 대표 클래식 라디오 방송 'KBS 클래식 FM'의 한 프로그램으로 '명연주 명음반'이 있다. 방송에서 클래식 작품명을 어떻게 말하는지를 알아보기 위해 2023년 11월 중에 방송되었던 명연주 명음반의 인트로(Intro)를 한번 살펴보도록 하겠다.

"안녕하세요, 명연주 명음반 정만섭입니다. 명연주 명음반은 매주 화요일 중심 시간대 집중 감상곡으로 교향곡, 관현악곡[13]을 전해드리고 있습니다. 오늘은 그야말로 장대한 곡입니다. 새로 나온 음반인데요. 연주, 훌륭합니다. 안톤 브루크너의 교향곡 8번 C단조, 파보 예르비가 지휘하는 취리히 톤 할레 오케스트라의 연주로 약 81분간에 걸쳐서 전 악장 전해드립니다."

위의 방송 인트로에서도 알 수 있듯이 정보 전달의 표준이라 할 수 있는 라디오 정규 방송에서도 '작곡가(브루크너) + 형식(교향곡) + 형식번호(8번)'의 구성을 기본으로 하여 작품명을 말하고 있다. 방송이기 때문에 작품에 대한 정보를 조금 더 전달하기 위해서 작곡가의 이름(안톤)과 조성(C단조)을 추가적으로 언급하였다. 하지만 여기에서 우리는 작품명으로 '브루크너 교향곡 8번'만 알고 있으면 된다.

작품명의 구성 공식에서 '작곡가'는 하이든, 모차르트, 베토벤, 쇼팽, 리스트, 바그너, 말러처럼 '음악을 작곡한 사람'임을 누구나 알 것이다. 형식번호 또한 1번, 2번, 9번, 24번 등 한 형식의 작곡된 순서를

---

13. 일반적으로 클래식에서 '관현악곡'을 교향곡이나 협주곡처럼 하나의 장르로 구분할 때, 교향곡보다는 규모가 작은 자유로운 형식의 오케스트라 음악을 말한다.

매긴 번호라는 것도 쉽게 알 수 있다. 하지만 형식은 쉽게 알 수 없다. 클래식에서 음악의 형식은 그 수가 많기 때문에 그것을 모두 아는 것은 어려운 일이다.

심포니(교향곡), 콘체르토(협주곡), 오페라, 교향시, 현악 4중주, 피아노 5중주, 소나타 등 역사적으로 많은 작곡가들은 음악의 다양한 형식을 만들었고 그 형식을 끊임없이 발전시켰다. 클래식을 처음 듣는 초보자는 클래식의 수많은 음악 형식을 다 알 수가 없다. 그리고 클래식 초보자가 그것을 다 알 필요도 없다. 신기하게도 음악의 형식은 클래식을 오랫동안 접하고 듣다 보면 자연스럽게 많은 것을 터득하게 된다. 그러면서 스스로 선호하는 음악의 형식도 생기게 된다. 마치 아이가 태어났을 때 이유식과 같은 한정된 음식만 먹다가 곧 성장하여 다양한 음식을 접하게 되고 특별하게 좋아하는 음식도 생겨나는 것처럼 말이다.

이제 클래식의 음악 형식을 알아보자. 다음 표는 클래식의 음악 형식을 큰 카테고리로 정리한 것이다. 클래식의 큰 카테고리를 알면 클래식 음악의 전체적인 모습과 그 구조를 어느 정도 알 수 있을 것이다.

일반적으로 클래식의 음악 형식은 다음의 여섯 카테고리에서 크게 벗어나지 않는다. 클래식 초보자가 이 여섯 카테고리의 모든 형식에 집중하는 것은 사실상 불가능하다. 왜냐하면 한 카테고리의 크기가 상상하기 힘들 정도로 거대하기 때문이다. 마지막 카테고리의 오페라 하나만 보더라도 하나의 장대한 세계를 이루고 있다.

범 주	연주의 형태	
독주곡 Instrumental solo	연주자 혼자 연주한다. 예) 소나타(Sonata), 모음곡(Suite), 연습곡(Etude), 전주곡(Prelude), 즉흥곡(Impromtu), 파르티타(Partita), 변주곡(Variations) 등	
실내악 Chamber Music	2~5명의 연주자 혹은 그 이상의 연주자가 함께 연주한다. 예) 바이올린 소나타(Violin Sonata), 첼로 소나타(Cello Sonata), 현악4중주(String Quartet), 피아노4중주(Piano Quartet), 피아노5중주(Piano Quintet), 피아노3중주(Piano Trio) 등	
협주곡 Concerto	한 명의 독주자[14]가 오케스트라와 함께 연주한다.(그림에서 빨간 드레스를 입은 바이올리니스트가 독주자이다.) 예) 피아노 협주곡(Piano Concerto), 바이올린 협주곡(Violin Concerto), 첼로 협주곡(Cello Concerto), 호른 협주곡(Horn Concerto) 등	
관현악곡 Orchestral Music	오케스트라가 연주한다.(작품에 따라 성악가(솔로이스트), 합창단이 포함되기도 한다.) 예) 교향곡(Symphony), 교향시(Symphonic Poem), 서곡(Overture), 관현악곡(Orchestral Music) 등	
성악곡 Vocal Music	피아노 반주에 한 명의 성악가가 노래한다. 예) 가곡(Lieder)	
	다수의 성악가(솔로이스트)와 합창단이 오케스트라 연주와 함께 노래한다. 예) 칸타타(Cantata), 미사곡(Mass), 레퀴엠(Requiem), 오라토리오(Oratorio)[15]	
오페라 Opera	다수의 성악가(솔로이스트)와 합창단이 오케스트라 연주와 함께 극(Play)을 연기하며 노래한다.	

클래식의 음악 형식

그래서 클래식 초보자가 클래식을 들을 때 효과적이면서도 효율적으로 음악을 듣기 위해서는 클래식 음악 형식의 여섯 카테고리 가운데 세 개의 카테고리에 먼저 집중하여야 한다. 먼저 집중해야 할 세 가지의 카테고리는 앞 페이지에 있는 표 '클래식의 음악 형식'에서 바탕을 색으로 칠한 독주곡, 협주곡 그리고 관현악곡이다.

그렇다면 클래식 초보자가 세 가지의 카테고리에서 작품을 아무거나 선택하여 들었을 때, 감상이라는 것을 바로 할 수 있을까? 클래식 초보자가 처음부터 대규모 오케스트라가 연주하는 베토벤 심포니 9번 「합창(Choral)」이나 말러 심포니 1번 「거인(Titan)」을 어렵지 않게 들을 수 있을까?

초보자가 큰 각오와 함께 작품의 처음 몇 분은 들을 수는 있겠지만, 작품을 듣다가 포기할 확률은 95% 이상이다. 그 이유는 굳이 설명하지 않아도 알고 있을 것이다.

클래식은 처음 들을 때 형식을 듣는 순서와 작품을 듣는 순서가 있다. 이것은 클래식 듣기의 정답은 아니지만 해답이라고는 할 수 있다. 앞에서 클래식 음악 형식의 여섯 카테고리에서 언급했던 독주곡과 실내악, 협주곡, 관현악곡, 성악곡, 오페라 등은 그것들을 들어 나가는

---

14. 협주곡 작품에 따라 협연자가 한 명의 독주자가 아닌 2~3명의 연주자가 될 수도 있다.

15. 오페라와 오라토리오의 공통점은 둘 다 극(Play)의 대사와 이야기를 노래한다는 것이고, 차이점은 일반적으로 오페라는 세속적인 내용을, 오라토리오는 종교적인 내용을 담고 있다. 오페라는 가수들의 연기가 있는데 반해, 오라토리오는 가수들의 연기가 없다. 그리고 오페라는 무대의 연출이 있지만 오라토리오는 그렇지 않다.

순서가 분명히 존재한다. 이에 대해서는 이후에 자세하게 설명하도록 하겠다.

이제 글을 정리하자면 클래식은 '작품명을 볼 줄 아는 것'이 매우 중요하다. 작품명을 볼 줄 알면 클래식 작품을 접할 때 작품명만 보고도 음악의 형태를 먼저 파악할 수가 있다. 그리고 클래식 음악을 알아가는 데에도 큰 도움이 된다. 우리가 클래식 작품명을 알고 이해하는 데에는 오랜 시간이 걸리지 않는다. 아니, 이 챕터의 글을 꼼꼼하게 읽어 본 사람이라면 이미 클래식 작품명에 대해 80% 이상을 이해하고 있다고 자신 있게 말할 수 있다.

클래식 작품명은 처음 보았을 때 당혹스러워하지 말고 작품명의 구성 공식대로 이해해 나가기만 하면 된다. 그렇게 클래식 작품명을 보고 이해하는 것이 능숙하게 될 즈음에는 작품명 하나만 보아도 이 작품이 어느 시대 누구(작곡가)의 것이고, 작품의 연주 형태와 음악의 분위기는 어떠하며 작품의 대략적인 연주 시간과 작품이 가지는 역사적인 의미는 무엇인지 바로 알 수 있게 될 것이다.

4장

작품명의 구성 공식 끝에 붙는
수상한 암호들

글을 시작하기에 앞서 이 4장에서는 3장에서 설명하지 않은 작품명에 대한 추가적인 지식을 논하겠다. 3장에서 언급한 것처럼 우리는 작품명을 보고 말할 때 '작곡가 + 형식 + 형식번호'라는 작품명의 구성 공식만 알고 있으면 된다. 처음 클래식을 접하는 사람이라면 이 4장의 내용은 한번 읽고 이해하는 정도에서 끝내길 바란다. 4장의 내용으로 인해 3장에서 집중적으로 다루었던 작품명의 구성 공식에 대한 이해가 흔들리거나 그 틀이 무너져서는 안 된다. 4장의 내용은 클래식을 듣는 사람이라면 알고 있어야 하는 음악의 기본적인 지식이다. 하지만 클래식 초보자가 4장의 내용을 읽고 이해하기에는 헷갈리거나 어렵게 느껴지는 부분이 많아 주의할 필요가 있다. 이 점을 유의하여 4장의 내용을 읽어 가길 바란다.

Beethoven Symphony No.3 E-flat Major Op.55 「Eroica」

3장에서 보았던 '베토벤 교향곡 3번'의 작품명이다. 작품명에서 'Beethoven Symphony No.3'는 '작곡가 + 형식 + 형식번호'로 이루어진 클래식 작품명의 가장 기본적인 형태이다. 'Beethoven Symphony No.3' 다음으로는 'E-flat Major', 즉 '조성'이 붙는다. 작품명에서 '조성'은 눈으로 한번만 확인하면 되고, 그것을 외우거나 할 필요가 없다. 물론 모르는 것보다 아는 것이 좋겠지만, 조성은 음악을 전공하는 이들도 어렵게 공부하는 것이다.

클래식 음악을 들을 때 조성을 안다고 해서 음악이 더 잘 들리거나 조성을 모른다고 해서 음악이 더 어렵게 느껴지는 것은 아니다. 작품명의 조성을 몰라도 클래식 음악을 듣는 데 전혀 문제되지 않는다. 그저 눈으로 한번 보고 '이 작품의 조성은 이렇구나' 하고 확인만 하면 된다. 여기에서 굳이 조성에 대해 언급할 것이 하나 있다면, 작품의 조성이 'Major(장조)'일 때는 '음악의 분위기가 밝다'는 것이며 'Minor(단조)'일 때는 '음악의 분위기가 어둡고 쓸쓸하다'는 것이다.

그리고 클래식 작품명에서 조성 다음을 살펴보면 'Op.55'라는 암호와 같은 수상한 번호가 있다.

'Op.55'와 같은 수상한 번호 또한 작품명에 있으면 그것을 한번 보고 확인만 하면 된다. 이것도 조성과 같이 외우거나 할 필요는 없다. 하지만 이 번호가 무슨 의미를 뜻하는지 알고 갈 필요는 있다. 'Op.'는

'Opus'의 약자로 '작품' 혹은 '작품번호'라 말한다. 'No.'[16]는 '형식번호'이고 'Op.'는 작곡가가 남긴 전체 작품 중에서 이 작품이 몇 번째인지를 말해주는 '작품번호'이다.

그렇다. 처음에는 이것을 이해하기 힘들다. 이 번호가 도대체 무엇인지, 이것이 작품명에서 어떠한 기능을 하는지 알기가 어렵다. 그렇다면 이 헷갈리는 '작품번호'를 좀 더 쉽게 이해하기 위해서 한 가지 예를 통해 그것을 알아보도록 하자.

의상 디자이너인 폴(Paul)이 있다. 그는 첫 번째 작품으로 하얀 셔츠를 만들었고 두 번째 작품으로 파란 팬츠를 만들었다. 그리고 세 번째 작품으로는 노란 셔츠를 만들었고 네 번째로는 검은 재킷, 다섯 번째로는 베이지 재킷을 만들었다.

디자이너 폴(Paul)의 의상

---

16. 'No.'는 '형식번호'로 쓰이지만 클래식 작품에 따라서 작품의 세부 작품번호로도 쓰인다.
예) Chopin Etude Op.25, No.1: 쇼팽 에튀드(연습곡) 작품 25의 1번
'쇼팽 에튀드(연습곡) 작품 25'는 총 12개의 세부 작품으로 구성되어 있다.

폴은 자신이 만든 옷이 세간에 큰 명성을 얻어 그것을 기념하기 위해 자신의 작품마다 고유한 이름을 붙였다. 그리고 작품의 이름을 지을 때 클래식 작품명의 형식을 차용하였다.

그럼 폴이 만든 노란 셔츠는 클래식 작품명으로 어떻게 쓸까?

Paul Shirt No.2, Op.3

이것의 의미는 '폴이 만든 셔츠 중에 두 번째로서, 그의 작품 전체(총 다섯 작품)에서는 세 번째 작품'을 말한다.

그렇다면 폴이 만든 검은 재킷을 클래식 작품명으로 표현하면 어떠할까?

Paul Jacket No.1, Op.4

위의 작품명은 '이 작품은 폴이 만든 재킷 중에 첫 번째로서, 그의 작품 전체(총 다섯 작품)에서는 네 번째 작품'을 말한다.

그럼 위의 예시를 바탕으로 '베토벤 심포니 3번'의 작품명을 다시 읽어보자.

Beethoven Symphony No.3 E-flat Major Op.55 「Eroica」

위의 작품명에서 알 수 있듯이 '베토벤 심포니 3번'은 베토벤이 작곡한 작품 전체에서 55번째에 해당하는 것을 알 수 있다. 그리고 'Op.55'를 읽고 말할 때는 '작품 55(오십오)' 혹은 '작품번호 55'라 한다.

'작품번호'는 작곡가가 직접 자신의 작품에 붙였거나, 작곡가의 악보를 출판하는 출판사가 작곡가의 작품에 붙였거나, 한 작곡가가 남긴 작품 전체를 연구한 학자나 단체가 붙였다. 작곡가의 작품에 작품번호를 부여한 사람이 누구든, 우리는 '작품번호'를 '한 작곡가가 남긴 전체 작품 중 몇 번째 작품을 뜻하는 것'으로 우선 알고 있으면 된다.

여기에서 한 가지 중요하게 알아 둘 것은 모든 클래식 작곡가들이 Op.만을 '작품번호'로 사용하지 않았다는 것이다. 이러한 이유로 작품번호는 더욱 헷갈리기 쉽다. 만약 당신이 클래식 음악을 처음 접하는 사람이라면, 이 작품번호에 관한 것은 그 내용을 한번 보고 확인만 하는 정도에서 그치는 것이 좋겠다. 클래식 작품의 작품번호는 음악을 오랫동안 듣다 보면 자연스럽게 체득하게 된다. 이 말은 곧, 그것을 알기 위해 크게 성급해할 필요가 없다는 것이다. 우리는 꾸준하게 음악을 들으면서 작품번호를 자연스럽게 알게 될 때를 기다리기만 하면 된다.

베토벤, 쇼팽, 차이콥스키, 브람스, 슈만 등의 작곡가는 작품번호로 Op.를 사용하지만 모차르트는 K.를 사용한다. 'K.'는 '쾨헬' 혹은 '쾨헬번호'라 읽는다. 이것을 '케이'라고 읽으면 안 된다. 'K.'는 'KV'로 표기되기도 한다. 오래전 TV 광고에 자주 나왔던 '쾨헬'이라는 유명한 오디오 브랜드가 있었기 때문에 연세가 지긋한 분들에게는 '쾨헬'이라는 이름이 친숙하게 느껴질 수도 있다.

'쾨헬번호'는 오스트리아의 음악학자이자 식물학자인 루트비히 폰 쾨헬(Ludwig von Köchel)이 모차르트의 작품 전체를 연대순으로 번호를 매긴 것이다. 인류를 위해 모차르트의 작품 전체를 정리했다니 이 얼마나 기념비적인 성과인가! 우리는 루트비히 폰 쾨헬처럼 음악사에 큰 업적을 남긴 분들에게 항상 감사해야 한다.

쾨헬번호의 마지막은 K.626이다. K.626은 모차르트가 죽기 전에 남긴 「레퀴엠(Requiem)」, 즉 진혼곡(鎭魂曲)이다. 「레퀴엠」에 대해서는 영화 「아마데우스(Amadeus)」를 통해 잘 알고 있을 것이다. 모차르트가 죽기 전에 자신의 침상에서 살리에리와 함께 「레퀴엠」을 작곡해 나가는 모습은 인생에서 절대 잊을 수 없는 명장면이다.

모차르트 다음으로 요한 제바스티안 바흐(Johann Sebastian Bach)는 작품번호로 'BWV.'를 사용한다. 이것은 마치 독일 바이에른 주의 유명 자동차 회사 이름처럼 보이는 멋진 '작품번호'의 이름이다. 'BWV.'는 'Bach Werke Verzeichnis(바흐 베어크 페어차이니스)'의 약자로 '바흐작품번호'라 읽는다.

헨델(Georg Friedrich Händel)은 작품번호로 'HWV.(헨델작품번호)'를 사용하고 하이든(Franz Joseph Haydn)은 'Hob.(호보켄 혹은 호보켄번호)'를 사용하며 슈베르트(Franz Peter Schubert)는 'D.(도이치번호)'를 사용한다. 이외에도 다양한 작품번호 표기가 있는데 우선은 클래식에서 가장 기본이 되는 작곡가별 작품번호를 다음의 표에 정리하였다. 우선은 표의 내용을 보고 이러한 것이 있다는 것만 확인하도록 하자. 작품번호에 너무 집중하여 클래식을 알아 가는 큰 흐름을 놓치는 일은 없어야 할 것

표기	사용 작곡가	읽기	작품 예시
Op.	베토벤,[17] 쇼팽, 슈만, 브람스, 차이콥스키 등	작품 (혹은) 작품번호	Tchaikovsky Violin Concerto in D Major, Op.35
BWV.	바흐	바흐작품번호	Bach Goldberg Variations BWV.988
HWV.	헨델	헨델작품번호	Händel. Messiah HWV.56
Hob.	하이든	호보켄 (혹은) 호보켄번호	Haydn Trumpet Concerto in E flat Major, Hob.VIIe:1
K.	모차르트	쾨헬 (혹은) 쾨헬번호	Mozart Piano Sonata No.16 in C Major, K.545
D.	슈베르트	도이치번호	Schubert Drei Klavierstücke, D.946 No.1 in E flat minor

작곡가별 작품번호 표기

이다.

　그렇다면 클래식 작품명에서 이 작품번호는 왜 필요할까? 그 이유는 한 작곡가가 남긴 특정 작품의 고유번호 역할을 하기 때문이다. 마치 이것은 전자 제품의 일련번호와 같은 것이라고 말할 수 있겠다. 전자 제품의 일련번호를 알면 그것이 TV인지 냉장고인지 그리고 어떤 스펙을 가진 모델인지를 바로 검색하여 알 수 있는 것과 같다.

　또한 작품번호가 중요한 이유는 클래식 작품 중에는 '형식번호

---

17. 베토벤의 경우에는 그의 작품 가운데 후대에 발견되었거나 정확한 작곡 연대를 알 수 없어 작품번호(Op.)가 부여되지 않은 작품에도 별도의 작품번호를 붙여 'WoO'라고 표기함(WoO: Werks Ohne Opuszahl '작품번호가 없는 작품').

(No.)'가 없는 것들이 있기 때문이다. 이러한 경우에는 작품번호의 역할
이 상대적으로 크다.

Schumann Piano Concerto in A Minor, Op.54[18]

클래식 작품 중에는 '형식번호'를 제외하고 '작품번호'만을 작품명
에 표기하는 경우가 있다. '모차르트 피아노 소나타(Mozart Piano Sonata)'
를 예로 들을 수 있다. '모차르트 피아노 소나타 16번, K.545'는 작품
에 '16번'이라는 '형식번호'가 있음에도 불구하고 다음과 같이 작품명
에 '작품번호(K.545)'만을 사용한다.

Mozart Piano Sonata in C Major, K.545

이것은 모차르트 피아노 소나타의 음반이나 악보, 음악회의 프로
그램 북[19]과 같은 공식적인 문서에서 쉽게 볼 수 있다.[20] 그렇기 때문에
모차르트의 작품은 '쾨헬번호'와 '형식번호'를 조금 더 주의 깊게 살펴
봐야 하는 수고가 필요하다.

---

18. 슈만 피아노 협주곡에 형식번호가 없는 이유는 슈만이 남긴 피아노 협주곡이 한 작품밖에 없
기 때문이다. 그래서 슈만 피아노 협주곡은 작품명에 형식번호가 없고, 작품번호인 Op.54만 표기
한다. 클래식에서 이와 같은 형태의 작품명을 가진 작품을 여럿 볼 수 있다. 'Tchaikovsky Violin
Concerto in D major, Op.35'는 그중의 한 예이다.

19. '프로그램'은 한 음악회에서 연주되는 작품 목록을 의미하며, '프로그램 북'은 이 목록과 함께
연주자 프로필, 작품 해설 등 전문적인 정보를 담은 책자를 말한다.

20. 모차르트 피아노 소나타 중에서는 형식번호의 순서가 다르게 사용되는 경우가 있어, 기준이 되
는 쾨헬번호(K.)만을 작품명으로 사용하는 경우가 많다.

　이렇듯 클래식 작품명은 작곡가와 상황에 따라 그 표기 방식이 조금씩 다르기에 그것을 하나의 정연한 체계로 이해하기에는 어려운 부분이 있다. 하지만 이것에 대해 크게 걱정할 필요가 없다.

　우리는 클래식 작품명에서 '작곡가 + 형식 + 형식번호'의 구성 공식만 잘 알고 있으면 되기 때문이다.

STEP 2

배우다

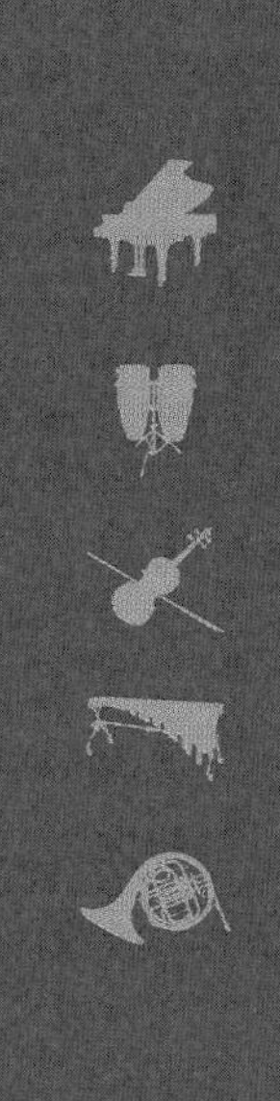

5장

‘끊어서 반복 듣기’의
마법

‘끊어서 반복 듣기’는 내가 지금까지 클래식을 들으면서 도저히 내 귀에 음악이 들리지 않을 때, 답답함을 해결하기 위해서 고안해 낸 방법이다. 나는 이 방법을 찾는 데까지 다양한 노력과 시도를 거쳤다. ‘끊어서 반복 듣기’라는 방법은 아주 특별한 것이어서 특허를 받을 정도는 아니고, 지극히 평범한 방법이라 클래식을 오랫동안 들은 사람이라면 자연스럽게 터득할 수 있는 것이라 할 수도 있겠다.

끊어서 반복 듣기가 평범하고 효과적인 방법이지만, 클래식을 잘 아는 사람 중에서는 이 방법에 대해 언급하는 사람을 거의 본 적이 없다. 끊어서 반복 듣기는 클래식을 들어 나가는 데 매우 효과적이기 때문에 클래식을 진지하게 들어 보고자 하는 사람이라면 반드시 시도해 볼 필요가 있다.

이 방법은 나의 클래식 생활에서 가장 기본적인 루틴이며, 지금까지도 어려운 작품을 도전할 때마다 주로 사용하고 있다.

앞서 이야기하였듯이 클래식은 연주 시간이 상당히 길다. 오케스트라가 연주하는 심포니(교향곡)는 연주 시간이 기본 40분이 넘고, 오페라는 연주 시간이 시간 단위이다. 알다시피 사람은 집중하는 데 한계가 있다. 개인이 잘 알고 좋아하는 것이라면, 집중력의 한계가 다르게 나타나겠지만, 그렇지 않은 경우에는 목표로 하는 타깃에 쉽게 집중력을 잃고 지루함을 느끼게 된다.

다음과 같은 가정을 해 보자. '이 세상에서 가장 아름다운 음악'이 나에게 있고, 내가 그 음악을 '난생처음' 듣는다고 하자. '이 세상에서 가장 아름다운 음악'의 길이는 약 40분이다.

방금 연주가 시작되었다. 그 음악을 들을 때 과연 나에게 어떠한 반응이 나타날 것인가. 연주가 시작되고 처음 몇 분 동안은 음악에 집중하고 음악을 즐길 수도 있다. 하지만 음악이 아무리 아름다워도, 그것을 전혀 모르는 상태에서 40분이라는 긴 시간 동안 집중력을 잃지 않고 전체를 잘 감상할 수 있을까? 어렵고 힘든 일이다.

클래식은 알고 듣는 것이 중요하다. 클래식을 모르고 듣는 것은 결코 쉽지 않은 일이다. 그래서 클래식 작품을 들을 때는 내가 한 번에 집중할 수 있는 시간의 분량을 계산하여 그만큼의 구간을 끊어서 반복적으로 듣는 것이 아주 중요하다.

이제 클래식 작품을 끊어 듣는 방법에 대해 자세하게 알아보자.

작품을 끊는 방법은 크게 두 가지로 나뉜다. 이것은 클래식 작품의 '연주 길이'와 '난이도'[21]에 따라 유연하게 적용하면 된다. 작품을 끊는 방법 중 첫 번째는 작품을 '악장별'로 끊는 것이고, 두 번째는 작품을 ('악장별'로 끊는 것을 기본으로 하고) '시간'으로 끊는 것이다. 두 번째 방법인 작품을 '시간'으로 끊는 것을 좀 더 자세하게 설명하면, 한 작품을 기본적으로 '악장별'로 끊고 추가적으로 한 악장을 10분 단위 혹은 자신이 한번에 집중할 수 있을 만큼의 '시간 분량'으로 끊어서 듣는 것을 말한다.

내가 듣는 한 작품의 전체 악장 혹은 전곡의 총 연주 시간이 20분에서 30분 내외이고, 작품을 듣기에 난이도가 그리 높지 않게 느껴지면 작품을 끊는 방법으로 첫 번째 방법인 '악장별'로 끊어 듣는 것을 추천한다.

만약 총 연주 시간이 40분에서 한 시간이 넘는 난이도가 높은 작품이라면, 작품을 끊는 방법으로 두 번째 방법인 '시간'으로 끊는 것을 권한다. 한 작품의 길이가 한 시간이 넘어가게 되면 음악의 방대한 양을 한번에 소화하기 힘들기 때문에 작품을 '시간'으로 끊어서 듣는 것이 효과적이다. 그리고 연주 시간이 한 시간이 넘는 작품들 중에는 한 악장의 길이가 보통 20분을 넘기는 것들도 많다. 말러나 브루크너 심

---

21. 자신이 작품을 처음 듣기에 느껴지는 난이도.

포니의 경우에는 작품에서 한 악장의 길이가 30분 가까이 되는 것들도 있다. 이것은 웬만한 클래식 작품의 전체 연주 시간과 같다. 연주 시간이 방대한 작품은 작품의 한 악장이라 하더라도 한번에 듣는 것은 힘들고, 금방 지치게 된다. 작품의 한 악장이더라도 자신이 소화할 수 있는 분량으로 작품을 끊어서 들어야 한다. 그렇게 해야 중간에 포기 없이 작품을 끝까지 들어 나갈 수 있다.

어렵고 난해한 근·현대음악[22]이나 베토벤의 후기 작품[23]을 듣는 경우라면 작품의 총 연주 시간이 길지 않더라도 시간을 10분 단위로 구분하여 집중적으로 듣는 것이 효과적이다.

'끊어서 반복 듣기'의 전체적인 과정을 자세하게 설명하면 다음과 같다.

1. 우선 내가 들을 클래식 작품의 후보를 몇 개 정하고 각 후보 작품의 전체 작품명[24]과 총 연주 시간을 확인한다.
2. 나의 마음에 들거나 혹은 현재 자신의 클래식 듣기에 알맞을 것 같은 작품을 선정한다.
3. 선택한 작품을 전체적으로 한번 훑어[25] 들어 본다. 마치 책을 읽기 전에

---

22. 전통적인 음악이론과 작곡 기법이 자유롭게 변형되고 해체되는 시기의 음악으로서 19세기 후반부터 시작되었다. 일반적으로 '민족주의', '인상주의', '표현주의', '원시음악', '신비주의' 등이 이에 속한다.

23. 베토벤의 후기 작품은 극적인 감정과 복잡한 구조적 특징을 갖는다.

24. 작곡가, 형식, 형식번호, 조성, 작품번호, 악장의 구성 등, 그 외에 필요하다면 기타 배경지식까지 포함한다.

25. 작품의 각 악장을 처음부터 1분 정도만 들어 본다. 그리 시간이 걸리는 작업이 아니다.

목차를 먼저 확인하며 글의 전체적인 내용을 대강 파악하는 것처럼 말이다.

4. 선택한 작품이 나에게 어떻게 느껴지는지, 내가 이 작품을 어떻게 끊어 들어야 할지를 판단한다.

5-1. 작품을 '악장' 단위로 끊었다면 먼저 작품의 1악장만 반복적으로 집중하여 듣는다. 그렇게 반복하여 듣다가 1악장에 자신이 생기고 음악이 귀에 어느 정도 들리면 2악장으로 넘어간다. 1악장을 제대로 알지 못한 상태에서 절대 다음 악장으로 넘어가지 말아야 한다. 악장을 끊어 듣는 것이 확실하지 않으면 작품의 전체적인 악장 구성을 파악하기 어려울 뿐만 아니라 작품을 들었을 때 음악의 흐름과 위치를 놓치기가 쉽다.

클래식 작품은 한 악장의 처음 부분과 끝부분을 확실하게 먼저 캐치하는 것이 중요하다. 악장의 처음과 끝부분을 확실하게 아는 것은 악장의 전체적인 틀을 아는 것과 같다. 그리고 악장의 처음과 끝부분을 잘 알고 있어야 악장 중심부의 음악을 더 효과적으로 들을 수 있다.

그렇게 1악장을 반복적으로 듣다가 음악이 귀에 들리는 때가 오면 2악장으로 넘어가고 2악장을 듣다가 귀에 들리면 3악장으로 넘어간다. 그렇게 마지막 악장까지 음악을 반복하여 듣는다. 작품의 마지막 악장까지 귀에 들리는 때가 오면, 그때서부터는 작품의 전 악장을 한번에 듣는다. 그리고 작품의 전체를 하나의 이야기로서 음악을 감상한다.

5-2. 작품을 '악장' 단위가 아니라 '시간' 단위로 끊었다면 자신이 10분 단위로 나눈 한 악장의 부분들이 있을 것이다. 마치 김밥 한 줄을 두세 도막으로 나눈 것처럼 말이다. 그렇다면 1악장의 나눈 첫 부분부터 음악을 반복적으로 듣는다. 듣다가 듣는 부분이 귀에 들리면 그다음 부분으로 넘어가고 또 들리면 그다음으로 넘어간다. 그렇게 한 악장을 두세 도막의 시간으로 끊어서 반복적으로 듣는다. 시간으로 끊은 1악장의 마지막 부분이 귀에 들리는 때가 오면 1악장을 한번에 다 듣는다. 1악장 전

체가 귀에 들리면 2악장으로 넘어간다. 2악장도 연주 시간이 길다면 1악장과 같은 방법으로 시간으로 끊어서 반복적으로 듣는다. 2악장이 귀에 들리면 3악장으로 넘어간다. 그렇게 마지막 악장까지 음악을 반복하

[방법 1] 작품을 악장 단위로 끊기

– 작품에서 각 악장의 연주 시간이 10분 내외이거나 그 이하일 때

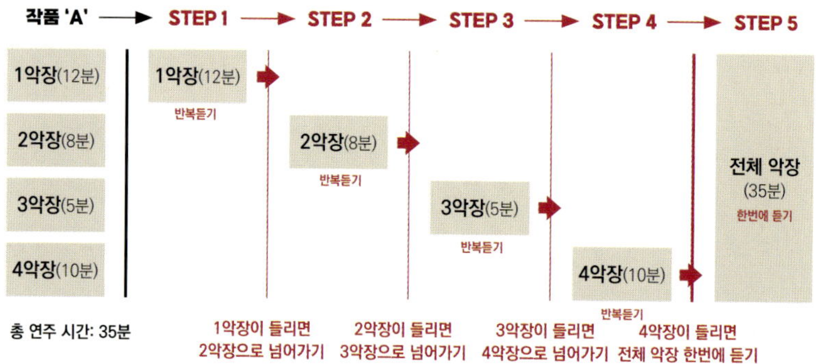

[방법 2] 작품을 시간 단위로 끊기

– 작품에서 한 악장의 연주 시간이 20분 내외이거나 그 이상인 것이 있을 때

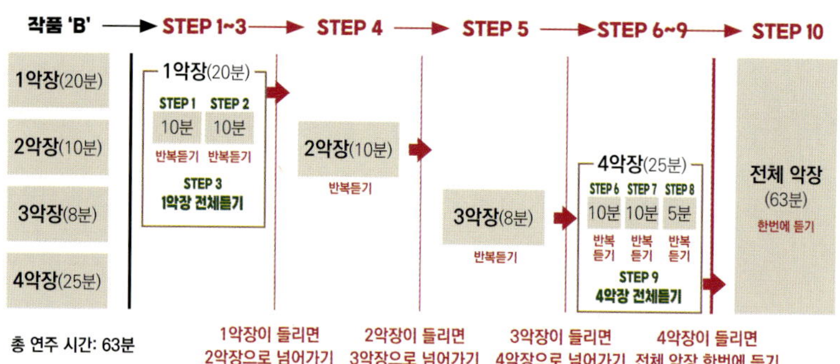

*작품에서 1악장과 4악장의 연주 시간이 20분 이상이므로 작품을 '시간 단위'로 끊어 듣는다.
*작품을 '10분 단위'로 끊으라는 것은 음악을 들어 보며 10분 즈음에 끊기 좋은 부분을 찾아 작품을 끊으라는 것이지, 단 1초의 오차 없이 정확히 10분으로 끊으라는 의미는 아니다.

끊어서 반복 듣기의 개념도

여 듣는다. 작품의 마지막 악장까지 귀에 들리는 때가 오면, 그때부터는 작품의 전 악장을 한번에 듣는다. 이 방법 또한 작품을 들을 때 한 악장의 처음과 끝부분을 확실하게 알아야 한다는 것을 잊지 말도록 하자.

악장을 '시간' 단위로 끊을 때 유의할 것이 있다. 그것은 한 악장을 짧은 시간 단위로 너무 많이 끊지 말아야 한다는 점이다. 만약 그렇게 했을 경우 오히려 그것은 음악을 들을 때 해가 될 수 있다. 정작 음악을 듣는 일보다 끊어 듣는 일에 더 집중하여 정작 음악에 집중하지 못할 수 있기 때문이다.

우선 원칙은 한 악장을 크게 두 도막에서 많게는 세 도막으로 나누는 것이다. 앞서 이야기한 것처럼 클래식 작품 중에서 긴 연주 시간을 가지는 악장의 길이는 약 30분 정도이다. 그것을 세 도막으로 잘라도 한 부분당 듣는 시간은 약 10분 정도이다. 크게 어렵고 난해한 작품을 제외하고 기본적으로 음악을 들을 때 10분 정도의 연주 시간은 한번에 듣는 것이 좋다. 많이 나누면 나눌수록 전체를 놓치기 쉬운 법이다.

작품을 들을 때 처음에는 한 악장을 네 도막으로 나누고 이후에 앞의 두 도막과 뒤의 두 도막을 합쳐 크게 두 도막으로 들을 수도 있을 것이다. 사람마다 음악을 듣는 스타일이 다르고 자신에게 맞는 고유한 방법도 있을 수 있기 때문에 처음에는 작품의 악장을 두세 도막으로 끊어 듣다가 자신에게 더 잘 맞는 방법을 찾게 되면 그 방법대로 음악을 들어 나가면 된다. '내가 찾은 나만의 방법'만큼 나에게 훌륭한 것은 없다.

사람에게 음악은 본능에 가깝기 때문에, 아무리 어려운 음악이라 할지라도 그것을 반복적으로 듣게 되면 결국 음악에서 큰 질서를 찾게 된다. 마치 평소에 자주 가는 장소가 아무리 멀어도 그곳으로 가는 길이 내 머릿속에 지도와 같이 펼쳐져 있는 것처럼 말이다.

클래식 음악을 처음 들을 때는 그것이 나와 전혀 상관없는 어떠한 소리처럼 느껴지지만 반복적으로 듣게 되면 음악이 점점 내 귀에 익숙해지는 것을 느낄 수 있다. 작품의 전체적인 흐름과 질서 그리고 주요한 선율(Melody)을 깨닫게 되는 것이다. 그렇게 음악이 귀에 들리고 작품을 깊게 느끼는 수준이 되었을 때 비로소 내가 '이 작품을 안다'고 생각해도 좋다.

'안다'는 표현을 너무 심각하게 생각하지 말자. 어떤 음악의 깊고 깊은 내면까지 알아야 '안다'고 할 수 있는 것은 아니다. 내가 음악을 듣고 느낄 수 있는 순간이 왔다면 그때도 음악을 '아는' 것이다. 조금 알든 많이 알든, 아는 건 아는 것이다. 조금 알아도 감상이 이루어지는 '안다'의 수준까지 왔다면 그것으로 충분하다. 음악을 깊게 많이 아는 것은 그 이후의 일이다. 클래식 작품은 한번만 듣고 끝나는 것이 아니라 평생을 두고 듣는 것이기 때문에 한 작품에 대한 앎의 깊이는 시간이 지날수록 깊어진다.

이제부터는 클래식 작품을 선정하여 '끊어서 반복 듣기'의 방법을 실제 적용해 보자.

6장

'끊어서 반복 듣기'
해 보기

클래식의 '작품명을 보는 법'과 '끊어서 반복 듣기'에 대해 자세하게 알았으니, 이제 우리가 알고 있는 것들을 본격적으로 클래식 작품에 적용하여 음악을 들어 보도록 하자. 지금부터는 책에서 언급하는 작품을 가지고 클래식 작품을 들어가는 방법의 과정을 하나하나 실천해 보도록 한다.

우리가 처음 맞이할 작품은 '모차르트 피아노 소나타 16번 K.545(Mozart Piano Sonata No.16 in C Major, K.545)'이다. 작품명에 대해 공부한 것을 복습하는 차원에서 작품의 작곡가는 '모차르트', 형식은 '피아노 소나타', 형식번호는 '16번', 그리고 작품번호는 'K.545(쾨헬 545)'이다. 작품은 1악장, 2악장, 3악장으로 총 세 악장으로 구성되어 있다. 모차르트 피아노 소나타는 1번부터 18번까지 총 18개의 작품이 있다.[26] 원래는 작품의 수가 총 22개이지만 초기 4개의 작품은 악보가 유실되어 현재까지 전해지는 모차르트의 피아노 소나타는 총 18개이다.

클래식을 듣는 첫 단계로서 '모차르트 피아노 소나타 16번, K.545'를 선정한 이유가 있다. 작품의 연주 시간이 1악장부터 3악장까지 총 12분 내외로 길지 않고, 작품의 1악장은 누구나 한 번쯤 들어본 적이 있는 유명한 곡이기 때문이다. 이렇듯 클래식 듣기의 시작은 듣는 것이 크게 부담되지 않는 작품을 선택하는 것이 좋다. 피아노 소나타는 피아니스트가 혼자서 연주하는 피아노 독주곡이다. 피아노 독주곡은 피아노에서 나오는 소리 하나에만 귀를 집중하면 되기 때문에 난이도가 비교적 어렵지 않다. 처음 클래식을 접하는 입문자는 먼저 피아노 소나타와 같은 독주곡 위주로 듣는 것이 효과적이다. 클래식의 음악 형식을 듣는 순서에 대해서는 뒤에서 설명하도록 하겠다.

Mozart Piano Sonata K.310 / K.333 / K.545

Piano: Maria João Pires
1989 DG(Deutsche Grammophon)

---

26. 클래식 작품을 들을 때 한 작곡가가 남긴 형식의 총 작품 수를 먼저 확인하는 것이 중요하다.

클래식 작품을 듣기 위해서는 먼저 좋은 음반을 골라야 한다. 앞의 CD 재킷은 내가 어렸을 때 귀가 닳도록 들었던 마리아 조앙 피레스(Maria João Pires)의 모차르트 피아노 소나타 앨범으로 나에게는 보물과도 같은 것이다. 지금까지 세계적으로 유명한 피아니스트 중에는 몇몇의 모차르트 스페셜리스트가 있는데 클라라 하스킬(Clara Haskil), 릴리 크라우스(Lili Kraus), 잉그리트 헤블러(Ingrid Haebler), 프리드리히 굴다(Friedrich Gulda), 우치다 미츠코(Mitsuko Uchida)가 대표적이다.[27] 마리아 조앙 피레스 또한 탁월한 연주력으로 모차르트 해석에 큰 정평이 나 있다.

이제 본격적으로 ⓆⓇ '모차르트 피아노 소나타 16번, K.545'를 들어 보자. 앞의 피레스 앨범에서 마지막 세 번째에 있는 작품이다.

---

27. 클래식을 들을 때는 수고스럽더라도 피아노, 바이올린, 첼로의 상징적인 연주자들을 머리에 담고 있을 필요가 있다. 왜냐하면 콘체르토(협주곡)를 포함하여 위의 세 악기는 독주 형식의 작품이 많기 때문이다. 또한 지휘자와 성악가도 필수적으로 알고 있어야 하는 아티스트들이 있다.

28. 작품을 본격적으로 들을 때는 책 내용에 첨부하는 QR코드를 이용하는 것도 좋지만 직접 음반을 구입하여 듣거나 개인이 구독 중인 음악 스트리밍 서비스에서 음반을 다운로드하여 듣기를 바란다. 클래식 작품을 듣는 방법에 대해서는 뒤에서 별도로 설명하였다.

아래의 이미지를 통해 작품의 이름을 좀 더 자세하게 살펴보자.

> **Klaviersonate C-dur** KV 545
> **Piano Sonata in C major, K. 545**
> **Sonate pour piano en ut majeur**
> **Sonata per pianoforte in do maggiore**
>
> [7] 1. Allegro [4'12]
> [8] 2. Andante [6'01]
> [9] 3. Rondo. Allegretto [1'39]

굵은 글씨로 쓰인 작품명은 위에서부터 차례대로 독일어, 영어, 불어, 이탈리아어로 되어 있다. 우리는 두 번째의 영어로 된 작품명을 확인하면 된다. Piano Sonata in C major, K.545 - 피아노 소나타 C장조, 쾨헬번호 545이다.

우리는 작품명에서 작품의 '형식'인 '피아노 소나타'와 '형식번호'인 '16번'만을 확인하면 되는데, 이 앨범에는 '형식번호'인 '16번'이 쓰여 있지 않다. 다만 'K.545'라는 '작품번호'만 있을 뿐이다. 앞의 4장, '작품명의 구성 공식 끝에 붙는 수상한 암호들'에서 설명한 것과 같이 모차르트 피아노 소나타는 '형식번호' 없이 '작품번호'만을 작품명에 사용하는 경우가 많다. 이러한 경우에는 작품의 '형식번호'가 없기 때문에 우리는 '작품번호'인 'K.545'에 주목해야 한다. 조금 헷갈리는 상황인 것은 맞다. 그래도 수용하고 인정하며 헷갈리는 것을 극복해야 한다. 그리고 이 작품의 조성인 'C Major'는 한번 읽고 그냥 넘어가자.

이제 악장의 구성을 보자. 악장은 총 세 악장으로 구성되어 있다. 우리는 그저 이 작품이 총 세 악장으로 되어 있다는 것만 알면 된다. '알레그로', '안단테' 등이 무슨 뜻인지 몰라도 전혀 상관없다. 정말 궁금해서 꼭 알아야 되겠으면 그때 알아보자. 작품 1악장의 연주 시간은 4분 12초, 2악장은 6분 1초, 3악장은 1분 39초로 총 연주 시간은 11분 52초이다. 클래식 음악 중에서는 연주 시간이 아주 짧은 작품이다. 그럼 이제 우리는 이 작품을 어떻게 끊어서 들어야 할 것인가.

'모차르트 피아노 소나타 16번, K.545'는 모든 악장의 길이가 5분 내외이고 2분 미만의 것도 있다. 그리고 각 악장의 시작부를 1분 정도 들어 보면 음악의 난이도가 그리 어렵지 않다는 것을 바로 느낄 수 있을 것이다. 이 작품을 듣기 위해서 작품을 '악장별'로 끊는 것을 적용해야 한다.

이제 우리는 이 작품을 악장별로 끊어서 들을 것이다. 우선 작품의 1악장만 음악이 귀에 들릴 때까지 반복하여 듣는다. 음악이 귀에 들리기 시작하여 내가 1악장을 이제 '안다'고 느낄 때까지 집중적으로 작품을 듣는다. 1악장을 알기 전까지는 절대 2악장으로 넘어가지 않는다.

이 작품의 1악장은 주요 선율이 많이 들어 본 것이기 때문에 처음 듣고도 안다고 방심할 수 있다. 아니면 많이 들어 본 것이라 식상할 수도 있다.

결론부터 말하자면 1악장을 잘 안다고 생각해서 작품을 끝까지 제대로 듣지 않고 2악장으로 넘어가는 행위는 절대로 해서는 안 될 것이다.

자신이 어떠한 클래식 작품을 어느 정도 안다고 느낄 때는 두 가지의 반응이 나타난다. 하나는 지속적인 집중력으로 음악에 몰입되어 진정한 '감상'을 할 수 있게 되는 것이고, 다른 하나는 음악에 '싫증' 같은 것을 느끼게 되는 것이다. 후자의 경우는 자신이 음악을 어느 정도 알 만큼 들었다 하더라도 여러 부분을 놓치며 대강대강 들었을 때 나타난다.

나 또한 후자의 상황을 수도 없이 겪었다. 그럴 때마다 지겹게 느껴지는 작품에서 잠시 도피했다가 이후에 집중하여 다시 들었다. 어떠한 작품을 알려고 할 때 제일 중요한 것은 음악에 촉각을 세워 흘러가는 모든 소리에 '집중'해야 한다. 모든 감각을 음악에 집중하면 음악은 달리 들린다. 음악이 재미없고 식상하게 느껴지는 싫증 현상이 나타난다면 오히려 더 큰 집중을 통해 한 음 한 음의 소리에 집중해 보자. 음악이 전개되어 흘러가는 그 궤적을 같이 따라가 보면, 음악이 분명 다르게 느껴질 것이다.

모차르트 피아노 소나타 16번의 1악장도 마찬가지이다. 우리가 지금까지 이 음악을 여러 경로를 통해 많이 들어 봤다 하더라도 작품을 들을 때는 귀를 날카롭게 세우고 피아노에서 흘러나오는 모든 소리에 집중하여야 한다.

그리고 음악의 한 음 한 음이 어떻게 흘러 변해 가는지를 들어 보자. 모차르트의 작품을 한 음 한 음 쫓아가다 보면 전혀 생각지도 못한 음악의 흐름을 만날 때가 있다. 사람의 머리로는 도저히 상상하기 힘든 선율(멜로디)을 맞이하는 순간이 나타난다. 우리는 그 순간에 음악이 주는 재미와 감동 그리고 작곡가의 천재성을 느낄 수 있다.

"아니, 어떻게 이런 전개를 만들어 낼 수 있지?", "사람의 머리로 어떻게 이런 멜로디를 만들어 낼 수 있지?" 이러한 질문과 감탄을 연발하게 되는 것이다.

여기에서 피아노 소나타를 재미있게 들을 수 있는 방법을 한 가지 더 소개한다. 우선 기본적으로 피아노에서 흘러나오는 전체적인 소리에 집중하되, 한번은 오른손이 치는 주요 선율인 '멜로디'에만 귀를 기울여 작품을 들어 보자. 그렇게 듣다가 그다음에는 반대로 왼손이 치는 반주[29]에만 집중하여 연주를 들어 보도록 하자. 반주를 유심히 듣다 보면 주요 선율을 돕는 왼손의 연주가 얼마나 논리 정연하고 체계적인지를 느낄 수 있다. 작품의 주인공은 아니지만 주인공을 돕는 역할이 이토록 아름다운지를 왼손의 연주를 통해 알게 될 것이다. 음악을 듣고 어느 것이 반주인지를 잘 모르겠다면 듣는 음악의 저면에서 조용하게 화음을 넣는 연주가 반주이고 그 소리에 집중하면 된다.

비단 모차르트 피아노 소나타 16번뿐만 아니라 모차르트 피아노 소나타 전 작품을 이와 같은 방법으로 들어 보도록 하자. 이외에도 다양한 작곡가의 작품을 이와 같은 방법으로 들어 보는 것을 적극 추천한다. 멜로디와 반주를 좀 더 자세히 구분하여 음악을 듣고 싶다면 유튜브[30]를 통해 악보를 보면서 듣는 것을 권한다. 요즘 유튜브에는 작

---

29. 악곡의 주요 성부를 보충하거나 강조할 목적으로 곁들이는 성부 또는 그 연주.

30. 클래식 작품을 들을 때 유튜브를 주된 수단으로 권하지 않는다. 클래식 작품은 음악을 체계적으로 듣는 것이 중요한데 유튜브는 그러한 면에서 좋은 수단이 되지 않는다. 유튜브는 작품을 확인하거나 작품에 대해 영상으로 공부하는 등의 보조적인 수단으로 활용하자.

품의 악보와 연주를 같이 보며 들을 수 있게 제작된 영상들이 다수 업로드되어 있다. 악보를 보면서 음악을 듣게 되면 작품의 멜로디와 반주를 구분하기가 훨씬 더 쉬워지고, 음악을 효과적으로 들을 수 있다. 그리고 듣는 음악이 좀 더 빨리 내 귀에 들리게 되는 장점도 가지고 있다.

다시 본론으로 넘어와 모차르트 피아노 소나타 16번의 1악장을 여러 번 듣고 귀에 들리기 시작했다면, 이제 2악장으로 넘어가자. 2악장은 연주 시간이 6분이니, 이것도 악장을 (시간으로 나누지 말고) 한번에 다 듣는다. 그리고 앞서 말한 것처럼 2악장이 어떻게 시작하고 어떻게 끝나는지 확실하게 확인하자. 이것은 1악장과 3악장도 마찬가지이다.

2악장을 들을 때 또한 음악이 들리기 전까지는 절대 3악장으로 넘어가지 않는다.

작품의 2악장을 들었을 때 처음 느껴지는 분위기는 어떠한가. 1악장과 대조적으로 2악장은 느린 템포와 조용한 분위기를 나타낸다는 것을 알 수 있다. 2악장이 이렇게 느린 형태를 띠는 이유는 작곡가가 곡을 쓸 때, 그냥 그렇게 하고 싶었기 때문이 아니다. 작곡가는 소나타의 형식에 따라 작품을 썼기 때문에 2악장이 느린 것이다. 클래식 음악이 다른 종류의 음악과 비교해 보았을 때 가장 큰 차이점이 하나 있다면, 그것은 바로 클래식은 하나의 큰 규칙과 형식에 의해 작곡된다는 점이다. 우리가 잘 아는 소나타는 자랑스러운 국내 자동차 회사의 베스트셀러이기도 하지만 원래는 클래식 음악이 가지는 다양한 악곡 형식 중에 하나이다.

소나타(Sonata)에 대해서는 지금부터 이야기하는 내용만 알고 있으면 된다. 더 많이 알려고도 하지 말고, 지금 단계에서는 더 알 필요도 없다. 소나타는 클래식 악곡[31]의 형식 중에서 가장 기본적인 것이라 할 수 있다. 일반적으로 소나타는 한 작품이 3악장에서 4악장으로 구성되어 있는데,[32] 피아노 소나타와 같은 독주 형식의 소나타는 3악장이 기본 구성이다. 이것은 협주곡(Concerto)도 마찬가지이다.[33] 여기에서 중요한 것이 있는데 소나타는 기본적으로 1악장은 ‘빠르게’ - 2악장은 ‘느리게’ - 3악장은 ‘빠르게’의 형태를 갖는다는 점이다. 이것이 우리가 알아야 할 소나타의 전부이다. 클래식을 처음 듣는 단계에서 이 이상을 아는 것은 크게 필요치 않다. 또한 소나타에 대해 많이 모른다고 해서 음악을 듣는 데 전혀 지장이 되지도 않는다. 우리는 그저 소나타는 ‘1악장: 빠르게 - 2악장: 느리게 - 3악장: 빠르게’의 구조를 갖는다는 것만 알면 된다.

다시 모차르트 피아노 소나타 16번으로 돌아가 보자. 이 작품에서

---

31. 음악의 곡조. 곧 성악곡, 기악곡, 관현악곡 따위를 통틀어 이르는 말이다.

32. 작곡가의 의도에 따라 예외인 경우도 있다. 2악장 구성도 있고 5악장 이상으로 구성된 작품도 있다. 하지만 지금 단계에서는 피아노 소나타의 악장 구성(3악장)에만 집중하자.

33. 심포니(교향곡)는 오케스트라가 연주하는 소나타로서 한 작품이 보통 4악장으로 구성된다. (1악장: 빠르게 - 2악장: 느리게 - 3악장: 조금 빠르게 - 4악장: 빠르게)

2악장이 느린 이유는 모차르트가 2악장을 작곡할 때 그날 기분이 좀 안 좋고 쓸쓸해서 그 기분을 음악에 표현하고자 느리게 작곡한 것이 아니다. 모차르트는 철저하게 소나타의 형식을 지켰기 때문에 2악장이 느린 것이다.

물론 예외인 작품도 있다. 작곡가가 1악장을 '느리게' 작곡하거나 2악장을 '빠르게' 작곡하는 등, 소나타가 가지는 기본적인 형식에서 벗어나 작곡하는 경우도 많다. 예로는 베토벤 피아노 소나타 14번이 대표적이다. 우리가 베토벤의 「월광소나타」로 잘 알고 있는 작품이다. 이 작품은 1악장이 느리게 시작하여 2악장은 빠르게, 3악장은 아주 빠르게 진행한다.

이와 같이 예외적인 것은 알고 있되 우리는 소나타가 가지는 '1악장: 빠르게 - 2악장: 느리게 - 3악장: 빠르게'의 기본적인 형식에 집중하도록 하자. 이것을 알고 작품을 듣는 것과 모르고 듣는 것은 작품을 이해하는 데 있어 큰 차이가 난다. 이렇듯 클래식은 기본적인 것을 알고 듣는 것이 상당히 중요하다.

모차르트 피아노 소나타 16번의 2악장을 반복해서 듣고 음악을 아는 단계가 왔다면 다음으로 3악장을 들어 보자. 3악장은 연주 시간이 2분이 안 되기 때문에 이 또한 악장을 한번에 듣는다. 3악장은 연주 시간이 짧기 때문에 빠르게 정복할 수 있을 것이다. 소나타에 대해 이미 설명한 것처럼 이 작품의 3악장은 1악장의 빠르기와 분위기를 이어받아 빠른 템포와 밝은 분위기를 갖는다. 이 악장은 듣고 있으면 모차르트의 유쾌함이 느껴진다. 그리고 그 유쾌함 가운데에는 왠지 모를 쓸쓸함과 그윽함이 깊게 자리 잡고 있는 듯하다.

3악장을 정복했다면 이제 1악장부터 3악장까지 작품의 전 악장을 한번에 들어 보자. 지금부터는 작품 전체를 반복적으로 듣는다. 작품을 알고 연주를 듣게 되면 체감되는 연주 시간이 달라진다. 모차르트 피아노 소나타 16번, K.545의 연주 시간은 피레스의 연주로 총 11분 52초이다. 만약 당신이 이 작품을 많이 들어 잘 알고 있다면 체감되는 총 연주 시간이 반의 반으로 줄어들게 될 것이다.

처음 클래식 듣기를 시작하는 단계로서 지금까지 '모차르트 피아노 소나타 16번, K.545'를 들어 보았다. 나의 경험상 이 작품은 각 악장을 최소 서른 번 이상 들었을 때, 음악이 귀에 들리고 음악을 어느 정도 알게 되는 수준에 도달할 수 있을 거라고 생각한다. 개인마다 편차가 있어서 누구는 서른 번 전에 작품을 알게 되는 순간이 오기도 하고, 누구에게는 쉰 번 이상 들어야 그 순간을 맞이하는 경우도 있다. 그 편차는 작품에 따라서도 다 다르게 나타난다. 중요한 것은 나의 수준과 능력에 맞게 음악을 반복적으로 듣는 것이다.

'음악이 들리고 알게 되는 순간'이 도대체 어떠한 느낌인지 전혀 모르겠다면 지금 말하는 것을 한번 테스트해 보도록 하자. 내가 작품을 듣고 그것을 입으로 흥얼흥얼 따라 부를 수 있다면 그것은 확실하게 작품을 '아는' 상태라고 말할 수 있다. 작품을 따라 부른다는 것은 음악의 전체적인 흐름이 머릿속에 있어야 가능하다. 그리고 작품을 따라 부를 수 있을 때 음악을 진정으로 즐길 수 있게 된다. 이렇게 클래식 음악을 완전하게 즐길 수 있는 방법에 대해서는 뒤에서 따로 설명하도록 하겠다.

이제 우리는 클래식을 시작하는 단계로서 다음 작품에 도전하려 한다. '모차르트 피아노 소나타 16번, K.545' 외에 두 작품을 더 만나고 도전하게 될 것이다. 우리의 다음 도전 상대는 '베토벤 피아노 소나타 14번'으로 사람들은 이 작품을 「월광(Moonlight)」[34]이라 부른다.

Beethoven Piano Sonata No.14 in C-sharp Minor,

Op.27-2 「Moonlight」

작품명을 복습하는 차원에서 작품의 작곡가는 '베토벤', 형식은 '피아노 소나타', 형식번호는 '14번'이다. 조성은 '올림 다단조(C-sharp Minor)'로, 이것은 한번 보고 확인만 하자. 다음으로 작품번호는 '작품

Beethoven Piano Sonata No.8 / No.14 / No.23

Piano: Wilhelm Kempff
1968 DG(Deutsche Grammophon)

---

34. 정작 베토벤은 이 작품의 부제를 「월광(Moonlight)」이라 하지 않았다. 「환상곡풍의 소나타 (Sonata quasi una fantasia)」가 베토벤이 붙인 원래의 부제이다. '월광'이라는 이름은 베토벤 사망 이후에 평론가 루트비히 렐슈타프의 논평으로부터 비롯되었다.

27-2'이다. '작품27-2'는 베토벤이 남긴 전체 작품 중 '27번째의 두 번째'라는 의미로 알고 있으면 되겠다. 그리고 작품은 「월광」이라는 부제를 사용한다.

앞의 앨범은 프롤로그에서 언급한 바 있는 피아니스트 빌헬름 켐프(Wilhelm Kempff)의 베토벤 피아노 소나타 앨범이다. 베토벤의 작품 해석으로 정평이 나 있는 세계적인 피아니스트가 있다. 빌헬름 켐프를 비롯하여 빌헬름 박하우스(Wilhelm Backhaus), 알프레드 브렌델(Alfred Brendel), 에밀 길렐스(Emil Gilels), 루돌프 부흐빈더(Rudolf Buchbinder) 등이 대표적인 베토벤 스페셜리스트이다.

베토벤 피아노 소나타는 1번부터 32번까지 총 32개의 작품이 있다. 이 32개의 작품은 너무나도 훌륭하여 하나도 놓칠 수가 없다. 나는 나를 클래식의 세계에 발을 디디게 한 작품은 '베토벤 피아노 소나타'라고 자랑스럽게 말하고 싶다. 클래식에 발을 디딘 순간부터 지금까지, 나는 이 32개의 작품을 나의 인생의 동반자로 삼고 있다.

한 음악학자는 32개의 베토벤 피아노 소나타를 가리켜 음악의 '신약성서'라고 하였다. 그는 이 세상의 음악이 다 무너져 없어져도 음악의 '구약성서'라 할 수 있는 바흐의 '평균율(The Well-Tempered Clavier)'과 베토벤의 '32개 피아노 소나타'만 있으면 음악을 재건할 수 있다고 말하였다. 이렇듯 베토벤 피아노 소나타는 서양음악사에서 매우 중요한 위치를 차지하고 있다. 작품을 들어 보면 알겠지만, 모든 작품이 하나의 귀중한 인생처럼 느껴진다.

베토벤 피아노 소나타를 듣다 보면 이러한 생각마저 들 때가 있다. '클래식을 듣기 시작하여 32개의 베토벤 피아노 소나타만 알고 들어도 인생살이가 외롭지는 않겠구나.'

이제 🔘'베토벤 피아노 소나타 14번'을 들어 보자. 위의 LP판 라벨을 보면 알 수 있듯이 작품은 총 세 악장으로 구성되어 있고 1악장은 5분 43초, 2악장은 2분 20초, 3악장은 5분 35초로 총 13분 38초의 연주 시간을 갖는다. 이 작품은 1악장은 '느리게' 시작하고 2악장은 '빠르게', 3악장은 '아주 빠르게'의 형식을 가지고 있어 소나타가 가지는 일반적인 형식에서 벗어나 있다.

이 작품의 1악장 또한 모차르트 피아노 소나타 16번의 1악장만큼이나 유명한 것이서 누구나 한 번쯤은 들어 본 음악이라 할 수 있겠다. 다시 말하지만 한번 들어 봤다고 집중을 놓쳐서는 안 된다. 나는 '베토벤 피아노 소나타 14번'을 들을 때 대중적으로 유명한 작품의 1악장보다는 덜 알려진 2악장과 3악장을 선호하고 그것에 귀를 더 기울인다.

특히 작품의 3악장을 듣고 있으면 내가 마치 휘몰아치는 파도의 한 가운데에 있는 듯하다. 이렇듯 클래식 작품은 대중적으로 유명한 악장[35]보다 나에게 훨씬 더 아름답게 느껴져 음악에 빠져들게 하는 다른 악장들이 있다. 그래서 클래식 작품을 들을 때는 작품의 '전체'를 꼭 들어야 한다. '베토벤 심포니 9번 「합창」'도 "기뻐하며 경배하세~"의 '환희의 송가(Ode "An die Freude")'가 있는 4악장이 대중적으로 유명하지만 작품의 1·2·3악장을 들어 보면 4악장[36]이 전부가 아니라는 것을 느낄 수 있다.

'베토벤 피아노 소나타 14번'은 각 악장의 연주 시간이 짧다. 그렇기에 작품을 악장 단위로 끊어 듣는 것을 추천한다. 특히 작품이 2악장에서 3악장으로 넘어갈 때, 2악장의 끝이 3악장과 바로 이어지듯 넘어가기 때문에 이 점을 유의하면서 작품을 듣도록 하자.[37] 클래식 작품 중에는 이렇게 악장과 악장이 구분 없이 이어지는 경우가 많기 때문에, 평소에 음악을 들을 때는 각 악장을 확실하게 구분해서 작품을 듣는 습관을 들여야 한다.

클래식을 시작하는 단계로서 이제 세 번째 작품을 만나도록 하겠다. 지금까지 우리는 모차르트와 베토벤의 '고전주의(Classical)' 음악

---

35. 작품의 전체 악장 중 유명한 한 악장이나 작품의 전체 중 유명한 한 부분.

36. 사람들은 4악장 중에서도 대중적으로 유명한 합창 부분만 안다. 4악장 전체를 집중하여 들어 보면 작품 중에 유명한 부분만을 듣는다는 것이 마치 유명 셰프의 코스 요리에서 메인 요리는 먹지 않고 그저 달콤한 디저트만 먹는 행동과 비슷하다는 것을 느끼게 될 것이다.

37. 2악장과 3악장을 확실히 구분할 수 있다면(각 악장의 처음과 끝부분을 제대로 파악했다면) 2악장과 3악장을 묶어서 한번에 들어도 좋다.

을 들었다. 고전주의 음악은 바로크 시대 다음의 음악 사조로서 우리
는 알기 쉽게 '1750년에서 1820년'의 음악이라 알고 있으면 편하다.
우리가 지금까지 들어 본 '모차르트 피아노 소나타 16번, K.545'는
1788년에 작곡되었고 '베토벤 피아노 소나타 14번'은 1801년에 작곡
되었다. 고전주의인 '1750년에서 1820년'의 작품인 것이다.

클래식은 시대적 구분에 있어 기준이 되는 중요한 연도가 있다.
'1600년, 1750년, 1820년, 1900년'이다. 우리는 이것을 '육공칠오
(6075) - 칠오팔이(7582) - 팔이공공(8200)'으로 외우고 있으면 된다.

서양 클래식 음악의 본격적인 시작이라 할 수 있는 '바로크 음악
(Baroque Music)'은 '1600년에서 1750년', 바로크 이후의 '고전주의 음
악(Classical Music)'은 '1750년에서 1820년', 고전주의 이후의 '낭만주
의 음악(Romantic Music)'은 '1820년에서 1900년'에 작곡된 것이다. 마
지막으로 '근·현대 음악(Modern/Contemporary Music)'은 '1900년 이후'
의 음악으로 알고 있으면 유용하다.

클래식 음악을 구분하는 시대는 '바로크 - 고전주의 - 낭만주의 -
근·현대음악' 이렇게 네 가지가 전부이다. 클래식 음악을 나이로 환
산한다면 2020년을 기준으로 약 420살 정도가 된다. 우리가 상상했
던 것보다 클래식 음악은 그리 나이가 많지 않다. 물을 칼로 명확하게
자를 수 없는 것처럼 클래식 음악 시대 또한 그 연대를 명확하게 구분
할 수 없다. 서로 꼬리에 꼬리를 물고 있고 상호 영향을 크게 주고받기
때문에 클래식 작품 중에는 그 시대를 정확하게 구분하기 힘든 것들도
있다. 그렇지만 시대 구분의 기준이 되는 연도는 세울 수 있다. '1600,

1750, 1820, 1900'의 시대 기준이 머리에 있으면 내가 지금 듣고 있는 작품이 전체 클래식 역사에서 어디에 위치하는지를 가늠할 수 있게 된다.

'어 베토벤! 고전주의네? 1750년에서 1820년 사이쯤 되겠군.'

시 대	외우는 방법	연도[38]
바로크 Baroque Music	육공칠오	1600 ~ 1750
고전주의 Classical Music	칠오팔이	1750 ~ 1820
낭만주의 Romantic Music	팔이공공	1820 ~ 1900
근·현대음악 Modern/Contemporary Music	–	1900 ~

클래식 음악 시대 구분

모차르트와 베토벤의 작품을 지나 우리가 세 번째로 들을 작품은 낭만주의 작품으로 수많은 형식의 피아노 곡을 남긴 '쇼팽(Frédéric Chopin)'의 '에튀드(Etude)'이다.

'에튀드(Etude)'는 번역하면 '연습곡'이다. 연습곡이라 하여 이 작품을 피아노를 배울 때 기초적으로 연습하는 '바이엘'과 같은 것이라 생각하면 큰 오산이다. 이것은 엄청난 난이도를 가진 마(魔)의 피아노 작

---

38. 기준 연도는 필자가 클래식을 공부할 때 시대를 효과적으로 구분하기 위해 스스로 기준을 만든 것이다. 클래식 음악 사조에 대한 전문적인 글과 해설을 바탕으로 상징적인 숫자를 추출한 것이지, 이것이 서양음악사에서 공통으로 사용하는 공식적인 연도가 아니라는 것을 밝혀 둔다.

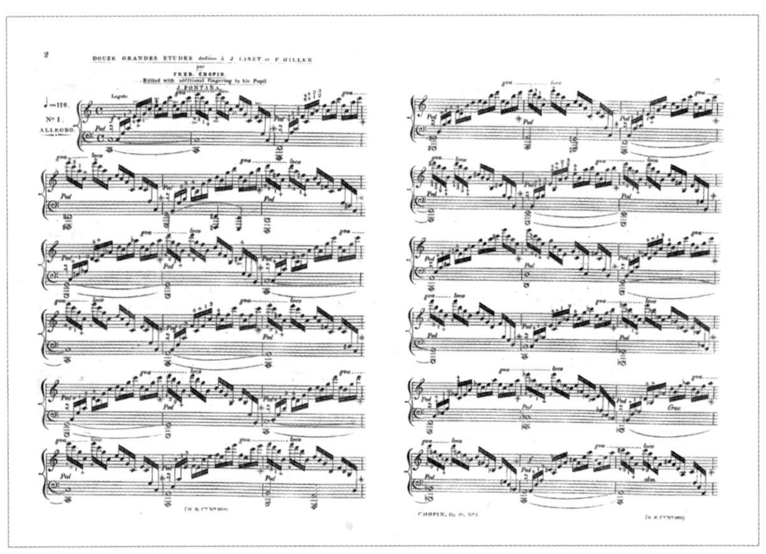

Chopin Etudes Op.10, No.1 '쇼팽 에튀드 작품 10의 1번' 악보

품이다. 쇼팽 에튀드는 피아니스트가 가져야 할 피아노의 연주 테크닉을 최고로 키우는 작품이다. 그리고 작품의 음악성만 보더라도 그 선율이 매우 화려한 피아노의 상징적인 수작이다.

쇼팽 에튀드는 작품이 피아니스트의 손을 조금이라도 쉴 수 없게 만들 뿐만 아니라 짧은 시간 안에 제일 낮은 음역의 건반과 제일 높은 음역의 건반을 수도 없이 오고 가게 만든다. 그리고 음악 자체가 기본적으로 아주 빠르다. 정말이지 클래식에서 느낄 수 있는 최고의 '익스트림(Extreme)'이다.

쇼팽 에튀드는 작품을 연주하기가 매우 어렵기 때문에 작품의 연주 시간은 오히려 상당히 짧다. 피아니스트에게는 큰 다행이 아닐 수 없다. 기본적으로 전체 24곡의 각 작품은 연주 시간이 2~3분 내외이고 1분가량인 것들도 있다.

이렇듯 쇼팽 에튀드는 연주가 화려하여 듣는 이의 귀를 크게 자극하고, 작품당 연주 시간이 짧기 때문에 클래식을 처음 듣는 사람들의 클래식 입문곡으로 크게 추천할 만하다. 그래서 나는 클래식을 들으려는 내 주위의 사람에게 쇼팽 에튀드의 앨범을 사주며 클래식을 소개하고 음악을 듣는 방법에 대해 알려 주었다.

쇼팽 에튀드의 작품 중에는 이미 우리가 많이 들어 본 유명한 곡들이 많이 있다. 예를 들어 국내 TV 드라마에서 많이 나왔던 ⓠ'쇼팽 에튀드 작품10의 3번 「고별(Tristesse)」'이 있다.

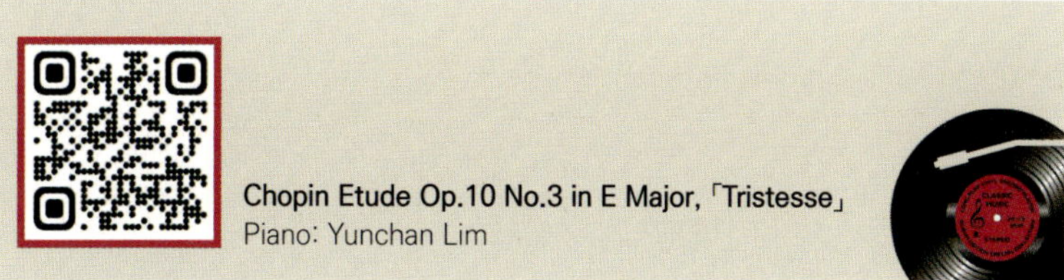

또한 한 학교 내에서 서로의 피아노 실력을 치열하게 겨루었던 영화 「말할 수 없는 비밀」의 ⓠ'쇼팽 에튀드 작품10의 5번 「흑건(Black Keys)」'이 있다.[39]

ⓠ'쇼팽 에튀드 작품10의 12번 「혁명(Revolutionary)」'은 TV 광고나

---

39. 쇼팽 에튀드 작품10의 5번 「흑건」은 연주자의 오른손이 검은 검반 만을 사용하여 작품을 연주한다.

Chopin Etude Op.10 No.5 in G-flat Major,
「Black Keys」
Piano: Maurizio Pollini

Chopin Etude Op.10 No.12 in C Minor,
「Revolutionary」
Piano : Seong-Jin Cho

여러 매체에서 많이 들어 봤을 것이다.

이처럼 작품 안에 유명한 곡이 많더라도 우리가 24곡의 쇼팽 에튀드를 들을 때에는 유명한 것만 골라 듣는 게 아니라 전체 작품을 다 들어야 한다는 것을 지금쯤이면 알 때가 되었다.

Chopin Etudes Op.10 / Op.25
Piano: Maurizio Pollini
1972 DG(Deutsche Grammophon)

위에 피아니스트 '마우리치오 폴리니(Maurizio Pollini)'의 쇼팽 에튀드 음반이 있다.[40] 폴리니는 세계적인 피아니스트로서 수많은 음악가와 음악 애호가로부터 큰 명예와 존경을 받았던 피아노의 전설이다.[41]

폴리니는 쇼팽 스페셜리스트로서 1960년에 쇼팽 피아노 콩쿠르(International Frederick Chopin Piano Competition)에서 우승하였다. 폴란드 바르샤바에서 5년마다 한 번씩 열리는 쇼팽 피아노 콩쿠르는 세계에서 가장 큰 권위를 가지고 있는 피아노 경연대회로, 쇼팽의 작품만을 가지고 피아니스트들의 실력을 가른다. 폴리니 이후 1965년에는 피아니스트 '마르타 아르헤리치(Martha Argerich)'가 우승을 차지했고, 2015년에는 대한민국의 자랑스러운 피아니스트 '조성진(Seong-Jin Cho)'이 이 대회의 가장 큰 영예(우승)를 차지하였다.[42]

폴리니와 아르헤리치 그리고 조성진은 내가 클래식 음악을 듣는 과정에서 어떤 작곡가의 작품이든 항상 첫 번째로 선택하는 '0'순위 피아니스트이다.[43] 하지만 이들이 세상에서 가장 우수한 피아니스트라고 말할 수는 없다. 사람마다 평가 기준이 다 다르기 때문이다. 이 세 피아니스트 외에 세상에는 경이로운 연주를 선보이는 수많은 피아니스트가 존재한다.

---

40. 이 앨범은 클래식 애호가 사이에서 쇼팽 에튀드의 '바이블'로 통한다.

41. 마우리치오 폴리니는 2024년 3월 23일, 밀라노의 자택에서 세상을 떠났다.

42. 쇼팽 피아노 콩쿠르는 심사 시 순위에 적합한 경연자가 없으면 그 순위를 비워버린다. 예를 들어 1950년(12회) 대회와 1955년(13회) 대회에서는 2위에서 6위까지 뽑힌 수상자가 있었으나 대회의 1위는 없었다.

43. 나의 '0'순위 피아니스트로서 '스비아토슬라프 리히테르(Sviatoslav Richter)'를 더한다.

앞에서 본 쇼팽 에튀드 앨범의 뒷면을 보자. 작품명을 또 다시 복습하는 차원에서 작곡가는 '쇼팽', 형식은 '에튀드', 형식번호는 없고 작품번호는 'Op.10(작품 10)'과 'Op.25(작품 25)'가 있다.

다음의 표(쇼팽 연습곡 작품 목록)를 보면 알 수 있듯이 'Op.10(작품 10)'은 「12개의 연습곡」으로 이루어져 있고 'Op.25(작품 25)' 또한 「12개의 연습곡」으로 이루어져 있다.[44] 쇼팽 에튀드는 쇼팽 피아노 콩쿠르에서 필수적으로 연주해야 하는 작품이다. 대회에 참가하는 모든 피아니스트는 에튀드 작품 중에 몇 곡을 선택하여 자신의 기량을 선보여야 한다.

Chopin Etudes	
Op.10	Op.25
No.1 in C major	No.1 in A-Flat major 「Aeolian Harp」
No.2 in A minor 「Chromatique」	No.2 in F minor
No.3 in E major 「Tristesse」	No.3 in F major
No.4 in C-Sharp minor	No.4 in A minor
No.5 in G-Flat major 「Black Keys」	No.5 in E minor
No.6 in E-Flat minor	No.6 in G-Sharp minor
No.7 in C major	No.7 in C-Sharp minor
No.8 in F major	No.8 in D-Flat major
No.9 in F minor	No.9 in G-Flat major 「Butterfly Wings」
No.10 in A-Flat major	No.10 in B minor
No.11 in E-Flat major	No.11 in A minor 「Winter Wind」
No.12 in C minor 「Revolutionary」	No.12 in C minor 「Ocean」

쇼팽 연습곡(Etudes) 작품 목록

---

44. 쇼팽은 총 27곡의 연습곡(Etude)을 작곡하였는데, 'Op.10'과 'Op.25'의 24곡 연습곡과 「새로운 3곡의 연습곡(Trois nouvelles études)」이 그것이다. 「새로운 3곡의 연습곡」은 작곡가 사후에 발견되었고, 작품에 따로 '작품번호'가 있지 않다.

앞의 표를 통해 쇼팽 에튀드 'Op.10'과 'Op.25'의 작품 구성이 어떻게 되어 있는지 먼저 확인만 하도록 하자. 쇼팽 에튀드는 우선 'Op.10'을 악장 단위로 끊어서 듣도록 한다. 하지만 쇼팽 에튀드는 악장이란 개념이 없기 때문에 이와 같은 경우에는 작품을 세부 작품별로 끊어서 듣는다. 작품의 첫 곡인 'Op.10, No.1'을 반복적으로 듣다가 음악이 귀에 들리면 다음 'Op.10, No.2'로 넘어가고, 이와 같은 방법으로 'Op.10, No.12「Revolutionary」'까지 듣는다. 그렇게 'Op.10'을 처음부터 끝까지 다 들으면 'Op.10'의 12개 작품을 한번에 다 듣는다. 그렇게 'Op.10'을 듣는 것이 완성되면, 다음으로 'Op.25'로 넘어간다. 'Op.25'도 같은 방법으로 듣고, 듣는 것이 완성되면 그때서부터는 쇼팽 에튀드의 앨범 전체('Op.10'과 'Op.25')를 처음부터 끝까지 한번에 다 듣는다.

우리는 쇼팽 에튀드를 통해 진정한 음악의 낭만주의를 느낄 수 있게 될 것이다.

나는 쇼팽 에튀드를 대학교 1학년 때 많이 들었다. 건축학과 1학년, 교수님이 내준 무자비한 건축설계 과제로 매일매일 밤샘이 가득했던 나날들이었다. 지금 생각해 보면 그때가 참 달콤하고 소중하게 여겨지지만 당시에는 매 순간 죽느냐 사느냐를 결정하던 참으로 치열했던 시간이었다.

나의 그 치열했던 시간 가운데 쇼팽 에튀드가 있었다고 말하고 싶다. 설계 과제를 하기 위해 귀에 이어폰을 끼고 폴리니의 쇼팽 에튀드를 들었다. 왜 내가 그때 쇼팽 에튀드를 들었는지는 모르겠다. 왠지 이 작품이 나의 쏟아지는 졸음을 쫓을 수 있을 것이라 여겼던 것 같다. 쇼팽 에튀드 24곡은 내가 밤을 새우며 설계를 하는 시간 동안 무한 반복되었다. 그래서 지금도 작품을 들으면 고생했던 대학 새내기 때의 모습들이 가슴 먹먹하게 눈앞에 떠오른다.

우리는 클래식 음악에서 상징적이라 할 수 있는 세 개의 작품을 이 장을 통해 만나 보았다. 이 세 작품을 들으며 음악을 끊어 듣는 방법을 연습해 보자. 이 방법이 나에게 익숙해지면 이제 어떠한 작품을 만나더라도 크게 두려울 것이 없다. 만나게 되는 작품이 콘체르토(협주곡)라도 두렵지 않고 심포니(교향곡)라 하더라도 염려할 것이 없다. 다만 심포니를 만났을 때에는 악장을 시간 단위로 끊어야 하는 경우가 생기고, 각 악장을 반복적으로 들어야 하는 횟수가 더 많아질 것이다. 하지만 음악을 듣는 기초가 확실히 다져지면 다양한 장르(형식)의 작품을 듣는 것을 어렵지 않게 도전하게 될 것이다. 그 도전은 곧 성취가 될 것이며, 내가 발을 디딘 클래식 음악의 영역은 점점 더 그 크기를 더해 갈 것이다.

7장

스마트한 세상에서 고전(Classics)을 제대로 듣는 방법
'음반 단위'의 클래식 듣기와 나만의 클래식 아카이브 만들기

모든 것이 빠르게 변하고 발전하는 시대에 우리는 살고 있다. 새로운 것이 바로 구식이 되어 버리는 이 시대에 고전(Classics)이 갖는 의미는 과연 무엇일까?

이제는 내 손 안에 모바일(Mobile) 하나가 모든 것을 가능케 한다. 우리는 큰 움직임과 수고를 들이지 않고 원하는 모든 것을 누릴 수 있다. 그리고 이 모바일도 언젠가 우리의 손을 곧 떠나거나 그 방식이 완전히 변하게 될지 모른다. 이렇게 최첨단이 우리 삶의 방식을 끊임없이 바꾸고 있는 이 시대에, 우리는 무엇으로 어떻게 클래식을 들어야 할 것인가?

나는 스마트폰이나 MP3플레이어가 보급되기 전인 중고등학생 시절, CD 플레이어와 CD를 가방에 넣고 다니며 음악을 들었다. 그때는 그것이 당연한 것이었기 때문에 힘든지도 몰랐다. 시간이 지나 MP3 플레이어가 보급되었을 때는 원하는 클래식 CD를 구입한 후, 그것을 MP3 음원으로 추출하여 iPod(아이팟)으로 음악을 들었다. 추출이 끝난 CD 음반은 나의 CD 수납장에 차곡차곡 보관하거나 운전하는 차 안에서 들었다. 운전하면서 CD를 얼마나 많이 들었는지 자동차 CD 플레이어가 먹통이 된 적도 있었다. 그렇게 한때 음악 감상의 주요 매체로 전성기를 누렸던 CD 플레이어도 이제는 자동차에서 점점 자취를 감추고 있다.

스마트폰이 보급된 현재에는 보통 '애플뮤직'[45] 음원 스트리밍 서비스를 통해 클래식 음반을 다운로드하여 '음반 단위'로 음악을 듣는다. 음원 스트리밍 서비스를 통해 찾은 음반이 소장 가치가 있으면 CD 음반을 구입하여 여러 방법으로 듣는다. 그리고 들은 CD는 나의 CD 수납장에 잘 보관해 두고 생각날 때 다시 꺼내 듣는다.

음원 스트리밍 서비스에서 '음반 단위'로 음악을 듣는다는 것은 수많은 앨범에서 듣고 싶은 트랙(개별곡)만 골라 음악을 듣는 것이 아닌, 한 클래식 앨범에 수록된 한 작품의 전체(전 악장 혹은 전곡)를 듣는 것을 말한다.

어찌 되었든 클래식은 '음반 단위'로 음악을 듣는 것이 아주 중요하다. 왜냐하면 그렇게 해야지만 클래식 한 작품의 전 악장(혹은 전곡)을

---

45. 'Apple Music'의 'Apple Music Classical' 앱 서비스.

들고 싶은 트랙(개별곡)만 골라 듣는 방식의 예

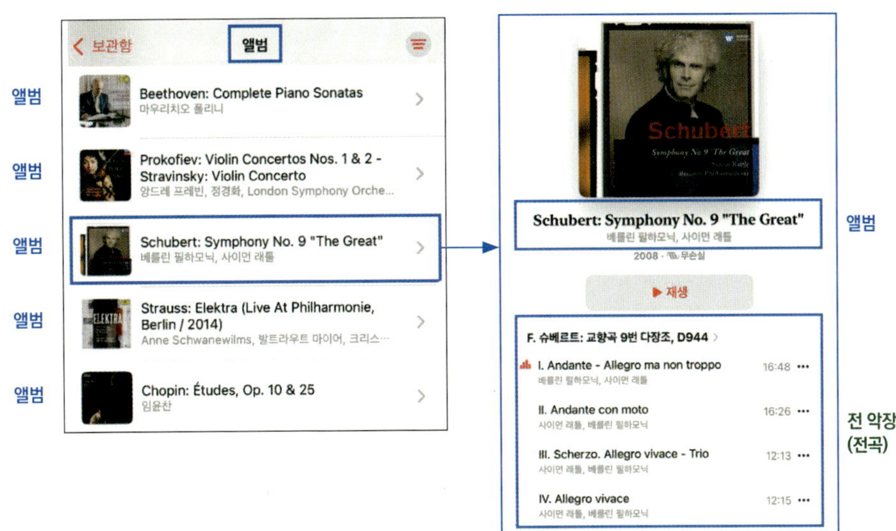

한 클래식 작품의 전체를 듣는 '음반 단위' 듣기의 예

듣게 된다. 그리고 클래식을 '음반 단위'로 들어야 내가 들은 클래식 앨범들이 하나하나 쌓여 가면서 눈에 보이는 유형의 클래식 아카이브 (archive)가 만들어진다.

나만의 클래식 아카이브가 있으면 지금까지 내가 어느 정도 음악을 들었는지, 또 들은 음악은 무엇인지, 그리고 앞으로 어떤 작곡가와 장르(형식)에 집중할 것인지를 인지하고 판단할 수 있게 된다.

이렇듯 음반을 통해 클래식을 듣는 것이 최상의 방법인데 미디어 스트리밍이 활개치는 디지털 세상에서 CD나 LP와 같은 음반을 사서 듣는 것은 결코 쉬운 일이 아니다. 그래서 음원 스트리밍 서비스를 통해 '클래식 음반을 듣는 좋은 방법'을 알려주려 한다.

음원 스트리밍 서비스를 통해 클래식 음반을 듣는 좋은 방법
❶ 구독하는 음원 스트리밍 서비스(Apple Music[46] 등)에서 듣고자 하는 클래식 음반 하나를 전체(전 악장 혹은 전곡) 다운로드
❷ 선택한 클래식 음반 전체 듣기(음반에 수록된 한 작품의 전 악장 혹은 전곡 듣기)
❸ 음반을 많이 들어 음반에 수록된 작품이 나의 것[47]이 되었을 때, 음반의 표지(재킷)를 출력하여 유형의 아카이브[48] 만들기

---

46. 애플뮤직에는 방대한 양의 클래식 음반이 있다. 또한 클래식의 상징적인 명반들이 많아 음원 스트리밍 서비스로 애플뮤직을 추천한다. 애플뮤직은 음반(앨범) 단위로 다운로드가 용이하여 모바일 상에서 '나의 클래식 아카이브'를 쉽게 만들 수 있다.

47. 작품을 '안다'라고 느낄 때, 작품이 귀에 들리고 작품에 집중하여 진정한 감상이 이루어질 때.

48. 스크랩 북(scrapbook)을 만들거나 스크랩 월(scrapwall)을 만들자. 스크랩 월은 좀 더 적극적인 아카이브의 형태로 건축적으로도 큰 인테리어 효과를 갖는다. 클래식 음반 재킷은 그림으로서 훌륭

현실적으로 음반의 표지를 스크랩하는 것이 귀찮은 일이라 생각하기 쉽다. 그러나 막상 스크랩을 해 보면 나의 클래식 듣기의 분량이 늘어나는 것을 보는 성취감과 만족감 때문에 기대되고 흥분된다. 클래식을 더 적극적으로 즐기고 싶다면 클래식 음반 컬렉션을 만드는 것을 목표로 삼아도 좋을 것이다. 꾸준히 클래식 음반을 장만하여 나만의 음악 공간에 소장해 나가도록 하자. 그것이 클래식 아카이브를 만드는 제일 좋은 방법이라 할 수 있겠다.

나에게는 아들이 하나 있다. 아들이 돌을 막 지났을 무렵부터 내가 소장하고 있는 클래식 음반들을 하나둘씩 꺼내기 시작했다. 그러한 아들의 모습을 보고 아내가 한 말이 생각난다.

"현아! 그거 다 니 거야~ 나중에 너 다 가져~"

그 말을 처음 들었을 때 기분이 참 묘했다. 내가 소장하고 있는 음반들은 나에게 너무나도 소중한 보물이기에 누군가가 함부로 만지거나 배열 순서를 바꿔 놓는 것이 너무나도 싫었다. 그랬던 나의 모습이 이제는 바뀌었다. 내가 가장 사랑하는 사람에게 내게 가장 소중한 것을 넘겨주는 것이 이렇게나 행복한 것인지 새삼 깨닫게 되었다.

지금까지 우리는 무엇을 통해 클래식을 들어야 하는지에 대해 이야기 나누었다. 그럼 이제 어떻게 클래식을 들어야 하는지에 대해 고

한 것들이 많이 있다. 유형의 아카이브를 만드는 방식은 정해진 것이 없다. 어떠한 방식이든지 나에게 알맞고 효과적인 것이라면 그것으로 충분하다.

민해 보자. 우리는 클래식 음악을 언제 어떻게 어디서 들어야 할까? 우리는 공부를 하느라, 혹은 일을 하느라 또는 집안일을 하느라 음악을 집중적으로 들을 수 있는 시간이 절대적으로 부족하다. 클래식은 긴 시간 동안 음악을 반복적으로 집중해서 들어야 하기에 일상생활에서 클래식을 듣는 것은 여간 어려운 일이 아니다.

현실적으로 이야기를 해 보면 일상생활에서 우리는 클래식을 듣기 위해 별도의 시간을 뺄 수가 없다. 그렇기 때문에 클래식은 업무나 공부하는 하루의 주된 일과시간을 활용하여 들어야 한다. 일상에서 클래식을 듣는 방법을 말하자면 하루의 주된 일과시간에 클래식을 듣되 음악을 일상의 BGM(Back Ground Music)으로서 듣는다. 그 말은 일을 할 때나 공부할 때(혹은 집안일을 할 때) 음악을 꾸준하게 듣되 하는 일에 방해가 되지 않을 정도로 음악을 듣는 것이다. 그리고 정말 중요하고 큰 집중력을 요구하는 일을 할 때에는 음악을 듣지 않는다. 서로 도움이 되지 못한다.

결론적으로 클래식 음악은 일상의 BGM으로서 꾸준히 듣되 하루 중에는 반드시 클래식에만 집중하는 시간을 따로 갖도록 한다.

클래식에만 집중하는 시간은 출근길, 퇴근길, 일과 중 휴식 시간, 퇴근 후 휴식 시간 그리고 잠자기 전이 될 것이다. 주말이나 휴일에는 좀 더 시간을 내서 클래식을 집중해서 듣도록 한다. 주말에 내가 원하는 곳으로 여행을 떠나는 길은 클래식을 듣기에 최고의 시간이 된다. 만약 당신의 주된 운동 생활이 '걷기'라면 운동하는 시간 또한 클래식 듣기에 좋은 시간이다.

나의 경우에는 주된 업무가 건축물을 디자인하고 도면을 그리는 일이 많기 때문에 업무시간에 음악을 많이 듣는다. 그리고 30~40분가량 되는 출/퇴근 시간에 음악을 집중적으로 듣는다. 학생 때를 돌이켜 보면 고등학생 때에는 독서실에서 집으로 걸어가는 시간에 음악을 깊게 들었다. 대학생 때에는 학교를 오갈 때와 오랜 시간 설계 과제를 할 때 음악을 많이 들었다.

"음악은 많이 듣는 사람을 당해낼 수 없다."라는 말이 있다. 이렇듯 음악은 듣는 양이 절대적으로 중요하다. 우리는 분명히, 하루 중에 특정 시간을 자신이 클래식 음악에만 집중하는 시간으로 가져야 한다. 그리고 그것이 생활의 루틴으로 자리 잡아야 한다.

중요한 것이 한 가지 더 있다. 그것은 클래식 음악을 들을 때 가급적 큰 소리로 들어야 한다는 것이다. 일과시간에는 힘들겠지만 기본적으로 음악을 들을 때는 볼륨을 크게 높여서 들어야 한다. 나 같은 경우에는 음악 출력 장치가 낼 수 있는 최대 볼륨으로 음악을 듣는다. 귀가 아프다고 혹은 정신이 없다고 음악을 작은 볼륨으로 듣는 경우가 많다. 음악을 작은 소리로 들으면 음악에 집중하기가 매우 어려워지고 연주에서 악기들이 내는 소리를 잘 들을 수 없게 된다. 그리고 음악에 대한 몰입도도 현저하게 떨어지게 된다. 결국 이러한 이유로 클래식 음악에 대한 흥미를 점점 잃게 된다.

그래서 음악을 들을 때는 이어폰(혹은 헤드폰)으로 볼륨을 높여 듣는 것이 좋다. 아니면 운전하는 차 안에서 볼륨을 크게 듣는 것을 추천한다. 또한 만약 당신이 평소에 이어폰을 사용한다면, 어느 정도 가격대가 있는 좋은 성능의 이어폰을 하나 장만하는 것을 권한다. 귀에 들리는 소리의 질감이 확실하게 다르다.

간혹 음악보다 오디오 같은 음향기기에 더 큰 관심을 두는 이들이 있다. 물론 좋은 성능을 가진 오디오가 만들어 내는 풍부한 사운드는 듣는 이의 청각뿐만 아니라 촉각까지도 크게 자극한다. 클래식과 오디오는 상관관계로 보았을 때 상호 선택적 관계를 가지고 있다. 이 말은 '클래식은 곧 오디오'라는 상호 필수적 관계가 아니라는 것이다.

클래식을 듣는 사람 중에서는 장치에 크게 연연하지 않는 사람이 많다. 물론 좋은 오디오 시스템으로 음악을 듣는 높은 수준의 클래식 애호가도 있다. 결론적으로 클래식과 오디오는 서로 선택적 관계이기 때문에 클래식을 들으려면 오디오가 있어야 한다는 생각은 하지 말아야 한다. 클래식을 말하면 반사적으로 오디오부터 떠올리는 사람들이 주위에 많이 있다. 그래서 그들은 클래식을 듣는 것이 돈이 많이 드는 비싼 취미라고 생각한다. 하지만 현실은 그렇지 않다. 나 또한 지금까지 클래식을 들으면서 오디오의 필요성을 별로 느껴 보지 못했다. 지금까지 최상급은 아니지만 좋은 성능을 가진 이어폰만으로도 클래식을 듣기에 충분했다. 클래식은 '어떤 것으로 듣느냐'가 중요한 것이 아니라, '얼마나 많이 듣고 있느냐'가 중요한 것이다.

결론적으로 정리를 해 보면 클래식 음악은 어떠한 장치와 서비스를 사용하든지 간에 음악을 '음반 단위'로 들어야 한다. 그리고 내가 들은 음반은 내가 보고 만질 수 있는 나만의 클래식 아카이브로 만들어야 한다. 클래식을 잘 들어 보고자 한다면 클래식을 듣는 동안에 꾸

나만의 클래식 아카이브

준하게 이루어져야 할 작업이다.

평상시에 클래식 음악을 '일상의 BGM'으로 듣되, 하루 중에 단 20~30분만이라도 특정 시간을 클래식에만 집중하는 시간으로 삼아야 한다. 그 시간에는 음악을 가장 높은 볼륨으로 집중적으로 듣는다. 출근길이든 하굣길이든, 자신에게 편한 시간을 선택하여 '끊어서 반복 듣기'의 체계적인 방법을 통해 클래식 음악을 꾸준히 들어 나가야 한다.

우선 1년만 이러한 방법으로 클래식 듣기를 해 보자. 1년이 지났을 때 클래식 듣기의 수준이 비약적으로 발전해 있을 자신의 모습을 발견하게 될 것이다. 그리고 클래식 음악에 대한 자신감 또한 생겨 다음에 들을 수준 높은 작품을 부지런히 탐색하고 있을 자신의 모습을 만날 수 있게 된다.

8장

클래식은 독주곡부터 듣고
차근차근 악기의 규모를 늘려가라

우리는 '끊어서 반복 듣기' 해 보기를 통해 세 작품의 피아노 독주곡을 만났다. 지금까지 세 작품을 다 들은 사람과 그렇지 않은 사람이 있을 것이다. 작품을 다 들어 보지 않은 사람은 책을 읽어 가면서 여유롭게 음악 듣기를 진행하길 바란다. 세 독주곡을 통해 우리는 각 작곡가의 고유한 캐릭터(character)를 상상할 수 있었다. 그리고 음악이 내 취향과 성격에 맞아 제일 좋아하게 된 작곡가도 생겨났을 것이다.

선호하는 작곡가가 생겼다면 우선 그 작곡가의 작품 위주로 음악을 들으면 된다. 클래식 음악 듣기는 편식을 하는 것에서부터 시작하는 경우가 많다. 나 또한 그랬다. 음악을 편식한다고 문제가 될 것은 없다. 편식을 하든 무얼 하든 클래식 음악은 많이 듣는 것이 중요하다. 편식하는 작곡가나 장르(형식), 또는 악기를 통해 클래식 듣기의 집중력을 가질 수 있다. 편식의 집중력은 시간이 지남에 따라 곧 다양한 방향으로 음악 듣기의 영역을 크게 확장시킨다.

클래식을 시작하는 단계로서 우리가 세 작품의 피아노 '독주곡'을 만난 이유를 앞에서 언급한 바 있다. 클래식을 처음 들을 때는 한 악기가 연주하여 하나의 소리에만 집중할 수 있는 독주곡 장르(형식)로 시작하는 것이 효과적이다. 독주곡은 음악을 듣고 이해하는 데 비교적 큰 부담이 되지 않는다.

그렇다면 클래식에서 독주곡이라 불리는 것들은 무엇이 있을까? 우리가 지금까지 들었던 '피아노 소나타'가 대표적인 것 중 하나이다. 피아노라는 악기는 악기 한 대만으로도 많은 음표의 소리를 동시에 낼 수 있어 풍부하고 입체적인 사운드를 전해 준다. 그래서 기본적으로 피아노 곡은 화려함을 가지고 있다. 피아노는 피아노 한 대로써 수많은 악기가 연주하는 오케스트라의 곡도 연주할 수 있을 만큼 활약이 대단하다. 그러므로 피아노 독주곡으로서 피아노의 심포니[49]라 할 수 있는 '피아노 소나타'를 듣는 것은 클래식 듣기의 기본이 된다고 할 수 있다.

우리가 앞서 들었던 '쇼팽 에튀드'와 같이 바흐, 쇼팽, 리스트, 슈만, 슈베르트 등은 피아노 독주곡으로서 피아노 소나타 외에 다양한 장르를 많이 남겼다. 물론 우리는 이 위대한 작품들을 다 들어 봐야 하겠지만, 처음 클래식 듣기를 연습할 때는 작품이 3~4개의 악장으로

---

49. 심포니(Symphony): 교향곡을 말하며 '오케스트라가 연주하는 소나타'라 생각하면 이해하기 쉽다.

구성된 소나타를 듣는 것이 이롭다. 클래식은 작품의 전 악장을 듣는 것이 아주 중요하고, 작품을 들을 때 전 악장을 듣는 것이 자연스러워져야 한다.

여기에서 한 가지 염두에 두어야 할 것이 있다. '피아노 소나타' 외에 소나타로서 '바이올린 소나타'와 '첼로 소나타' 등[50]이 있는데 이들은 일반적으로 피아노와 같이 짝을 이뤄 듀오(Duo)로 연주한다. 피아노와 같이 두 명의 연주자가 함께 연주하기 때문에 이들은 '실내악'[51]으로 구분한다. 바이올린 소나타 같은 경우,[52] 바이올리니스트 한 명과 피아니스트 한 명이 함께 연주하는데 여기에서 피아노의 역할은 일반적으로 바이올린의 선율을 돕는 반주 역할을 한다. '바이올린 소나타'를 들을 때는 우선 음악의 주된 선율을 담당하는 '바이올린' 소리에 귀를 기울이되, 바이올린과 피아노가 서로 무슨 대화를 주고받는지 집중하여 들어야 한다. 대화의 주제를 이끄는 바이올린의 이야기와 크고 작은 리액션으로 바이올린의 이야기를 들어주고, 스스로의 생각을 말하는 피아노의 대화에 귀를 기울여야 하는 것이다.

이렇듯 '바이올린 소나타'와 '첼로 소나타' 등의 듀오 연주는 소수의 악기가 서로 하모니를 만드는 '실내악'의 성격이 강하기 때문에 피아노 한 대로 연주하는 '피아노 소나타'보다 음악 듣기의 난이도가 더 높다. 실내악은 클래식 장르(형식) 중에서 듣기의 난이도가 상당히 높은

---

50. 이외에 '플루트 소나타', '클라리넷 소나타' 등이 있다.

51. 2~10명의 소규모 연주자로 구성되어 연주하는 형태, 'Chamber Music'이라 한다.

52. '바이올린 소나타' 이외에 첼로 소나타, 플루트 소나타 등도 마찬가지이다.

축에 속한다.

바이올린 소나타 중에서는 '바흐 무반주 바이올린 소나타'처럼 피아노 반주가 없는 바이올린 소나타도 있다. 연주하는 악기가 바이올린 하나인 독주곡이라 하여 '바흐 무반주 바이올린 소나타'에 무심코 다가갔다가는 큰 코 다치기 쉽다.[53] 바흐와 같은 바로크 음악은 클래식을 듣는 순서에서 잠시 뒤로 미뤄 두는 것이 좋다. 클래식은 음악을 듣는 '시대의 순서'가 있다. 이것에 대해서는 뒤에서 자세하게 설명하겠지만 클래식을 듣는 시작의 단계로서 바로크 음악을 듣는 것은 큰 무리가 있다.

그렇다면 클래식 듣기의 첫걸음마 단계로서 '독주곡'으로는 무엇을 들어야 할까? 피아노 소나타와 피아노 독주 형식의 작품을 추천한다. 그리고 우리는 이것을 이미 들었거나 듣고 있다.

- 모차르트 피아노 소나타 16번, K.545 | Mozart Piano Sonata No.16, K.545
- 베토벤 피아노 소나타 14번, Op.27-2 「월광」 | Beethoven Piano Sonata No.14, Op.27-2 「Moonlight」
- 쇼팽 연습곡 Op.10 & Op.25 | Chopin Etude Op.10 & Op.25

더 추가하면
- 모차르트 피아노 소나타 6번, K.284 | Mozart Piano Sonata No.6, K.284

---

53. '바흐 무반주 첼로 모음곡'도 마찬가지라 할 수 있다.

- 모차르트 피아노 소나타 9번, K.310 | Mozart Piano Sonata No.9, K.310

- 모차르트 피아노 소나타 11번, K.331 | Mozart Piano Sonata No.11, K.331

- 베토벤 피아노 소나타 1번, Op.2-1 | Beethoven Piano Sonata No.1, Op.2-1

- 베토벤 피아노 소나타 8번, Op.13 「비창」 | Beethoven Piano Sonata No.8, Op.13 「Pathétique」

- 베토벤 피아노 소나타 21번, Op.53 「발트슈타인」 | Beethoven Piano Sonata No.21, Op.53 「Waldstein」

- 쇼팽 19개 왈츠 (Op.18, Op.34, Op.42, Op.64, Op.69, Op.70 & Op.posth) | Chopin 19 Waltzes[54] (Op.18, Op.34, Op.42, Op.64, Op.69, Op.70 & Op.posth[55])

- 쇼팽 21개 녹턴 (Op.9, Op.15, Op.27, Op.32, Op.37, Op.48, Op.55, Op.62 & Op.posth) | Chopin 21 Nocturnes (Op.9, Op.15, Op.27, Op.32, Op.37, Op.48, Op.55, Op.62 & Op.posth)

- 쇼팽 24개 전주곡 Op.28 | Chopin 24 Preludes Op.28

- 쇼팽 4개 발라드 (Op.23, Op.38, Op.47, Op.52) | Chopin 4 Ballades (Op.23, Op.38, Op.47, Op.52)

- 쇼팽 피아노 소나타 2번, Op.35 | Chopin Piano Sonata No.2, Op.35

- 슈만 Abegg 변주곡, Op.1 | Schumann Abegg Variation, Op.1

- 슈베르트 즉흥곡 D899, D935 | Schubert Impromptus D899, D935[56]

---

54. 쇼팽이 작곡한 Waltz(왈츠) 중에 공식적인 번호(No.)가 붙어 출판된 작품. 쇼팽이 생전에 출판한 Waltz는 Op.18 한 곡, Op.34 세 곡, Op.42 한 곡, Op.64 세 곡으로서 Waltz No.1부터 No.8까지이다. 반면에 Op.69 두 곡(No.9~No.10), Op. 70 세 곡(No.11~No.13)을 포함한 Waltz No.9부터 No.19까지는 쇼팽 사후에 출판되었다.

55. Op.posth: 작곡가 사후에 출판된 작품(예: Chopin Waltz No.17 in E flat Major, Op.posth).

56. 'Impromptu'는 '즉흥곡'이라 하며 슈베르트는 4개의 작품으로 이루어진 D899, 그리고 4개의

클래식에서 앞서 언급한 정도의 독주곡 목록을 들었다면(쇼팽의 왈츠, 녹턴, 전주곡은 작품의 절반 이상), 클래식 듣기의 시작을 다졌다고 말할 수 있다. 그렇지만 이것으로 클래식 '독주곡' 듣기가 충분하다고 말하는 것은 절대 아니다. 앞에서 언급한 독주곡 목록을 통해 클래식 듣기의 기초를 견고하게 만든 후, 그 기반을 가지고 음악 듣기의 영역을 점점 넓혀 가는 것이 중요하다. 위의 독주곡 목록에 있지 않은 다른 작곡가의 작품들도 스스로 찾아 들어야 한다.

독주곡에 자신이 생겼다면 우리는 다음 단계로 넘어간다. 그것은 바로 콘체르토(Concerto), 즉 협주곡이다.

'콘체르토'는 주연이 되는 솔로 악기 하나와 소/중규모의 오케스트라가 함께 협력하여 연주하는 음악 형식을 말한다. 보통 솔로 악기와 오케스트라가 함께 연주하는 것을 '협연'이라고 한다. 가령 '바이올린 콘체르토(Violin Concerto)'라 하면 바이올리니스트 한 명과 오케스트라가 협연하는 것을 말한다. 앞서 언급한 '바이올린 소나타'에서 피아노의 역할을 오케스트라가 대신한다고 생각하면 콘체르토에 대한 이해가 좀 더 쉬울 것이다.

콘체르토를 듣기 전에 우선 알아야 할 것이 있다. 콘체르토를 듣기 전 단계인 독주곡을 듣는 중이라 하여 콘체르토로 넘어가는 것을 망설이거나, 독주곡을 듣는 것을 완벽하게 끝낸 후에 콘체르토로 넘어가겠

작품으로 이루어진 D935 이렇게 총 8곡의 즉흥곡을 작곡하였다.

다는 강박에 시달리는 상황이 없어야 한다는 점이다. 클래식에서 독주곡은 하늘의 별처럼 많아서 평생을 들어도 다 듣지 못한다. 그리고 음악을 완벽하게 듣는 것도 있을 수가 없다. 클래식은 독주곡을 들으면서 자연스럽게 콘체르토를 들어야 하고, 콘체르토를 들으면서 심포니(교향곡)를 들어야 하며, 심포니를 들으면서 독주곡을 들어야 한다.

이 장에서 말하는 독주곡 다음으로 콘체르토를 들으라는 것은 독주곡을 먼저 들어 하나의 악기가 연주하는 클래식 작품이 익숙해지면, 그다음으로 악기의 일정 규모를 갖는 콘체르토로 바로 넘어가라는 것이다. 우리가 '끊어서 반복 듣기' 해 보기에서 만났던 세 개의 피아노 독주곡을 착실하게 들었다면, 곧바로 콘체르토라는 형식에 발을 딛어도 된다. 콘체르토를 들으면서 다른 독주곡을 함께 듣는 것이다.

콘체르토의 시작으로 나는 '바이올린 콘체르토(Violin Concerto)'를 추천한다. 콘체르토는 솔로 악기와 오케스트라가 협연하는 것이기에 주연이 되는 솔로 악기의 소리가 대단히 중요하다. 그렇기에 콘체르토 연주에서는 나이가 어리든 많든 높은 연주력을 자랑하는 이들이 솔로이스트(Soloist)[57]로서 오케스트라의 앞에 선다. 탁월한 음악성으로 솔로 악기를 연주하는 솔로이스트는 세계적으로 손꼽히는 '스타' 연주자가 대부분이다. 그들의 인기는 상상 이상이며, 웬만한 아이돌 연예인 이상의 팬덤을 형성하고 있다.

---

57. 솔로이스트(Soloist): 독주자 혹은 독창자.

Tchaikovsky Violin Concerto / Brahms Hungarian Dances
Violin: Sarah Chang
Con[58]: Sir Colin Davis | London Symphony Orchestra
1993 EMI Classics[59]

우리가 협주곡으로 처음 만날 작품은 '차이콥스키 바이올린 콘체르토(Tchaikovsky Violin Concerto in D Major Op.35)'이다. 내가 인생에서 처음 만났던 '차이콥스키 바이올린 콘체르토'는 장영주(Sarah Chang)의 바이올린, 콜린 데이비스(Sir Colin Davis)가 지휘하는 런던 심포니 오케스트라의 앨범이다. 부모님이 주신 용돈으로 내가 스스로 구입한, 내 인생의 첫 클래식 음반이기도 하다.

바이올리니스트 장영주가 이 앨범을 녹음했을 당시의 나이가 열세 살이었던 것으로 알고 있다. 아마도 외국에서 산정하는 나이의 기준으로 열세 살이었던 것 같은데, 당시 한국 나이로 열세 살이었던 나는 또래가 이렇게 성숙한 모습으로 어른들과 함께 최상의 클래식 연주를 펼치고 있다는 것에 적지 않은 충격을 받았다.

---

58. Conductor, '지휘자'의 약어.

59. EMI Classics는 워너뮤직(Warner Music)에 인수되어 현재는 'Warner Classics'가 되었다.

차이콥스키 바이올린 콘체르토는 장영주의 음반 외에 다른 훌륭한 음반들이 많이 있다. 한국이 낳은 세계적인 바이올리니스트 정경화의 음반뿐만 아니라 데이빗 오이스트라흐(David Oistrakh), 예후디 메뉴인(Yehudi Menuhin), 크리스티앙 페라스(Christian Ferras), 이작 펄만(Itzhak Perlman), 안네 소피 무터(Anne Sophie Mutter) 등 세계에서 내로라하는 위대한 바이올리니스트들이 차이콥스키 바이올린 콘체르토의 음반을 남겼다. 이 많은 음반 중에서 장영주의 음반을 추천하는 이유는 음악이 가진 신비한 아이러니를 공감하기 위해서이다.

우리는 평소에 사람의 나이는 숫자에 불과하다 말한다. 음악에서는 그것이 더욱 그러하다는 사실을 말하고 싶다. 비록 나이가 어려 말을 조리 있게 하지 못하는 어린 연주자라 할지라도 그가 악기를 잡았을 때는 경외감마저 느껴지는 눈부신 모습의 아티스트로 돌변한다. 어린 나이에도 불구하고 성인 이상의 연주력과 표현 그리고 감정을 차고 넘치도록 쏟아 낸다. 우리는 이것을 두고 그저 신이 내린 재능이라고 밖에 설명할 수 없는 것인가? 물론 그렇게 설명하는 것이 옳을 수도 있다. 하지만 그것보다는 음악은 사람에게 있어 태생적으로 가지고 있는 본능의 표현이기 때문에, 어린아이라 할지라도 태생적으로 가지고 있는 그 본능을 더 자유롭게 표현할 수 있는 것이라 말할 수 있을 것이다. 그리고 사람들은 자신보다 높고 위대한 그 본능 앞에서 경외감과 존경심을 가진다.

차이콥스키 바이올린 콘체르토는 클래식에서 바이올린 콘체르토의 대명사로 여겨질 만큼 명곡 중에 명곡이고 연주하기에도 어려운 난곡이다. 차이콥스키는 자신의 첫 바이올린 콘체르토를 초연[60]하는 바이올리니스트에게 이 작품을 헌정하려 했지만 바이올리니스트의 거절로 처음에는 무산되었다. 작품을 거절한 이유는 '연주 불가'이다. 결국 차이콥스키는 다른 바이올리니스트를 찾아 작품을 연주했지만 바이올리니스트와 오케스트라의 연습이 제대로 이루어지지 않아 작품의 초연은 좋은 평가를 받지 못했다. 하지만 몇 개월 뒤 실패에 가까운 초연을 거둔 바이올리니스트에게 그동안 무슨 일이 있었는지 다음 연주에서는 훌륭한 기량을 펼쳤다. 또한 작품도 최고의 평가를 받게 되었다. 결국 차이콥스키 바이올린 콘체르토는 작품의 초연 바이올리니스트인 아돌프 브로드스키(Adolph Brodsky)에게 헌정되었다.

이 사실을 통해 우리는 이 작품이 얼마나 연주하기 어려운 곡인지 알 수 있다. 또한 현시대에 와서 많은 바이올리니스트가 이 작품을 주되게 연주하는 모습을 볼 때 사람의 능력은 진화한다는 것을 깨닫게 된다. 이 작품은 솔로 바이올린을 위한 '바이올린 콘체르토'이지만 오케스트라의 선율 또한 강한 인상을 내뿜어 듣는 이의 감상을 극으로 치닫게 한다. 앞서 모차르트의 피아노 소나타를 설명하면서 사람이 상상하기 힘든 선율의 아름다움을 모차르트가 만들어 낸다고 하였는데, 차이콥스키 또한 그러하다. 그는 사람들이 좋아할 만한 멜로디의 형태와 전개를 미리 간파하여 자신의 음악에 녹여 놓는다. 그렇기 때문에 차이콥스키를 들을 때는 그의 천재적인 멜로디에 집중하여 음악을 감상해야 한다.

---

60. 첫 번째로 공연함.

 '차이콥스키 바이올린 콘체르토'는 총 3악장으로 구성되어 있고 장영주의 앨범 뒷면에서 볼 수 있듯이 작품의 1악장은 20분 정도의 연주 시간을 갖는다. 2악장은 약 6분 30초, 3악장은 10분 정도의 연주 시간이다. 이 작품은 1악장의 연주 시간이 20분 정도이기 때문에 이등분하여 시간 단위로 끊어 듣는다.[61] 그리고 나머지 2악장과 3악장은 악장 단위로서 각 악장을 한번에 듣는다.

피아노가 소리의 '화려함'을 듣는 것이라면 바이올린은 소리의 '울림'을 듣는 것이다. 바이올린은 다양한 울림의 질감을 가지고 있고 그것을 통해 변화무쌍한 모습을 나타낸다. 애처로움, 명랑함, 사랑스러움, 날카로움, 두려움, 무서움 등 바이올린은 악기의 팔레트에 담긴 다양한 감정의 컬러를 적절하게 섞어 한마디로 정의하기 어려운 감정들을 음악에 쏟아낸다. 그래서 바이올린은 듣는 이에 따라 소리가 다르게 들리는 경우가 많다. 바이올린 연주가 즐거운 분위기일지라도 누구에게는 그 소리가 마냥 즐거운 것이 아닐 수 있다. 반대로 슬픈 연주라

---

61. 장영주의 앨범에서는 1악장의 '10분 10초' 구간에서 한번 끊는 것이 좋겠다.

할지라도 누구에게는 그 슬픔의 어딘가에서 희망을 찾는 노래가 될 수 있다.

차이콥스키 바이올린 콘체르토를 듣고 작품을 나의 것으로 만들었다면, 그 이후에 들을 콘체르토 작품을 다음과 같이 추천한다.

- 멘델스존 바이올린 콘체르토, Op.64 │ Mendelssohn Violin Concerto, Op.64
- 모차르트 피아노 콘체르토 23번, K.488 │ Mozart Piano Concerto No.23, K.488
- 브루흐 바이올린 콘체르토 1번, Op.26 │ Bruch Violin Concerto No.1, Op.26
- 쇼팽 피아노 콘체르토 1번, Op.11 │ Chopin Piano Concerto No.1, Op.11
- 베토벤 피아노 콘체르토 5번, Op.73 「황제」 │ Beethoven Piano Concerto No.5, Op.73 「Emperor」
- 베토벤 바이올린 콘체르토, Op.61 │ Beethoven Violin Concerto, Op.61
- 브람스 바이올린 콘체르토, Op.77 │ Brahms Violin Concerto, Op.77
- 슈만 피아노 콘체르토, Op.54 │ Schumann Piano Concerto, Op.54
- 라흐마니노프 피아노 콘체르토 2번, Op.18 │ Rachmaninoff Piano Concerto No.2, Op.18

콘체르토, 즉 협주곡이라는 장르(형식)에서 앞에 나열된 작품 정도를 알고 있다면 클래식 듣기에 있어 어느 정도 기본을 다졌다고 할 수 있겠다. 그러나 클래식 듣기의 '수준급'이 되려면 다른 작품들을 더 많이 들어 봐야 한다. 세상에는 앞에 언급된 작품 외에 위대한 콘체르토가 너무나도 많다. 나는 대학생 때 콘체르토라는 장르에 심취한 나머지 '세상에 있는 모든 콘체르토를 다 들어 보자'라는 목표를 세운 적이 있다. 물론, 지금까지도 진행 중이고 앞으로도 계속될 예정이다.

콘체르토를 들을 때 꼭 알아두어야 할 것이 하나 있다. 바로 '카덴차(Cadenza)'이다. 카덴차는 콘체르토에서만 만날 수 있는 클래식 듣기의 큰 즐거움이다. 이는 독주자가 자신의 연주력과 기교를 마음껏 펼치는 솔로 구간으로, 보통 1악장의 마지막에 등장한다. 이 구간에서는 오케스트라가 연주를 멈추고 오직 독주자만이 무대를 이끈다. 독주자는 작곡가가 남긴 카덴차를 그대로 연주할 수도 있고, 자신만의 스타일로 새롭게 구성해 연주하기도 한다. 이 때문에 같은 콘체르토 작품을 들더라도 연주자에 따라 완전히 다른 해석의 카덴차를 경험할 수 있다. QR코드에 수록된 장영주의 앨범에서는 1악장 10분 5초부터 12분 57초까지 장영주만의 카덴차가 펼쳐진다.

콘체르토가 듣기에 익숙해졌다면 이제 대망의 심포니(교향곡)로 넘어가자. '심포니'의 단계로 넘어가기에 앞서 언급할 것이 있다. 이 장의 제목은 '클래식은 독주곡부터 듣고 차근차근 악기의 규모를 늘려가라'인데 제목의 원칙상 연주자 한 명이 연주하는 '독주곡' 다음 순서로 콘체르토[62]가 아닌 두 명 이상의 연주자가 함께 연주하는 '실내악(Chamber Music)'을 듣는 것이 바람직하다.

---

62. 콘체르토는 다수의 인원으로 구성된 오케스트라가 포함된 장르이기 때문에 콘체르토의 악기 규모는 실내악의 악기 규모보다 훨씬 크다.

실내악은 '피아노3중주(Piano Trio)', '현악4중주(String Quartet)', '피아노5중주(Piano Quintet)'라고 말하는 클래식 음악 형식으로 일반적으로 2~5명의 연주자가 함께 연주하는 형태를 보인다. 작품에 따라서는 6명 이상, 많게는 9~10명의 연주자가 함께 연주하기도 한다. 클래식을 듣는 순서로 독주곡 다음에 실내악을 듣는 것이 이 장의 제목으로 옳겠으나, 실내악을 건너뛰고 콘체르토로 바로 넘어간 이유는 앞서 '바이올린 소나타'를 설명하며 이야기하였듯이 실내악은 음악 듣기의 난이도가 상당히 높은 음악 형식이기 때문이다.

우리는 연회장이나 피로연 장소에서 4~5명의 연주자가 함께 음악을 연주하며 행사의 분위기를 돋우는 것을 봐왔다. 4~5명이 함께 연주하니 '실내악'이라 말할 수 있겠지만 엄밀히 말해서 그것은 실내악이 아니다. 연주자 몇몇이 모여 대중이 좋아할 만한 음악을 연주하는 것과 작곡가가 지시한 악기의 구성으로 그의 실내악 작품을 연주하는 것은 의미가 서로 다르다. 전자를 폄하하거나 부정하는 것은 아니다. 다만 이 둘의 의미가 다르고 서로 추구하는 것이 다르다는 것을 밝히기 위함이다.

실내악이 어려운 이유는, 실내악은 소수의 사람들이 각자의 주장을 펼쳐 이야기를 전개하는 토론과 같기 때문이다. 독주곡과 심포니가 하나 혹은 다수의 목소리로 하나의 이야기를 펼쳐 나가는 것이라면, 실내악은 소수의 목소리가 서로 대등하게 이야기를 펼쳐 그들의 이야기를 하나의 결론으로 수렴해 가는 것이라 할 수 있겠다. 그래서 실내악은 연주자들이 연주할 때 자신이 내는 악기 소리뿐만 아니라 다른 연주자가 내는 악기 소리까지 주의 깊게 들어야 하기에 연주하기가 결코 쉽지 않다. 듣는 이에게도 실내악 작품은 듣기에 까다로울 뿐만 아니라, 그것을 이해하는 데 적지 않은 노력이 필요하다.

그래서 우리는 클래식을 듣는 순서로 '실내악'을 '심포니' 이후의 단계로 둔다.

콘체르토 다음으로 우리가 들어야 할 것은 심포니(Symphony) 즉, '교향곡'이라는 음악 형식이다. 음악 형식에서 '교향(交響)'은 '서로 어우러져서 울림'을 뜻한다. 그렇다면 심포니는 무엇과 무엇이 어떻게 어우러져 어떠한 울림을 나타내는 곡인가.

심포니는 '음악의 황제'라는 칭호를 가지고 있다. 그만큼 심포니는 음악으로서 황제가 가지는 권위와 위력을 갖는다. 심포니는 대규모의 인원이 함께 연주하는 오케스트라(Orchestra)를 위한 음악이다. 악기의 규모로 보았을 때 오케스트라는 보통 60~80명, 많게는 100명 이상의 연주자가 동원되며, 선봉에는 '마에스트로(Maestro)'[63]라 불리는 지휘자 한 명이 있다. 그리고 지휘자 바로 왼편에는 오케스트라의 대표격인 악장(Concert Master)이 바이올린을 잡고 있다.

오케스트라는 쉽게 말해서 '키고 불고 때리는' 악기들의 큰 조합이다. 그 조합의 구성을 자세하게 설명하면 다음과 같다.

---

63. 남성 지휘자는 '마에스트로(Maestro)', 여성 지휘자는 '마에스트라(Maestra)'라 한다.

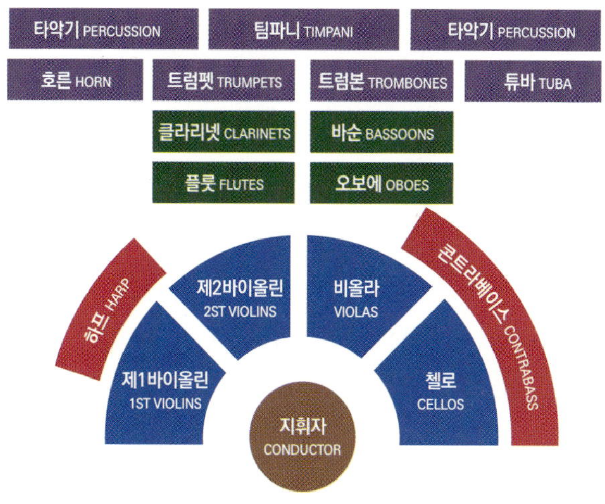

오케스트라 편성 구성도

키다

- 현악기(Strings): 바이올린,[64] 비올라, 첼로, 콘트라베이스, 하프

불다

- 목관악기(Wood Winds): 피콜로, 플루트, 오보에, 클라리넷, 바순 등[65]
- 금관악기(Brass): 호른, 트럼펫, 트럼본, 튜바 등

때리다

- 타악기(Percussions): 팀파니, 베이스드럼, 스네어드럼, 트라이앵글, 탬

---

64. 바이올린은 '제1 바이올린'과 '제2 바이올린'으로 나뉜다.

65. 이외에 목관악기로 잉글리시 호른, 베이스 클라리넷, 콘트라 바순 등이 있는데 기본적으로 본문에 있는 다섯 악기만 알고 있자.

버린, 심벌즈, 탐탐, 자일로폰, 마림바 등

오케스트라는 '현악기' 군, '목관악기' 군, '금관악기' 군, '타악기' 군이 모여 다양한 악기의 소리를 하나로 적층시킨다. 그 적층된 소리는 음악이 진행됨에 따라 분리되어 나열되기도 하고 부분끼리 짝을 이루기도 하며, 완전히 해체되어 솔로[66] 악기만으로 연주되기도 한다. 이렇듯 오케스트라는 100명 정도의 연주자들이 자신의 악기를 가지고 정연한 하모니(Harmony)를 만들어 내기에 압도적인 위력의 사운드로 나타난다.

그간 우리는 '음악의 황제(교향곡)'를 만나기 위해 황제 산하의 관료들을 많이 대면하였다. 지금까지 들었던 다수의 독주곡과 콘체르토가 바로 황제 산하의 고위급 관료들이다. 황제는 그렇게 쉽게 얼굴을 보여 주는 존재가 아니다. 지금까지 여러 대신들을 만났지만 결국 황제를 원만하게 대면하기 위해서는 우선 황제의 친족관계인 황제의 동생부터 만나야 할 것이다. 황제의 동생은 황제와 비슷한 생김새를 가졌고, 황제와는 대등하지 않지만 '작은 황제'로서 강한 힘을 가지고 있다. '작은 황제'와의 만남을 통해 황제를 알아 가는 것은 앞으로 황제와의 만남을 훨씬 더 자연스럽게 할 수 있을 것이다.

우리는 음악의 황제인 심포니를 듣기에 앞서 황제의 동생인 '서곡 (Overture)'[67]을 먼저 듣는다. 지금까지 클래식 듣기의 순서를 정리해 보

---

66. 오케스트라 가운데 악기 단 하나.

67. 서곡(序曲)은 발레, 오페라 또는 오라토리오에서 활용된 기악 도입부 음악을 가리킨다.

면 '독주곡 – 콘체르토 – 서곡 – 심포니' 순이다. 서곡은 오페라나 왈츠에서 작품의 시작을 알리는 관현악(오케스트라)곡이다. 관현악곡이기 때문에 서곡은 심포니의 면모를 크게 드러낸다. 그러나 심포니만큼 연주 시간이 길지 않고, 악장 구성 또한 가지고 있지 않다. 서곡은 보통 10분 내외의 짧은 오케스트라 곡이지만 음악의 완벽한 기승전결을 담고 있어 오페라 전체의 축약본이라 말하여도 전혀 어색하지 않다. 서곡은 길지 않은 시간 안에 관현악의 대서사시를 담고 있다. 음악의 '작은 황제'로서 심포니 못지않은 강한 힘과 매력을 나타내는 것이다.

세상에는 위대한 서곡이 참으로 많다. 이 자리에서 그것을 하나하나 열거하며 내가 만났던 위대한 서곡의 에피소드들을 다 말하고 싶지만 삼가기로 하겠다. 우리는 서곡 듣기의 첫 작품으로서 요한 슈트라우스 2세(Johann Strauss II)의 오페레타 「박쥐(Die Fledermaus)」 서곡을 들어볼 것이다. 오페레타(Operetta)는 오페라에 비해 규모가 작고 내용이 가벼운 '작은 오페라'를 말한다. 이 서곡의 연주 시간은 약 10분 내외이다. 서곡은 기본적으로 연주 시간이 길지 않기 때문에 중간에 끊지 말고 한번에 다 듣는다. 이것도 물론 작품이 귀에 들릴 때까지 반복하여 듣는다.

서곡을 들을 때에는 오페라[68]의 주요 줄거리를 미리 간단하게 확인하는 것이, 서곡을 이해하고 음악을 감상하는 데 도움이 된다. 오페라의 줄거리를 알기 위해 많은 시간을 들일 필요는 없다. 인터넷 검색창

---

68. 혹은 오페레타(Operetta), 왈츠 등 서곡이 있는 모든 작품.

오페레타 「박쥐」의 한 장면 │ Operetta 「Die Fledermaus」

오페라 「피가로의 결혼」│ Opera 「Le nozze di Figaro」 왼쪽부터 수잔나, 피가로, 알마비바 백작

이나 ChatGPT와 같은 AI 플랫폼에서 '오페레타 「박쥐」 줄거리'를 검색한 후, 간략한 주요 내용을 찾아 읽기만 하면 된다. 이렇게 하면 1~2분도 채 걸리지 않아 원하는 오페라의 주요 줄거리를 확인할 수 있다. 확인한 줄거리는 한두 문장의 형태로 정리해 두는 것이 좋다. 간략하게 정리된 줄거리는 당신이 서곡을 들을 때마다 오페라의 큰 그림과 전체적인 장면을 상상하게 할 것이다. 오페라의 줄거리를 간략히 정리하는 방식은 다음 예시를 통해 알 수 있다.

요한 슈트라우스 2세 「박쥐」

귀족사회의 허영과 어리석음을 풍자. 한량이면서 바람둥이인 남자 주인공이 몰래 간 가면무도회에서 자신의 아내와 하녀의 모습을 알아보지 못하면서 벌어지는 이야기.

모차르트 「피가로의 결혼」

백작의 하인인 피가로와 수잔나가 그들의 결혼식을 앞두고 백작의 부도덕함과 월권[69]에 맞서면서 벌어지는 사회풍자 이야기.

우리가 「박쥐」 서곡을 듣기 전에 먼저 확인한 오페라의 줄거리가 한두 문장의 짧은 언어 상태일지라도 서곡을 듣는 행위와 만나게 되면 수많은 영상(Image)과 상상으로 탈바꿈한다. 간단하게 정리한 오페라의 줄거리를 머릿속에 떠올리며 「박쥐」 서곡을 들어 보자. 오페라에 대해 아는 바가 전혀 없어도 서곡과 간단한 줄거리를 통해 오페레타

---

69. '초야권'을 말한다. 초야권은 결혼하는 처녀의 첫날밤을 다른 사람, 즉 그를 다스리는 귀족이 차지할 수 있는 권리를 뜻한다.

「박쥐」의 무대를 곧 머릿속에 그려볼 수 있다. 한번도 만나본 적이 없는 남자 주인공의 바람기 넘치는 모습과 그의 아내에게서 보이는 어리석은 행동 등이 자연스럽게 머릿속에 상상될 것이다. 그리고 오페라의 서곡만 들었을 뿐인데 마치 오페라의 전체를 보고 들은 것만 같은 착각에 빠질 수도 있게 된다.

서곡은 오페라 외에 오라토리오나 무용[70] 등의 시작을 위해 사용되기도 한다. 오라토리오나 무용을 위해 작곡된 서곡도 작품의 줄거리를 기본적으로 확인한 후에 듣는 것이 작품을 이해하는 데 훨씬 효과적이다. 서곡 중에는 오페라, 무용 등과 상관없이 관현악(오케스트라) 연주만을 위해 작곡된 것도 있다. 이것을 '연주회용 서곡(Concert Overture)'이라 하는데 브람스의 「대학축전서곡」이 한 예이다. 브람스는 이 서곡을 자신에게 명예박사 학위를 수여한 대학교를 위해 작곡하였다.[71]

요한 슈트라우스 2세의 오페레타 「박쥐」 서곡을 듣고 내가 상상의 가면무도회장에서 신나게 춤을 추고 있다면 빨리 정신을 차리고 다음 서곡들로 눈과 발길을 돌려보자.

- 차이콥스키 「호두까기인형」 작은 서곡 | Tchaikovsky 「The Nutcracker」 Miniature Overture

- 모차르트 「피가로의 결혼」 서곡 | Mozart 「Le nozze di Figaro」, K.492 Overture

---

70. 예로 차이콥스키의 왈츠 「호두까기인형(The Nutcracker)」이 있다.
71. '연주회용 서곡' 또한 그 작곡 배경을 알면 작품을 이해하는 데 더 효과적이다.

- 비제 「카르멘」 서곡 | Bizet 「Carmen」 Overture
- 베버 「마탄의 사수 서곡」, Op.77, J.277 | Weber 「Der Freischütz」 Overture, Op.77, J.277
- 멘델스존 「헤브리디스 제도(핑갈의 동굴)」 서곡, Op.26 | Mendelssohn 「The Hebrides(Fingal's Cave)」, Op.26
- 베토벤 「코리올란」 서곡 | Beethoven 「Coriolan」 Overture Op.62
- 베토벤 「레오노레」 서곡 3번 | Beethoven 「Leoonore」 Overture No.3, Op.72b
- 브람스 「대학축전서곡」 | Brahms 「Academic Festival Overture」 Op.80
- 바그너 「탄호이저」 서곡 | Wagner 「Tannhäuser」 Overture
- 바그너 「뉘른베르크의 마이스터징어」 전주곡 | Wagner 「Die Meistersinger von Nürnberg」 Prelude
- 훔퍼딩크 「헨젤과 그레텔」 서곡 | Humperdinck 「Hansel und Gretel」 Overture

이 서곡들은 정말 인류의 보석과도 같은 작품들이다. 앞에 나열된 서곡을 들어 보면 왜 서곡을 음악의 '작은 황제'라 칭하는지 그 이유를 분명히 알게 될 것이다.

서곡 이후로 우리는 본격적으로 심포니를 듣는다. 이 단계에서도 마찬가지로 서곡을 듣는 중에 심포니를 들어 보고 싶은 마음이 생긴다면 바로 심포니를 찾아 들어도 좋다. 서곡을 들으면서 심포니도 함께 듣는 것이다.

심포니는 베토벤의 작품으로 시작하는 것이 좋겠다. 왜냐하면 클래식에서 심포니라는 음악 형식을 베토벤이 완성하였기 때문이다. 건축으로 비유하자면, 먼저 하이든이 다작을 통해 심포니의 기초를 만들었다고 볼 수 있다. 그리고 모차르트가 그 기초 위에 견고한 구조와 다채로운 공간을 만들었고, 마지막으로 베토벤이 구조와 공간을 발전시켜 그 위에 거대하고 화려한 지붕을 덮어 놓았다. 베토벤 심포니는 1번부터 9번까지 총 9 작품이 있다. 우리가 심포니 듣기의 시작으로서 만날 작품은 '베토벤 심포니 6번 「전원」(Beethoven Symphony No.6 in F Major, Op. 68 「Pastoral」)'이다.

'Pastoral'은 '전원'이라는 뜻으로 이 작품은 음악을 통해 '자연'을 표현하고 감상한다. 다음 사진은 베토벤 심포니 6번을 녹음한 베를린 필하모닉 오케스트라(Berlin Philharmonic Orchestra[72])의 명반이다. 음악에서 '음악의 황제'라 불리는 것이 심포니라면 사람 중에서 '음악의 황제'라 불리는 이가 있다. 바로 베를린 필하모닉 오케스트라의 지휘자 헤르베르트 폰 카라얀(Herbert von Karajan)이다. 카라얀은 수려한 외모와 함께 날카롭고 강력한 카리스마를 가졌던 희대의 마에스트로이다.

나는 지금까지 실력을 떠나서 카라얀만큼 지휘를 멋있게 하는 지휘자를 정명훈을 제외하고 보질 못했다. 그는 기본적으로 자기 자신을 극도로 멋있게 나타낼 줄 아는 사람이다. 눈을 지그시 감고 강한 쇼맨십으로 열정적으로 지휘하는 카라얀의 모습을 보고 있으면, 같은 남자라도 그의 강한 매력에 쉽게 빠져들 수밖에 없다. 한번은 내가 다니는

---

72. 방송 등에서 독일식 발음인 베를리너 필하모니커(Berliner Philharmoniker)를 사용하기도 한다.

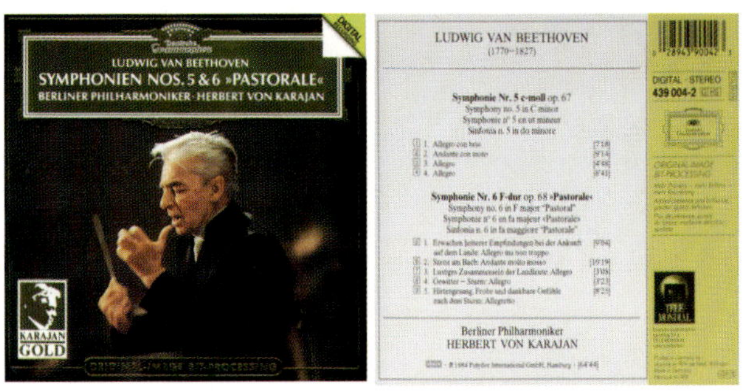

Beethoven Symphony No.5 & 6「Pastoral」

Con: Herbert von Karajan

Berlin Philharmonic Orchestra

1984 DG(Deutsche Grammophon)

회사에서 클래식을 좋아하는 한 여자 선배가 카라얀이 지휘하는 모습을 보고 이렇게 말한 적이 있었다.

"음… 생기긴 정말 잘생겼어. 멋있고, 매력적이야."

이렇듯 눈에 보이는 것만으로도 큰 감동과 감탄을 안겨주는 지휘자가 바로 카라얀이다. 이러한 마력의 힘을 가지고 있는 카라얀의 ⑩ '베토벤 심포니 6번'을 들어 보도록 하자.

위에 있는 카라얀의 앨범 뒷면에서 볼 수 있듯이 '베토벤 심포니 6번'은 총 다섯 개의 악장으로 이루어져 있다. 다섯 악장 각각의 연주 시간이 10분 이하이기 때문에 작품을 악장 단위로 끊고[73] 1악장부터

---

73. 각 악장을 시간 단위로 더 끊지 않는다.

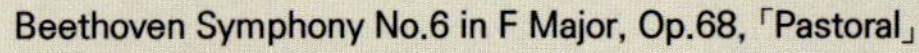

Beethoven Symphony No.6 in F Major, Op.68, 「Pastoral」
Conductor: Herbert von Karajan
Berliner Philharmoniker

I. Erwachen heiterer Empfindungen
bei der Ankunft auf dem Lande 74, 75
Allegro ma non troppo

II. Szene am Bach 76
Andante molto mosso

III. Lustiges Zusammensein
der Landleute 77
Allegro

IV. Gewitter, Sturm 78
Allegro

V. Hirtengesang. Frohe und dankbare Gefühle nach dem Sturm 79
Allegretto

차근차근 반복해서 듣는다.

이 작품은 자연에서 느껴지는 인상(Impression)을 머릿속에 떠올리며 듣는 것이 중요하다. 앞서 음악이 '시간의 예술'이라 한다면 클래식은 '시공(時空)의 예술'에 가깝다고 언급한 바 있다. 베토벤 심포니 6번을 들으면서 자연이 가지는 다양한 모습과 변화, 그리고 자연에서 느껴지는 친근하면서도 두려운 마음 등의 수많은 심상을 나의 자아 공간 안에 차곡차곡 담아 가야 한다. 작품을 들으면서 자연의 인상을 애써 떠올리려 노력하지 말고 그저 의식이 흐르는 대로 느껴지는 인상에 자신의 자아를 노출시킨다.

음악을 들을 때 작품의 인상을 떠올리고 느끼는 것은 듣는 음악에 대한 적극적인 반응을 보이기 위함이다. '손뼉도 마주쳐야 소리가 난다'는 옛말이 있다. 음악을 들리는 대로 듣는 것과, 스스로 반응하며 음악을 듣는 것은 작품을 체화하는 데 있어 많은 차이가 있다. 음악과 내가 만나 서로 반응하고, 이들이 내는 손뼉 소리가 나의 자아 공간 안에 가득 울려 퍼져야 한다.

심포니의 걸음마 단계에서 베토벤 심포니 6번 「전원」을 들었다면 다음 심포니 작품으로 '모차르트 심포니 40번(Mozart Symphony No.40 in G minor, K.550)'을 추천한다.

'모차르트 심포니 40번'은 모차르트의 대표적인 교향곡 중 하나로, 슈베르트는 이 작품을 극찬하며 음악에서 "천사의 음성이 들린다"고 평했다. 이 작품의 1악장은 아마도 학교 교육과정이나 여러 매체를 통

---

74. 시골에 도착했 을 때 일어나는 유쾌한 감정(Awakening of cheerful feelings on arrival in the countryside)

75. 음악의 형식을 중시하는 고전주의 음악에서 이와 같은 '표제'가 악장에 자유롭게 붙는 경우는 드물다. 이것은 이 시대에 있어서 기존의 형식을 깨는 음악의 새로운 시도였다. 베토벤은 고전주의 이후, 낭만주의 음악에서 대두되는 '표제음악'의 시작과 같은 존재이다.

76. 시냇가의 정경(Scene by the brook)

77. 시골 사람들의 즐거운 모임(Merry gathering of country folk)

78. 천둥, 폭풍우(Thunder, Storm)

79. 목동의 노래, 폭풍우 후의 기쁨과 감사(Shepherd's song. Cheerful and thankful feelings after the storm)

해 많이 들어 봤을 것이다. 그렇지만 우리는 이 작품을 어느 정도 안다고 생각하더라도 새로운 마음으로 다시 듣기로 하자. 독주곡부터 시작한 지금까지의 '클래식 듣기' 단계를 착실하게 거쳤다면, 너무나도 대중적이어서 흔하게 느낄 법한 이 작품이 전과 다르게 느껴질 것이고 음악이 새롭게 들릴 것이다.

아래 사진은 모차르트 연주의 큰 권위에 있는 명지휘자 카를 뵘(Karl Böhm)이 지휘한 빈 필하모닉 오케스트라(Wien Philharmonic Orchestra[80])의 모차르트 심포니 40번과 41번 「주피터(Jupiter)」를 담은 음반이다. 음반의 재킷 뒷면에서 볼 수 있듯이 ⓠ '모차르트 심포니 40번'은 총 네 악장으로 구성되어 있다. 각 악장의 연주 시간이 10분 미만이기 때문에 작품을 악장 단위로 끊어 듣는다.

Mozart Symphony No.40 & 41 「Jupiter」
Con: Karl Böhm
Wien Philharmonic Orchestra
1977 DG(Deutsche Grammophon)

---

80. 방송 등에서 독일식 발음인 비너 필하모니커(Wiener Philharmoniker)를 사용하기도 한다.

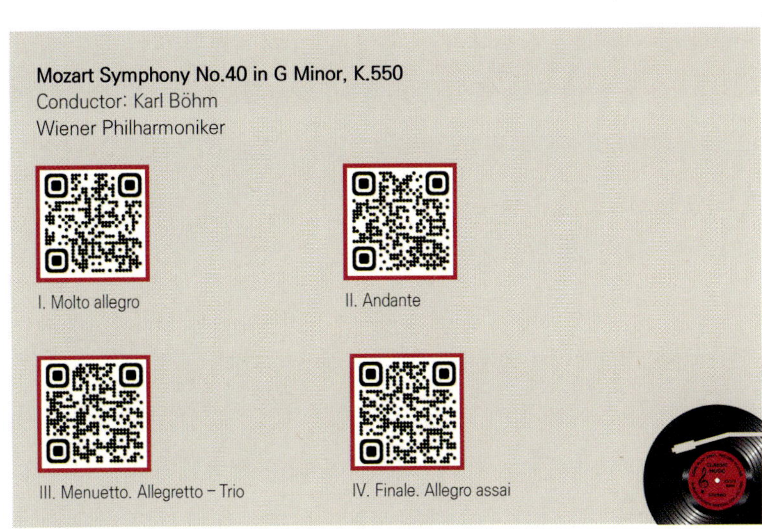

심포니는 오케스트라를 위한 '소나타'이다. 앞서 피아노 소나타에 대한 설명에서 피아노(독주) 소나타는 기본적으로 3악장으로 구성되며, 1악장은 '빠르게' - 2악장은 '느리게' - 3악장은 '빠르게'의 형태를 가진다고 하였다. 심포니 또한 마찬가지이다. 심포니는 오케스트라가 연주하는 소나타로, 기본적으로 네 개의 악장으로 구성되어 있다. 이것은 독주 소나타와 달리 한 악장이 더 있다. 심포니 또한 독주 소나타와 비슷하게 1악장은 '빠르게' - 2악장은 '느리게' - 마지막 4악장은 '빠르게'의 형태를 갖는다. 물론 작곡가의 의도와 작곡법에 따라 이 형

1악장	2악장	3악장	4악장
빠르게	느리게	(작품의 분위기를 전환하는, 성격이 자유로운 악장) 빠르게 혹은 느리게	빠르게

심포니의 기본 형식

식에서 벗어나 있는 심포니 또한 많이 있다. 하지만 기본이 되는 형식
은 알아 둘 필요가 있다. 심포니의 3악장은 보통 '스케르초' 춤곡으로
3/4박자의 빠른 악장이지만, 반대로 느리거나 보통 빠르기로 나타나
기도 한다. 3악장은 이해하기 쉽게 '작품의 분위기를 전환하는 성격이
자유로운 악장'이라 알고 있으면 되겠다.

모차르트 심포니 40번을 들었다면 '끊어서 반복 듣기'의 방법을 통
해 다음 작품 목록을 들어 보고, 심포니 듣기의 기초를 단단하게 다져
보자. 다음 작품을 듣는 것으로 심포니에 대한 막연함과 두려움이 없
어졌다면 그것만으로도 적지 않은 성과가 된다. 그리고 심포니를 즐기
며 감상에 이르게 되었다면 그것은 매우 큰 성과라 할 수 있겠다.

- 모차르트 심포니 29번, K.186a │ Mozart Symphony No.29, K.186a

- 모차르트 심포니 41번, K.551 「주피터」│ Mozart Symphony No.41, K.551
  「Jupiter」

- 베토벤 심포니 3번, Op.55 「영웅」│ Beethoven Symphony No.3, Op.55
  「Eroica」

- 베토벤 심포니 5번, Op.67 │ Beethoven Symphony No.5, Op.67

- 베토벤 심포니 7번, Op.92 │ Beethoven Symphony No.7, Op.92

- 브람스 심포니 1번, Op.68 │ Brahms Symphony No.1, Op.68

- 슈베르트 심포니 7번 D.759, 「미완성」[81] │ Schubert Symphony No. 7,

---

81. 슈베르트 심포니 7번 「미완성」은 작품 출판 이래 오랜 기간 '8번 교향곡'으로 알려져 왔으나,
1978년 도이치(D.) 목록 개정시 '7번 교향곡'으로 수정되었다. 지금까지도 슈베르트 심포니 7번
「미완성」을 8번 교향곡으로 표기하는 경우가 많으니 헷갈리지 않도록 주의가 필요하다.

D.759, 「Unfinished」

- 차이콥스키 심포니 5번, Op.64 │ Tchaikovsky Symphony No.5, Op.64
- 차이콥스키 심포니 6번, Op.74 「비창」 │ Tchaikovsky Symphony No.6, Op.74 「Pathétique」

위의 심포니 리스트는 심포니 듣기에 있어 기초와 기본에 해당하는 것이다. 이것 말고도 우리는 들어야 할 심포니가 너무나도 많이 있다. 베토벤 심포니 9번 「합창」을 포함한 베토벤의 9개 심포니를 다 들어야 하고 하이든과 모차르트의 주요 심포니, 브람스의 4개 심포니, 차이콥스키의 6개 심포니, 나아가 시벨리우스, 말러와 브루크너의 심포니도 다 들어야 한다. 그리고 심포니 외에 주옥과 같은 관현악곡[82]도 많이 들어 봐야 할 것이다. 우리가 앞으로 더 들어야 할 심포니와 관현악곡은 앞의 심포니 리스트를 듣고 심포니 듣기의 실력이 다져지면 평생을 두고 들도록 하자.

지금까지 우리는 독주곡을 시작으로 콘체르토(협주곡) - 서곡 - 심포니(교향곡)의 순서로 차근차근 악기의 규모를 늘려가는 클래식 듣기를 진행하고 있다. 그렇다면 심포니를 듣고 난 후에는 무엇을 들어야 할 것인가?

심포니 이후의 단계는 바로 '자유방임'의 단계이다. 자유방임은 각자의 자유에 맡겨 간섭하지 아니함을 뜻한다. 클래식 듣기는 기본 수

---

82. 심포니는 아니지만 오케스트라 연주를 위한 작품.

준에 오르는 것이 가장 중요하다. 음악 듣기가 기본 수준에 이르게 되면 그때서부터는 자율적인 클래식 듣기가 가능해진다. 우리가 지금까지 단계를 밟은 독주곡 – 콘체르토 – 서곡 – 심포니까지가 클래식 듣기의 '기본 수준'에 해당한다. 독주곡부터 시작하여 앞에 아홉 작품의 심포니 리스트와 그 외의 심포니를 더 들어 심포니 듣기에 자신감이 생겼다면, 당신은 클래식 듣기의 기본 수준에 이르렀다 할 수 있다. 당신이 클래식 듣기의 기본 수준에 이르렀다면 클래식 행보에서 가지게 될 모든 선택과 결정을 당신의 자율에 맡겨도 좋다.

클래식 듣기의 기본 수준에 이르러서는 앞서 우리가 심포니 다음으로 클래식 듣기의 순서로 정해 놓았던 실내악(Chamber Music)에 집중할 수 있겠다. 우리는 실내악을 알려고 할 때 기본적으로 '3, 4, 5'만 알고 있으면 된다.

- '3' 세 명의 연주자: 트리오(Trio)

- '4' 네 명의 연주자: 콰르텟(Quartet)

- '5' 다섯 명의 연주자: 퀸텟(Quintet)

이외에 여섯 명의 연주자가 연주하는 섹스텟(sextet), 일곱 연주자의 셉텟(Septet), 여덟 연주자의 옥텟(Octet) 등 몇 가지가 더 있다. 그러나 이 형식의 연주는 드물다. 우리는 실내악의 기본 단위로 위에 언급한 세 가지 정도만 알고 있으면 된다. 실내악의 첫 시작으로 요제프 하이든의 현악 4중주 53번, Op.64-5 「종달새」(Haydn String Quartet No.53 in D Major, Op.64-5 「The Lark」)를 추천한다.

클래식 듣기의 '기본 수준'에 이르러 실내악 외에 후기 낭만주의의 대규모 관현악곡이나 심포니에 도전할 수 있겠다. 그것은 리하르트 슈트라우스(Richard Strauss)의 교향시[83]나 관현악곡, 그리고 시벨리우스와 말러, 브루크너의 심포니를 듣는 것이다. 클래식은 이들의 관현악을 듣기 위해서 듣는다고 해도 과언은 아닐 것이다. 그만큼 실로 대단한 음악이다.

여기에서 한 가지 상식으로 알아 둘 것이 있다. 클래식에서 'Strauss(슈트라우스)'를 이름으로 사용하는 대표적인 작곡가가 세 명이 있는데 그들은 요한 슈트라우스(Johann Strauss)와 요한 슈트라우스 2세(Johann Strauss II) 그리고 리하르트 슈트라우스(Richard Strauss)이다. 요한 슈트라우스 부자는 '왈츠의 왕'이라 불릴 정도로 빼어난 왈츠 곡을 많이 작곡하였다. 작곡가의 명성으로만 따진다면 아들이 아버지보다 우위에 있다. 그들의 대표적인 작품으로는 요한 슈트라우스의 '라데츠키 행진곡(Radetzky March)'과 요한 슈트라우스 2세의 '아름답고 푸른 도나우(An der schönen blauen Donau)'가 있다.

리하르트 슈트라우스는 클래식에서 영향력이 상당히 큰 작곡가이다. 현대의 수많은 연주자와 연주 단체가 그의 작품을 연주하고, 연구하고 있다. 그는 관현악법의 대가로서 독일 후기 낭만파를 대표하는 대작곡가이기 때문에, 보통 클래식에서 '슈트라우스'를 말하면 '리하르트 슈트라우스'를 가리키는 경우가 많다.

---

83. 교향시(symphonic poem 또는 tone poem)는 단악장 교향악 악곡으로 음악 외적인 이야기나 묘사를 담고 있는 것이 특징이다. 소재는 시, 소설이나 이야기, 회화 등 다양하다.

클래식 듣기의 또 다른 행보로는 오페라(Opera)에 입문하는 것이 있다. 유독 오페라에 '입문'이라는 단어를 쓴 이유는 오페라가 하나의 거대한 세계를 이루고 있기 때문이다. 이 세상은 인류가 낳은 천재 작곡가들로부터 수많은 위대한 오페라를 선물로 받았다. 모차르트(Wolfgang Amadeus Mozart), 베르디(Giuseppe Verdi), 푸치니(Giacomo Puccini), 로시니(Gioacchino Rossini), 벨리니(Vincenzo Bellini), 도니체티(Gaetano Donizetti), 비제(Georges Bizet), 리하르트 슈트라우스(Richard Strauss), 바그너(Richard Wagner) 등, 이들은 인류가 가지는 삶의 다양한 상상과 이야기를 최고 가치의 오페라로 만들었다.

오페라와 함께 다양한 기악곡[84]을 듣는 것은 음악 듣기의 좋은 행보라 할 수 있겠다. 그리고 오페라를 좋아하게 되어 잘츠부르크 페스티벌(Salzburg Festival)이나 브레겐츠 페스티벌(Bregenz Festival), 아레나 디 베로나 페스티벌(Arena di Verona Festival), 바이로이트 페스티벌(Bayreuth Festival) 등과 같은 세계의 유명 오페라 페스티벌에 참가하여 음악과 함께 인생의 아름다운 시간을 보내는 것도 좋겠다.

클래식 듣기의 다른 행보로 성악이 주가 되는 종교음악이나 가곡(Lied)에 집중하는 것도 좋겠다. 미사(Mass), 오라토리오(Oratorio), 수난곡(Passion), 레퀴엠(Requiem) 등이 종교음악의 대표적 장르이다. 가곡을 대표하는 작곡가로서는 프란츠 슈베르트(Franz Schubert)와 로베르트 슈만(Robert Schumann)이 있다. 베토벤의 「장엄미사(Missa solemnis)」,

---

84. 악기로만 연주하는 곡. 독주곡, 협주곡, 교향곡 등이 이에 속한다.

❶ 작품에 따라서 2~3대의 악기가 오케스트라와 협연하기도 한다.

예: Beethoven "Triple Concerto" in C major, Op.56 – 3대의 솔로악기(피아노/바이올린/첼로)와 오케스트라

❷ 이 단계에서는 고전주의(모차르트Mozart, 베토벤Beethoven)와 낭만주의의 일부 작곡가(슈베르트Schubert, 브람스Brahms, 차이콥스키Tchaikovsky)의 교향곡을 듣는다. 이때 '말러Mahler'나 '리하르트 슈트라우스R.Strauss', '브루크너Bruckner'의 교향곡과 같이 후기 낭만주의의 대편성 관현악곡(교향곡)을 선택하지 않도록 주의한다.(이와 관련된 자세한 내용은 9장 '처음부터 근·현대음악을 들을 수는 없다.'를 참고)

❸ '말러Mahler'의 교향곡, '리하르트 슈트라우스R.Strauss'의 관현악곡과 교향시, '브루크너Bruckner'의 교향곡, 시벨리우스Sibelius의 교향곡, '쇼스타코비치Shostakovich'의 교향곡 등을 말한다.

❹ '자유방임' 단계에서 독주곡과 협주곡, 서곡 등에 더욱 집중하여 더 많은 작품들을 들어 볼 수도 있을 것이다.

모차르트의 「대관식 미사(Coronation Mass)」, 헨델의 오라토리오 「메시아(Messiah)」, 하이든의 오라토리오 「천지창조(Die Schöpfung)」, 바흐의 「마태수난곡(Matthäus-Passion)」, 모차르트의 「레퀴엠(Requiem)」, 브람스의 「독일 레퀴엠(Ein Deutsches Requiem)」, 슈베르트의 가곡 「겨울나그네(Winterreise)」와 「마왕(Erlkönig)」 등은 성악곡을 대표할 만한 작품이다. 당신이 성악 장르를 좋아하게 된다면 위의 작품들은 필수적으로 들어야 할 목록이다.

이제 모든 것을 정리할 시간이다. 독주곡부터 차근차근 악기의 규

모를 늘려가는 음악 듣기의 과정을 앞 페이지에 도표로 정리하였다. 그리고 이 책의 끝 부분에는 부록으로 '클래식 듣기의 단계별 지도' 를 첨부하였다. 부록에는 클래식 듣기의 '기본 수준'을 위한 작품 목록과 스케줄이 상세하게 계획되어 있다. 독주곡부터 시작하여 협주곡(콘체르토)과 기본적인 교향곡(심포니)을 듣기까지, 클래식 듣기의 '기본 수준'에 도달하는 목표 시간을 총 36개월로 잡았다. 음악 듣기에 있어 36개월은 결코 짧지 않은 시간이다. 개인마다 편차가 있기는 하지만 누구라도 충분히 3년 안에 클래식 듣기의 기본 수준에 도달할 수 있다.

시간이 얼마나 걸리든 크게 중요하지 않다. 중요한 것은 음악 듣기의 단계를 착실하게 밟아가는 것이다. 그렇게 함으로써 내가 클래식을 즐기고 감상할 줄 아는 '클래식을 듣는 사람'이 되는 것이다. 당신이 스스로 "저는 이제 클래식을 들을 수 있게 되었습니다"라고 말할 수 있는 날은 그리 오랜 시간이 걸리지 않아 찾아올 것이다.

9장

처음부터 근·현대음악을 들을 수는 없다
음악을 듣는 시대별 순서

이 숫자들을 기억하는가?

60-75, 75-82, 82-00

우리가 앞서 클래식 음악의 시대를 알아보는 내용에서 보고 외웠던 각 시대를 구분하는 기준 연도이다. 차례대로 '6075' 1600년~1750년 바로크, '7582' 1750년~1820년 고전주의, '8200' 1820년~1900년 낭만주의, 1900년 이후의 근·현대음악이다.

다음의 연대표는 이 내용을 한눈에 알아볼 수 있도록 시각적으로 도식화한 것이다. 표를 통해 각 시대가 음악으로 추구했던 것이 무엇인지 좀 더 자세하게 알아보자. 이 표의 내용은 될 수 있으면 외우는 것이 좋겠다.

	바로크음악	고전주의	낭만주의	근·현대음악
키워드	· 하나의 선율 강조 · 화려함 속의 질서와 규칙 · 대조·대비의 긴장감 · 장식적, 즉흥적	· 형식미 · 구조미 · 절대양식	· 개인 감정의 극적 표현 · 형식의 자유로움 · 음악 규모의 확대 · 표제음악	· 탈 형식, 해체 · 새로움 · 인상·신비 · 무조음악
의미	클래식의 시작	클래식의 발전	클래식의 확장	클래식의 진화

클래식 음악 연대표

표 안의 키워드가 각 시대의 음악적 특징을 모두 설명하고 있다고는 할 수 없다. 하지만 각 시대의 음악적 특징을 떠올릴 때, 위의 키워드 정도만 알고 있으면 크게 부족할 것도 없다. 우리는 음악을 듣고 이해하는 데 도움이 되는 기본적인 내용만 알고 있으면 된다. 표의 내용이 보기에 간단한 기본적인 키워드라 할지라도 각 음악 시대의 중요한 특징과 의미를 담고 있다. 이것을 통해 내가 지금 듣고 있는 클래식 작품이 왜 이러한 모습으로 그 시대에 탄생하게 되었는지를 쉽게 이해할 수 있는 것이다. 작품을 빨리 이해하면 그만큼 음악도 빨리 들리게 된다.

146

클래식 음악의 시작이라 할 수 있는 바로크음악을 한마디로 표현한다면 '하나의 중심된 선율(멜로디)을 강조하고 극적인 화려함과 대비의 긴장감, 그리고 정교한 하모니를 절제된 질서와 규칙으로 표현한 음악'이라 할 수 있겠다. 바로크음악의 특징을 설명하는 학술적인 음악 용어가 많이 있다. 예를 들어 '지속 저음'이라던가 '콘체르타토(concertato)', '음악 수사학' 등이 있는데 이러한 것은 클래식 입문단계에서 굳이 알 필요가 없다. 그것을 알려 해도 무슨 말인지 이해하기 힘들뿐만 아니라 바로크음악에서 그 용어들이 어떻게 나타나는지 쉽게 파악하기도 힘들다.

그렇다면 이러한 바로크음악의 전문적이고 학술적인 내용을 모른다고 해서 음악을 듣는 데 있어 큰 문제가 될까? 전혀 그렇지 않다. 바로크 외에 다른 음악 시대 또한 마찬가지이다. 물론 음악의 심화적인 지식을 알면 좋겠지만 몰라도 음악을 듣는 데 크게 문제되지 않는다.

다만 바로크음악의 특징을 한 문장으로 표현한 기본적인 내용 정도만 알고 있으면 바로크음악을 들었을 때 작품이 크게 낯설지 않게 느껴진다. 또한 내가 음악에서 집중해야 할 포인트도 쉽게 찾을 수 있다. 바로크음악의 '절제된 규칙'과 '(규칙에서의) 극적인 화려함'에 집중하여 음악을 듣다 보면 때로는 바로크음악이 가지는 수학과도 같은 이성에서 큰 아름다움을 느끼는 아이러니를 맛보게 될 것이다.

나는 바로크음악의 대부인 요한 제바스티안 바흐(Johann Sebastian Bach)의 음악을 들을 때마다 이러한 이미지를 상상하게 된다. 그 이미지는 내 눈앞에 수학을 기가 막히게 잘하는 친구가 있는데, 그 친구가 매우 어려운 수학 문제를 막힘없이 춤추듯 풀어 내려가는 모습에서 경이로움과 아름다움을 느끼는 것이다.

나는 바흐의 음악에서 이와 비슷한 감정을 느낀다. 그의 음악이 너무 아름다워 숭고하기까지 하지만 그 안에는 강한 질서와 규칙 그리고 이성이 있다. 서양음악사에서 바흐의 업적을 두고 마치 인류가 불을 만든 것처럼 위대한 것이라 말할 수 있지 않을까? 그만큼 그는 음악의 질(Quality)과 양(Quantity)에서 최고를 자랑하는 작곡가이자 음악 그 자체이다.

바로크음악에서 우리가 알고 있어야 할 작곡가는 바흐, 헨델, 비발디이다. 우선 이 세 명만 알고 있자.

바로크 시대 이후로 클래식 음악의 비약적인 발전을 이룬 고전주의 시대의 음악을 한마디로 표현한다면, '음악의 형식을 절대적 가치로 추구하며 형식과 구조가 가지는 아름다움을 표현한 음악'이라 할 수 있겠다.

여기에서 말하는 음악의 형식을 대표하는 것 중 하나로 우리가 이미 알고 있는 '소나타'가 있다. 고전주의 시대에는 수많은 독주 기악곡과 실내악, 콘체르토(협주곡), 심포니(교향곡), 오페라가 작곡되었고 음악의 괄목할 만한 큰 발전을 이루었다.

고전주의에서 우리가 알고 있어야 할 작곡가는 하이든, 모차르트, 베토벤이다. 고전주의는 이 3인방만 알고 있으면 된다.

고전주의 이후의 낭만주의 음악은 감정적이고 표현력이 풍부한 음악으로 나타난다. 낭만주의[85] 음악의 특징을 한마디로 표현한다면 '고전주의가 추구하는 형식에서 벗어나 인간의 감정과 사상을 자유롭게 표현한 음악'이라 할 수 있다. 작품에 이름을 붙이는 표제음악 또한 낭만주의 시대에 많이 나타났다. 표제음악이란 그 음악의 구체적 표현 대상이 있는 음악을 말한다.[86]

표제음악은 고전주의 시대에도 있었다. 예를 들어 베토벤 교향곡 6번 「전원」이 그러하다. 고전주의가 표제음악의 꽃봉오리라 한다면 낭만주의는 표제음악의 만개라 할 수 있겠다. 낭만주의의 대표적인 표제음악을 다 열거할 수는 없지만, 멘델스존 교향곡 3번 「스코틀랜드」, 차이콥스키 교향곡 6번 「비창」, 베를리오즈 「환상교향곡」, 리하르트 슈트라우스 「차라투스트라는 이렇게 말했다」 등이 좋은 예가 될 수 있겠다.

낭만주의 음악을 들을 때는 특히 주의할 것이 있다. 낭만주의는 전기와 후기로 나뉘는데, 결론적으로 말해서 전기 낭만주의 음악에 비해 후기 낭만주의 음악이 듣기가 더 어렵다. 왜냐하면 후기 낭만주의 음악은 음악의 새로운 패러다임을 맞이하는 20세기 근·현대음악과 연결되기 때문에 음악의 규모가 방대하고 음악의 새로운 시도와 기존의 형식에 맞서는 특징들이 나타난다. 그래서 근·현대음악과 더불어 후

---

85. 낭만주의는 로맨티시즘(Romanticism)이라는 단어의 기원에서 알 수 있듯이 비현실적인, 지나치게 환상적이라는 어원을 가지고 있으며 이성과 합리, 절대적인 것을 거부하는 사조였다.

86. 서울대 지식교양 강연 '생각의 열쇠'에서 참조하였다.

기 낭만주의 음악은 난해하거나 듣기에 어려운 작품들이 많다.

클래식을 듣는 시대의 순서는 뒤에서 정리하겠지만, 우리는 처음 클래식을 들을 때 전기 낭만주의 음악을 먼저 듣고 후기 낭만주의 음악은 클래식을 듣는 시대의 순서로 제일 마지막에 둔다. 처음부터 후기 낭만주의와 근·현대음악을 들을 수 없다. 물론 들을 수는 있겠지만 그렇게 하였을 때 쉽게 클래식과 담을 쌓게 되는 일이 발생할 수 있다.

전기 낭만주의 작곡가와 후기 낭만주의 작곡가를 열거한 다음 표를 확인하자. 한 가지 주목해야 할 것은 후기 낭만주의 작곡가 중에서 전기 낭만주의 작곡가와 같이 클래식을 시작하는 단계에서 들으면 좋을 작곡가가 있다. 그 작곡가를 표에 별도로 표시하였으니 내용을 확인하는 것이 좋겠다.

	클래식의 시대 순서로 먼저 들어야 할 것		클래식의 시대 순서로 나중에 들어야 할 것
시대	전기 낭만주의	후기 낭만주의	
작곡가[87]	슈베르트 멘델스존 쇼팽 슈만	리스트 브루흐 그리그 드보르자크 엘가 비제 브람스 요한 슈트라우스 2세 차이콥스키	푸치니 베르디 생상스 바그너 라흐마니노프 시벨리우스 리하르트 슈트라우스 브루크너 말러

전기 낭만주의 작곡가와 후기 낭만주의 작곡가

87. 클래식의 입문단계에서 알아야 하거나 시대를 상징하는 작곡가 위주로 열거하였다.

표의 내용을 특별하게 외울 필요는 없다. 다만 낭만주의 음악을 듣거나 선택할 때 작곡가가 전기 낭만주의에 해당하는지 혹은 후기 낭만주의에 해당하는지를 확인하는 용도로 사용하자. 재차 언급하지만 클래식 듣기를 시작하는 단계에서는 후기 낭만주의 작곡가는 나중 순서로 잡아둔다.

후기 낭만주의의 푸치니와 베르디, 바그너는 클래식 오페라를 상징하는 작곡가들이다. 이들은 클래식을 듣는 단계에서 나중에 들어야 할 작곡가로 순서를 정하였다. 왜냐하면, 이미 앞에서 언급한 것처럼 오페라는 '기본적인 심포니 듣기' 이후[88]에 들어야 할 장르이기 때문이다.

만약 당신이 이들의 오페라가 궁금하여 작품의 유명한 부분만을 골라 먼저 들어볼 수 있겠지만, 그러한 음악 듣기의 행태가 습관이 되어 클래식 듣기의 전반으로까지 나타나게 하여서는 안 되겠다. 클래식은 작품 전체를 들어야 한다. 방대한 시간으로 등장인물들의 수많은 이야기와 노래를 담는 오페라도 마찬가지이다.

마지막으로 낭만주의 이후의 클래식 음악을 다양한 형태로 진화시킨 20세기 근·현대음악[89]에 대하여 알아보자. 현대음악은 처음 들었을 때 아마도 이러한 생각들을 많이 하게 될 것이다.

---

88. 클래식 듣기의 '기본 수준'에 이르렀을 때.

89. 근대음악(Modern Music)은 통상적으로 1차 세계대전이 끝난 1918년서부터 2차 세계대전이 끝난 1945년까지의 음악을 지칭한다. 현대음악(Contemporary Music)은 1945년 이후의 음악을 가리킨다. 편의상 이 둘을 합쳐 '현대음악'이라 할 것이다. (이하 '현대음악') 하지만 이 둘은 같은 의미가 아니라는 것을 분명하게 알아 두어야 한다.

현대음악은 난해하고 이해하기 어려운 음악이다. 하지만 이러한 특징 때문에 현대음악은 큰 재미와 미묘함을 느낄 수 있는 음악이기도 하다. 난 현대음악이 재미와 미묘함을 넘어 신비와 '인류 사상 진화'의 경이로움을 담은 음악이라 생각한다. 이 경이로움이란 '인간의 머리가 가지는 생각과 표현이 이 정도까지 발전할 수 있구나'라는 것을 말하는 것이다.

그래서 현대음악은 한번 빠지면 헤어나기가 힘들다. 이것은 칸딘스키(Wassily Kandinsky)나 말레비치(Kazimir S. Malevich)의 작품을 보며 그림이 주는 알 수 없는 매력에 푹 빠져 있는 것과 같다. 그리고 그림이 왜 그렇게 그려졌는지 이유와 배경을 알게 되면 작품에 더 깊게 빠져들게 된다. 현대음악 또한 이와 같은 맥락에 있다.

현대음악의 음악적 특징을 한마디로 표현한다면 '기존의 음악 형식에서 벗어나 새로운 음악의 해석과 방법을 찾고, 음악으로 색체와 사물의 인상, 심상(Image), 내면적 세계, 원시, 신비, 변형, 해체 등을 표현한 음악'이라 할 수 있을 것이다.

여기에서 한 가지 신기한 것이 있다. 인류는 역사적으로 시간이 흐름에 따라 아방가르드(Avant-garde)[90]가 만들어 놓은 '새로운 것'에 항상 낯설어 하고 부정하다가 결국에는 그것을 쫓아 적극적으로 향유하는 모습을 보여 왔었다. 우리가 역사적으로 말하는 '고딕(Gothic)'이나 '바로크(Baroque)', '로코코(Rococo)' 등 대부분의 예술 양식은 경멸적인 단어로부터 이름이 유래한다. 이 말은 곧 새롭게 나타난 낯선 것들이 처음에는 부정되다가 곧 큰 가치로서 정착됨을 말한다. 이러한 현상은 지금 또한 이루어지고 있고 앞으로도 계속 그러할 것이다. 이것은 인류가 시대를 살아가는 방식이다.

이는 현대음악이 가지는 아이러니를 말하기 위해서이다. 한번 현대음악이 처음 나왔을 당시의 모습을 상상해 보자. 1900년대 초, 한 작곡가가 기존의 음악 형식에서 벗어난 새로운 클래식 음악을 만들었다며 듣기 난해한 음악을 대중들에게 선보이고 있다. 사람들은 그 음악을 들으며 크게 혼란스러워한다. 개중에는 귀를 틀어막거나 순간을 참기 어려워 공연장을 급하게 뛰쳐나가는 사람들도 있다.

위의 상황이 그저 허무맹랑한 상상 속의 이야기일까? 다음의 캐리커처는 이 허무맹랑한 상상이 현실에서 나타난 사실이었음을 보여준다.

후기 낭만주의 음악이나 현대음악은 새롭지만 듣기에 낯선 것이었기 때문에 처음에는 사람들에게 큰 환영을 받지 못했을 거라 생각된다. 하지만 지금은 어떠한가. 말러 심포니 같은 경우에는 현대의 오케

---

90. 기존 예술이나 기술 등에서 기존에 대한 인식과 가치를 부정하고 새로운 개념을 추구하는 이들 혹은 집단.

아놀드 쇤베르크(Arnold Schoenberg)의 표현주의 현대음악은 오스트리아 빈(Vienna)의 청중들을 충격과 분노에 빠트리게 했다. 그림은 쇤베르크의 지휘 아래 관객과 악단이 서로 싸우는 모습을 재미있게 풍자하고 있다.

구스타프 말러(Gustav Mahler)는 새롭고 다양한 소리를 음악으로 표현하기 위해 전통적으로 사용되는 기존의 악기뿐만 아니라 실험적이고 창의적인 악기를 자신의 음악에 적극 도입하였다. 그림은 이것을 풍자하기 위해 코끼리와 돼지, 대포 등을 악기로 표현하였다.[91]

스트라들이 제일 많이 연주하는 작품이 되었다. 세계의 많은 우수한 연주자들이 현대음악 작곡가의 작품을 앞다투어 연주하고 녹음하고 있다. 이것이 현대음악이 가지는 아이러니이다. 듣기 난해하고 힘든데 왜 사람들이 현대음악을 좋아하게 되는가? 그 이유는 현대음악이 가지는 강한 인상과 매력 때문이다.

아무리 못생긴 사람도 한 번 보고 두 번 보면 자꾸만 보고 싶어지는 법이다. 대신 그 사람에게 강한 매력이 있어야 한다. 매력이 없으면 한 번 보기도 쉽지 않다. 여기에서 한 가지 더 재미있는 것을 말하자면 잘

---

91. 카우벨(Cowbell), 망치, 쇠 파이프(차임벨), 나무판(슬랩스틱), 교회 종 등은 말러의 주요 작품에 실제로 쓰이는 악기들이다.

생기지는 않았지만 큰 매력이 있는 사람을 여러 번 만나고 시간을 같이 보내다 보면 그가 멋있게 보이고 예쁘게 느껴지게 된다. 참으로 아이러니한 상황이 아닐 수 없다.

현대음악도 이와 아주 비슷하다고 생각한다. 현대음악을 처음 들었을 때는 음악이 조화롭게 느껴지지 않고 명확한 선율을 찾기 힘들다. 리듬도 불규칙하고 듣기에 난해하여 소리가 아주 어지럽게 들린다. 하지만 음악을 여러 번 듣고 들어 절대 이해 불가였던 현대음악이 점차 내 귀에 익숙해지는 아이러니가 찾아왔을 때, 조화롭지 않게 느껴졌던 음악에서 조화를 만나게 된다. 한 치 앞을 알 수 없었던 멜로디에서 질서를 찾게 되며, 어지럽게 들렸던 소리에서 강한 매력과 인상을 받게 된다.

현대음악 작곡가에게 있어 음악은 아름답고 조화로운 선율과 화음을 만들어 내는 전통적인 음악 양식에 초점을 두기보다는, 인간의 내면과 잠재적 의식, 사물과 현상 등이 내포하고 있는 다양한 이미지와 인상을 자유롭게 표현하는 것이다.

현대음악은 근대 이전의 미술이 추구하던 그림의 명확한 시점과 객체의 사실적인 묘사를 중시하는 전통적 접근과는 다르다. 이는 마치 피카소(Pablo Picasso)의 그림처럼 다양한 시점에서 객체를 독자적으로 바라보고, 객체가 가지는 인상과 특징을 강렬한 색채와 형태로 자유롭게 표현하는 것과 유사하다.

현대음악 작곡가는 우선 일곱 명 정도만 알고 있자.

- 클로드 드뷔시(Claude Debussy)

- 모리스 라벨(Maurice Ravel)

- 벨러 바르톡(Bela Bartok)

- 이고르 스트라빈스키(Igor Stravinsky)

- 세르게이 프로코피예프(Sergei Prokofiev)

- 알렉산드르 스크랴빈(Alexander Scriabin)

- 드미트리 쇼스타코비치(Dmitri Shostakovich)

일곱 명의 작곡가 중에 클로드 드뷔시는 '현대음악의 시작'이라 할 정도로 서양 현대음악에서 그의 영향이 지대하다. 작곡가의 이름만 보았을 때는 아주 사랑스럽고 평화로운 음악을 많이 만들었을 것 같은데, 보기와는 다르게 음악의 파격적인 혁신을 이룬 인물이다. 그의 음악을 듣고 있으면 눈앞에 다양한 색채가 얽히고 섞이면서 수많은 형태와 흐름이 그려진다.

대중적으로 유명한 그의 작품으로는 '베르가마스크 모음곡(Suite bergamasque)' 중 3번 「달빛(Clair De Lune)」이 있다. 드뷔시의 「달빛」은 아마도 현대음악 작품 중에서 가장 듣기 편안한 음악일 것이다. 칠흑 같은 어둠 속에서 나 홀로 세상을 밝히고 있는 달의 쓸쓸함과 몽환의 분위기를 마치 빈센트 반 고흐(Vincent van Gogh)의 그림처럼 강한 인상의 음악으로 표현하였다. ⓠ'드뷔시의 「달빛」'으로 인상주의의 백미를 느껴보자.

그리고 「달빛」을 포함하고 있는 드뷔시의 '베르가마스크 모음곡' 전곡을 들어 보도록 하자. '베르가마스크 모음곡'은 총 4개의 곡으로

이루어져 있다. 드뷔시가 이탈리아의 베르가모(Bergamo) 지방을 여행하면서 받았던 수많은 인상을 작품에 담고 있다. '베르가마스크 모음곡' 전곡과 드뷔시의 다른 여러 작품을 듣고 탐닉한다면 당신은 이미 현대음악과 사랑에 빠질 준비가 되어 있는 것이다. 라벨, 스트라빈스키, 프로코피예프가 준비된 당신을 반갑게 기다리고 있을 것이다.

우리가 앞 장의 내용에서 보았듯이 클래식을 처음 들을 때는 솔로(Solo) 악기의 독주곡부터 시작하여 점차 악기의 규모를 늘려 나가는 음악 듣기의 체계를 밟아야 한다. 그렇게 해야지만 큰 어려움과 혼란을 피하면서 클래식을 안정적으로 들어 나갈 수 있다.

클래식의 음악 시대 또한 마찬가지이다. 드뷔시의 「달빛」과 라벨의 「볼레로(Borelo)」에 매력을 느껴 무작정 현대음악부터 음악을 들을 수 없다. 바그너의 오페라와 리하르트 슈트라우스의 교향시가 유명하다고 처음부터 후기 낭만주의의 오페라와 관현악곡을 들을 수 없다. 만약 그렇게 하게 된다면 음악을 듣는 시작과 동시에 클래식과의 영원한 안녕을 고할 수도 있다. 클래식은 음악을 듣는 '시대의 순서'가 있고 방법이 있다. 자신이 들을 클래식 작품을 선정할 때, 작품의 '악기 규모'와 '음악 시대'를 잘 구분하고 따져 보아야 한다.

그렇다면 우리는 클래식을 처음 들을 때, 음악을 듣는 시대의 순서를 어떻게 설정할 것인가?

결론부터 이야기하자면 클래식은 '전기 낭만주의'로 시작하여 '전기 낭만주의'와 '고전주의'를 함께 듣고 그 이후에 '바로크'로 넘어간다. 그리고 '바로크' 다음으로 마지막 단계인 '후기 낭만주의'와 '현대 음악'을 병행하여 듣는다.

다음 연대표에서 알 수 있듯이 클래식 음악은 '전기 낭만주의'를 기점으로 시대를 역행하며 음악을 듣는 것이 클래식 입문에 효과적이다. '전기 낭만주의'와 '고전주의' 그리고 '바로크'까지의 음악 행보를 착실하게 거쳤다면, 그 이후로 클래식의 화려한 꽃을 피운 '후기 낭만주의'와 '현대음악'으로 음악의 행보를 이어간다.

Step ①

클래식 음악의 첫 시작은 '전기 낭만주의'다. 자유롭고 감정 표현이 풍부한 전기 낭만주의 음악으로 클래식 듣기를 시작해야 큰 어려움이 없이 음악을 지속하여 들을 수 있고, 클래식 듣기를 도중에 포기하는 일도 적어진다. 클래식 듣기의 시작은 음악을 어렵지 않게 들으면서 클래식은 나와 동떨어져 있다고 느끼는 그 괴리감을 먼저 없애는 것이 중요하다.

한 가지 더 중요한 것이 있다. 그것은 전기 낭만주의 음악을 들으면서 고전주의 음악을 병행하여 듣는 것이다. 고전주의 음악을 들어야 클래식에 대한 전반적인 이해가 높아지고, 클래식을 듣는 실력이 점진

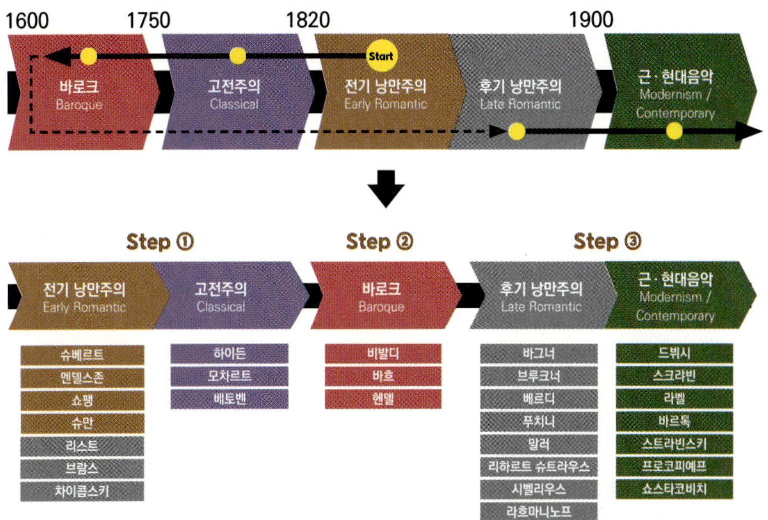

클래식 음악 연대표 – 음악을 듣는 시대의 순서

적으로 늘어나게 된다. 클래식은 하이든과 모차르트 그리고 베토벤으로 대두되는 고전주의 시대에 괄목할 만한 발전을 이루었다. 그 위대한 발전의 소용돌이에 점차 발을 내밀어 그 중심부에 자리하는 것이 중요하다.

전기 낭만주의와 고전주의를 듣는 첫 번째 시대 단계에서는 쇼팽과 슈베르트, 슈만, 리스트 등 전기 낭만주의의 피아노 독주곡을 시작으로 하여 점차 모차르트와 베토벤의 고전주의 피아노 독주곡으로 시대를 확장시킨다. 독주곡을 들으면서 전기 낭만주의와 고전주의의 주요한 협주곡을 듣고, 그 이후에 교향곡까지 들어 악기의 규모를 점점 늘려나간다.

우리는 이미 앞에서 클래식을 시작하는 작품으로서 모차르트 피아노 소나타와 베토벤 피아노 소나타 그리고 쇼팽 에튀드를 만났다. 이 세 작품을 클래식 듣기의 시작으로 선정한 것은 독주곡부터 들어 나가는 '악기 규모의 순서'와 음악을 듣는 '시대의 순서'를 적극 반영한 것이기 때문이다.

Step ②

바로크음악을 듣는 두 번째 시대 단계에서는 바흐를 중심으로 음악을 듣는다. 바흐 외에 바로크음악 작곡가로서 헨델과 비발디, 도메니코 스카를라티 등이 있지만 클래식을 입문하는 단계에서는 바흐의 음악에 집중하는 것이 비교적 수월하다. 1685년생으로 바흐와 동갑내기면서 바흐와 더불어 바로크음악을 대표하는 헨델은 '오페라'나 '오라토리오' 같은 규모가 큰 '극음악'을 주요하게 작곡하였다. 따라서 클래식 입문에 있어 헨델의 작품을 선택하는 것은 쉬운 일이 아니다. 그러므로 헨델의 주요한 작품은 클래식 듣기의 '기본 수준'에 이르렀을 때 듣는 것이 좋겠다.

반면에 바흐의 작품은 다양한 음악의 규모로 나타난다. 건반[92]을 비롯한 독주 악기, 협주곡, 관현악을 위한 '기악곡'과 칸타타, 미사곡, 수난곡, 모테트, 오라토리오 등의 성악이 기반이 되는 '종교음악'이 다양한 규모와 형식으로 남겨져 있다. 그러므로 클래식 듣기를 시작할

---

92. 하프시코드(Harpsichord), 오르간(Organ) 등을 말하며 현재는 피아노가 하프시코드를 대신하는 경우가 많다. 하프시코드와 피아노의 가장 큰 차이점은 피아노는 음악의 강약을 표현할 수 있는 데 반해 하프시코드는 음의 강약을 표현할 수 없다는 것이다.

때 바흐의 작품에 집중하는 것은 한 작곡가로부터 바로크음악의 다양한 면모를 만날 수 있는 방법이 된다.

결론적으로 바로크음악을 처음 들을 때는 바흐의 작품을 중심으로 듣는 것을 추천한다. 헨델을 들어 보고자 한다면 그의 오페라나 오라토리오보다 음악의 규모가 작은 '수상음악(Water Music HWV 348~350)'이나 '왕궁의 불꽃놀이(Music for the Royal Fireworks HWV 351)'와 같은 기악곡을 선택하는 것이 좋겠다. 바흐의 작품을 들을 때에도 처음에는 건반이나 독주 악기를 위한 작품을 먼저 듣고 점점 악기의 규모를 늘려 나간다. 바흐는 대량의 작품을 생산해 낸 다작가이기 때문에 바흐의 작품으로 무엇부터 시작해야 할지 모르는 경우가 많다. 그래서 바흐의 작품을 듣는 순서를 정리하였으니 이를 참고하여 바흐라는 고귀한 세계에 발을 들이도록 하자.

1. 시작 과정: 건반을 위한 작품 / 독주 악기를 위한 작품 – 기본

- 인벤션과 신포니아[93](Inventions and Sinfonias) 중 인벤션 15곡 | 15 Inventions, BWV 772~786

- 건반을 위한 파르티타[94] 2번, BWV 826 | Partita for keyboard No.2 In C Minor, BWV

- 영국 모음곡[95] 2번, BWV 807 | English Suite No.2 in A minor, BWV 807

---

93. 바흐의 '인벤션과 신포니아'는 2성부의 '인벤션' 15곡, 3성부의 '신포니아' 15곡으로 이루어져 있다.

94. '건반을 위한 파르티타'는 총 6개의 작품이 있다(Partita for keyboard No.1~6).

95. '영국 모음곡'은 총 6개의 작품이 있다(English Suite No.1~6).

• 프랑스 모음곡[96] 5번, BWV 816 | French Suite No.5 in G major, BWV 816

2. 발전 과정: 협주곡 / 관현악곡

• 바이올린 협주곡 1번, BWV 1041 | Concerto for Violin No.1 in A minor, BWV 1041

• 바이올린 협주곡 2번, BWV 1042 | Concerto for Violin No.2 in E major, BWV 1042

• 두 대의 바이올린을 위한 협주곡, BWV 1043 | Concerto for two violins in D minor, BWV 1043

• 브란덴부르크 협주곡[97] 3번, BWV 1048 | Brandenburg Concerto in G major No.3, BWV

• 브란덴부르크 협주곡 4번, BWV 1049 | Brandenburg Concerto in G major No.4, BWV 1049

• 브란덴부르크 협주곡 5번, BWV 1050 | Brandenburg Concerto in D major No.5, BWV 1050

• 관현악 모음곡[98] 3번, BWV 1068 | Orchestral Suite No.3 in D Major, BWV 1068

3. 심화 과정-1: 건반을 위한 작품 / 독주 악기를 위한 작품 – 심화

• 「평균율 클라비어」 곡집[99] 1권, BWV 846~869 | 「The Well-Tempered Clavier」 I, BWV 846~869

---

96. '프랑스 모음곡'은 총 6개의 작품이 있다(French Suite No.1~6).
97. '브란덴부르크 협주곡'은 총 6개의 작품이 있다(Brandenburg Concerto No.1~6).
98. '관현악 모음곡'은 총 4개의 작품이 있다(Orchestral Suite No.1~4).
99. '평균율 클라비어 곡집'은 1권과 2권으로 총 두 권이 있다.

- 「골드베르크 변주곡」, BWV 988 | 「Goldberg Variations」, BWV 988
- 무반주 첼로 모음곡[100] 1번, BWV 1007 | Cello Suite No.1 in G major, BWV 1007
- 무반주 바이올린 소나타[101] 1번, BWV 1001 | Violin Sonata No.1 in G minor, BWV 1001
- 「토카타와 푸가」, BWV 565 | 「Toccata and Fugue」 in D minor, BWV 565

4. 심화 과정-2: 종교음악

- 「마태수난곡」, BWV 244 | 「Matthäus-Passion」, BWV 244

Step ③

마지막으로 클래식을 듣는 세 번째 시대 단계에서는 '후기 낭만주의 음악'과 '현대음악'을 함께 듣는다. 후기 낭만주의와 현대음악은 음악을 듣는 데 많은 시간이 필요하다. 왜냐하면 이 시대의 작품들이 기본적으로 음악의 스케일(Scale)이 방대하고 듣는 것 또한 쉽지 않기 때문이다. 작품을 듣고 이해하는 데 많은 시간이 주어져야 한다. 그러나 이 시대의 음악을 듣는 것에 많은 시간이 필요한 큰 이유가 하나 더 있다. 그것은 이 시대의 음악이 가지는 강한 매력 때문에 오래 머물 수밖에 없기 때문이다. 이 매력을 두고 '마력'이라 말할 수도 있을 것이다.

후기 낭만주의와 현대음악은 클래식이 가장 화려하게 꽃피운 음악의 정점이라 할 수 있다. 이 시대의 음악을 경험하고 깊이를 느껴본 사람들은, 그 음악의 정점에서 떠나는 것이 매우 힘들고 어려운 일이 된

---

100. '무반주 첼로 모음곡'은 총 6개의 작품이 있다(Cello Suite No.1~6).
101. '무반주 바이올린 소나타'는 총 3개의 작품이 있다(Violin Sonata No.1~3).

다. 나 또한 지금까지 그 정점에서 오랫동안 머물고 있다. 클래식을 30년 이상 들어온 지금 시점에서 나의 클래식 듣기를 바라보았을 때 클래식 음악을 이루는 시대 전체를 '10'이라 한다면 바로크는 '1', 전기 낭만주의와 고전주의는 '3', 그리고 후기 낭만주의와 현대음악은 '6'이라고 할 수 있다. 앞으로 시간이 지남에 따라 이 비율이 어떻게 변화할지는 모른다. 하지만 지금은 그렇다.

후기 낭만주의의 관현악과 오페라를 듣는다는 것은 클래식 듣기의 높은 경지에 이르렀다는 의미이다. 이 시대를 이끌며 음악의 새로운 시대를 열게 한 리하르트 슈트라우스와 리하르트 바그너, 장 시벨리우스, 안톤 브루크너, 구스타프 말러의 음악을 듣다 보면 가끔 이러한 생각을 자연스럽게 하게 된다.

'어찌 보면 이들의 음악을 듣기 위해서
클래식을 듣는 것이 아닐까?'

현대음악의 클로드 드뷔시와 모리스 라벨, 벨러 바르톡, 이고르 스트라빈스키, 세르게이 프로코피예프, 드미트리 쇼스타코비치 등의 작품은 한번 그 매력에 빠지면 쉽게 헤어나기 어렵다. 그러나 이들의 음악은 동시에 쉽게 자신을 내주지 않는 까다롭고 도전적인 특성을 지닌다. 그럼에도 불구하고 클래식 음악의 깊이를 알 수 없는 늪은 바로 이들이 남긴 작품 속에서 발견된다. 이들의 음악을 듣는 것은 마치 활활 타오르는 불길이나 끝없이 펼쳐진 넓은 바다를 멍하니 바라보며 그 매력에 깊이 빠져드는 경험과 같다.

이와 같은 질문들은 당신이 현대음악을 들었을 때 자신에게 수도 없이 묻게 되는 것들이다.

클래식 듣기에 있어 후기 낭만주의와 현대음악을 본격적으로 듣는 단계에 이르렀을 때는 클래식 듣기의 '자유방임' 단계에 있을 때일 것이다. 다시 말하지만 자유방임은 각자의 자유에 맡겨 간섭하지 아니함을 말한다. 어떻게 보면 당신의 진정한 클래식 듣기의 시작은 '자유방임' 단계에서 시작한다. 클래식을 듣는 자신만의 방법이 갖추어지고 스스로 클래식을 찾아 들으며 음악 듣기의 지도를 그려나갈 수 있다.

후기 낭만주의와 현대음악 듣기의 시작으로 선택하면 좋을 작품을 정리하였다. 다음 내용을 참고하여 작품을 선택하고, 당신이 말러와 브루크너 그리고 리하르트 슈트라우스와 리하르트 바그너를 들으며 진정한 감상을 할 수 있는 날이 하루속히 찾아오기를 소망한다.

리하르트 슈트라우스 | Richard Strauss

〈실내악〉

• 바이올린 소나타 내림 E장조, Op.18 | Sonata for Violin and Piano in E-flat major, Op.18

〈협주곡〉

• 바이올린 협주곡 D단조, Op.8 | Violin Concerto in D minor, Op.8

• 오보에 협주곡 D장조, TrV.292 | Oboe Concerto in D major, TrV.292

〈관현악 / 교향시〉

• 「돈 후앙」, Op.20 | 「Don Juan」, Op.20

• 「죽음과 변용」, Op.24 | 「Tod und Verklärung」, Op.24

• 「장미의 기사」 모음곡, TrV.227d | Concert Suite from 「Rosenkavalier」, TrV.227d

• 「틸 오일렌슈피겔의 유쾌한 장난」, Op.28 | 「Till Eulenspiegels lustige Streiche」, Op.28

• 「알프스 교향곡」, Op.64 | 「Eine Alpensinfonie」, Op.64

리하르트 바그너 | Richard Wagner

〈서곡 / 전주곡〉

• 오페라 「탄호이저」 서곡 | 「Tannhäuser」 Overture

• 오페라 「로엔그린」 3막 전주곡 | 「Lohengrin」 – Prelude to Act.3

• 오페라 「뉘른베르크의 마이스터징어」 서곡 | 「Die Meistersinger Von Nürnberg」 Overture

〈오페라〉

• 「탄호이저」 | 「Tannhäuser」

• 「니벨룽의 반지」 중 「발퀴레」[102] | 「Die Walküre」

---

102. 「발퀴레」는 바그너의 오페라 「니벨룽의 반지」 시리즈 중 두 번째(제1야) 작품이다. 첫 번째(전야)는 「라인의 황금」, 세 번째(제2야)는 「지그프리트」, 네 번째(제3야)는 「신들의 황혼」이다. 음악 애호가들 사이에서는 이들을 통 틀어 바그너의 '반지 시리즈'라 부른다.

장 시벨리우스 | Jean Sibelius

〈협주곡〉

• 바이올린 협주곡 D단조, Op.47 | Violin Concerto in D minor, Op.47

〈모음곡〉

• 「카렐리아」 모음곡, Op.11 | 「Karelia」 Suite, Op.11

〈교향시〉

• 「핀란디아」, Op.26 | 「Finlandia」, Op.26

〈교향곡〉

• 교향곡 5번 내림 E장조, Op.82 | Symphony No.5 in E-flat major, Op.82

안톤 브루크너 | Anton Bruckner

〈교향곡〉

• 교향곡 4번 내림 E장조 「낭만적」 WAB.104 | Symphony No.4 in E-flat major

  「Romantic」, WAB.104

• 교향곡 7번 E장조, WAB.107 | Symphony No.7 in E major, WAB.107

• 교향곡 8번 C단조, WAB.108 | Symphony No. 8 in C minor, WAB.108

구스타프 말러 | Gustav Mahler

〈교향곡〉

• 교향곡 1번 D장조, 「거인」 | Symphony No.1 in D major, 「Titan」

• 교향곡 5번 올림 C단조 | Symphony No.5 in C Sharp minor

• 교향곡 2번 C단조, 「부활」 | Symphony No.2 in C minor, 「Resurrection」

클로드 드뷔시 | Claude Debussy

〈피아노 독주곡〉

- 두 개의 아라베스크[103] L.66 | Deux arabesques L.66

- 베르가마스크 모음곡 L.75 | Suite bergamasque L.75

- 「꿈」 L.68 | 「Rêverie」, L.68

- 영상 1권 L.110 / 영상 2권 L.111 | Images ‘Book 1’, L.110 / Images ‘Book 2’, L.111

- 「어린이 코너」, L.113 | 「Children’s Corner」, L.113

〈교향시〉

- 「바다」, L.109 | 「La Mer」, L.109

- 「목신의 오후에의 전주곡」, L.86 | 「Prélude à l’après-midi d’un faune」, L.86

모리스 라벨 | Maurice Ravel

〈피아노 독주곡〉

- 「물의 유희」, M.30 | 「Jeux D’eau」, M.30

- 소나티네, M.40 | Sonatine, M.40

- 「밤의 가스파르」, M.55 | 「Gaspard de la nuit」, M.55

- 「죽은 왕녀를 위한 파반느」, M.19 | 「Pavane pour une infante défunte」, M.19

〈관현악 편곡〉[104]

- 「죽은 왕녀를 위한 파반느」, M.19 | 「Pavane pour une infante défunte」, M.19

- 「어미 거위 모음곡」 M.60 | 「Ma Mère L’Oye」, M.60

〈협주곡〉

- 피아노 협주곡 G장조, M.83 | Piano Concerto in G Major, M.83

---

103. ‘아라비아풍’을 뜻한다.

104. 라벨은 자신이 작곡한 몇 개의 피아노곡을 관현악으로 편곡했다.

〈관현악〉

• 「라 발스」, M.72 | 「La Valse」, M.72

• 「볼레로」, M.81 | 「Bolero」, M.81

이고르 스트라빈스키 | Igor Stravinsky

〈피아노 독주곡〉

• 페트루슈카의 3개 악장 | Trois mouvements de petrouchka

〈협주곡〉

• 바이올린 협주곡 D장조 | Violin Concerto in D major

〈발레(관현악)〉

• 「불새」 | 「The Firebird」

• 「봄의 제전」 | 「Le Sacre du Printemps」

세르게이 프로코피예프 | Sergei Prokofiev

〈피아노 독주곡〉

• 피아노 소나타 7번 내림 B장조, Op.83 | Piano sonata No.7 in B-flat major, Op.83

• 피아노 소나타 8번 내림 B장조, Op.84 | Piano sonata No.8 in B-flat major, Op.84

〈협주곡〉

• 피아노 협주곡 3번 C장조, Op.26 | Piano Concerto No.3 in C major, Op.26

〈교향곡〉

• 교향곡 1번 D장조, Op.25 「고전적」 | Symphony No.1 In D Major, Op.25 「Classical」

• 교향곡 5번 내림 B장조, Op.100 | Symphony No.5 In B Flat Major, Op.100)

〈발레(관현악)〉

• 「로미오와 줄리엣」, Op.64 | 「Romeo and Juliet」, Op.64

드미트리 쇼스타코비치 | Dmitri Shostakovich

〈서곡〉

• 「축전서곡」 A장조, Op.96 | 「Festive Overture」 in A major, Op.96

〈협주곡〉

• 바이올린 협주곡 1번 A단조, Op.99 | Violin Concerto No.1 in A minor, Op.99

〈교향곡〉

• 교향곡 5번 D단조, Op.47 | Symphony No.5 In D Minor, Op.47

• 교향곡 10번 E단조, Op.93 | Symphony No.10 in E Minor, Op.93

• 교향곡 7번 C장조, Op.60 「레닌그라드」 | Symphony No.7 in C major, Op.60
「Leningrad」

STEP 3
듣다

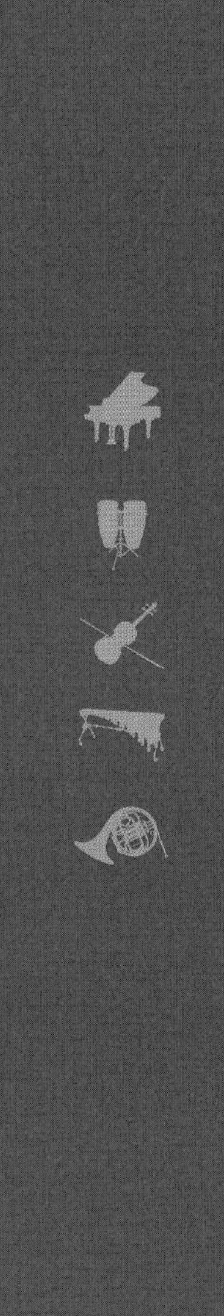

10장

클래식 듣기는 당신의 모습대로 번져나간다

내가 제일 좋아하는 악기와 장르(형식), 작곡가를 만들어라

클래식을 오랫동안 집중하며 들을 수 있는 방법 중 하나는 자신이 가장 좋아하는 '악기'나 '장르(형식)' 혹은 '작곡가'를 만드는 것이다. 물론 클래식을 들을 때 다양한 형식의 작품을 골고루 듣는 것이 음악 듣기의 좋은 방법이 될 것이다. 그러나 클래식을 듣는 것에 있어서 시작하는 단계에 있다면 오히려 자신이 좋아하는 한 가지에 크게 집중하며 그와 관련된 다양한 작품과 장르 혹은 작곡가를 두루 섭렵해 나가는 것이 아주 긍정적인 음악 듣기의 방법이라 할 수 있겠다. 클래식 듣기에서 편식은 부정적인 의미가 아니다. 그것은 외려 클래식을 듣는 행위를 자연스럽게 만들고 음악 감상의 저변을 단단하게 한다. 뿐만 아니라 자신이 좋아하는 악기나 장르에 대해 깊숙이 알아 가는 큰 동기 부여가 된다.

클래식 듣기에서 편식은 곧 강렬한 '번짐'으로 이어진다. 특정 악기, 장르(형식), 작곡가, 혹은 연주자에 몰입하는 것으로써 자신의 음악 세계에 하나의 강렬한 점을 찍으면, 그 점은 다양한 방향과 영역으로 빠르게 확장되어 나가며 자신의 음악적 지평을 넓혀 나간다. 딱히 좋아하는 것 없이 여러 클래식 작품을 이리저리 배회하기보다는 한 가지에 집중하여 그것을 음악 듣기의 씨앗으로 만드는 것이 중요하다. 진한 농담으로 강하게 찍어 풍부한 먹을 품고 있는 당신의 점은, 그것이 번지고 번져 당신의 자아와 인생을 나타내는 음악의 거대한 지도를 그려낼 것이다.

이제 가상의 인물로 세 사람의 이야기가 펼쳐진다. 이 세 사람의 이야기에는 각각 자신이 좋아하는 것에 집중하며 클래식을 들어 나가는 모습이 담겨 있다. 그들이 클래식 듣기를 시작할 때 무엇에 큰 관심을 가졌는지 그리고 그 관심과 집중이 그들로 하여금 클래식을 어떻게 들어 나가게 만들었는지, 그 과정을 유심히 살펴보도록 하자. 이들의 이야기는 단순히 남의 이야기가 아니라, 앞으로 클래식을 감상하는 나의 이야기가 될 수 있음을 염두에 두었으면 한다.

악기

사라는 힘든 근무 일과를 마친 퇴근길에 라디오를 듣던 중 희대의 바이올리니스트이자 작곡가인 ⓆⓇ '크라이슬러(Fritz Kreisler)의 「사랑의 슬픔(Liebesleid)」'을 듣게 되었다. 그는 클래식을 들을 때 감상에 빠지는 일이 손에 꼽을 정도로 드물었다. 그런데 퇴근길에 들은 크라이슬러의 「사랑의 슬픔」은 작품에서 들려오는 바이올린 소리가 다양한 감정을 품고 있어 신비함까지 느껴졌다. 애처롭지만 날카로움이 있고 즐거운 것 같지만 그렇다고 마냥 즐겁지만은 않은, 그러한 바이올린 소리에 강한 매력을 느꼈다. 그날 이후, 바이올린이라는 악기에 집중하게 되었다. 바이올린은 하나의 소리로 다양하고 복잡한 감정을 절제하듯이, 가끔은 토해 내듯이 연주하였다. 사라는 바이올린이 클래식 악기 중에서 가장 사람의 모습을 많이 담고 있는 악기라 생각하고 오랜 시간 바이올린 작품만을 들었다.

그는 바이올린 듣기를 본격적으로 시작할 때 악기의 기교가 풍부한 사라사테(Pablo de Sarasate)의 「카르멘 환상곡(Carmen Fantasy Op.25)」을 선택하였다. EMI에서 나온 바이올리니스트 장영주의 'Debut' 앨범을 찾아 들었고 사라는 「카르멘 환상곡」에서 바이올린의 눈부신 화려함

'Debut' / Sarah Chang(장영주)

1992 EMI Classics

과 관능미를 느끼게 된다.

또한 그는 자신이 좋아하는 장영주와 세계 최고의 연주 단체인 베를린 필이 사라사테의 「카르멘 환상곡」을 협연했다는 것을 알고, 그 영상을 여러 번 찾아보았다. 이제 사라에게 있어 바이올린은 세상의 수많은 클래식 악기 중에 하나가 아니라 그 이상인 자신을 나타내는 존재가 되었다.

시간이 지나 사라는 바이올린이라는 악기의 '기본'이 되는 작품이 알고 싶어졌다. 모차르트와 베토벤의 바이올린 소나타를 찾아 들었다. 실내악이라 처음에는 듣기 어려웠지만, 악보를 보면서 음악을 들으니 작품을 이해하기가 좀 더 수월했다. 베토벤의 바이올린 소나타를 집중해서 들어 보니 소나타라는 음악 형식에 강한 매력을 느끼게 되었다. 그는 후기 낭만주의의 유명한 바이올린 소나타를 들어 보고자 리하르트 슈트라우스와 요하네스 브람스, 세자르 프랑크, 에드바르 그리그의 바이올린 소나타에 도전하였다. 그리고 바이올린과 오케스트라의 하모니를 느껴보고 싶어 협주곡으로 음악 듣기의 장르를 넓혀 나갔다. 수많은 작곡가가 남긴 바이올린 협주곡의 명연주를 찾아보았고 바흐를 시작으로 베토벤, 파가니니, 멘델스존, 브람스, 브루흐, 차이콥스키, 앙리 비외탕, 시벨리우스, 리하르트 슈트라우스를 넘어 현대음악의 프로코피예프와 스트라빈스키까지 다양한 시대가 남긴 수많은 바이올린 협주곡을 듣게 되었다.

바이올린 협주곡을 들어 보니 협주곡이라는 장르가 완전한 형태의 음악 형식처럼 여겨졌다. 솔로 악기와 오케스트라가 만들어 내는 앙상블과 오케스트라의 입체적이고 풍부한 사운드가 참으로 인상적으로 들렸다. 협주곡이 주는 매력을 좀 더 생생하게 느껴보고자 음악회에도 자주 가게 되었다. 그는 바이올린 협주곡을 통해 피아노 협주곡과 첼로 협주곡 등 다른 솔로 악기의 협주곡을 두루 듣게 되었다. 이후에 대규모의 오케스트라가 전해 주는 풍부한 사운드를 느껴보고자 낭만주의의 심포니로 음악 듣기의 행보를 이어 나갔다. 사라가 선택한 첫 낭만주의 심포니는 '차이콥스키 심포니 5번'이다.

장르(형식)

성진이는 어렸을 때부터 피아노에 관심이 많았다. 그래서 유키 구라모토나 사카모토 류이치, 조지 윈스턴과 같은 뉴에이지 피아노 음악을 많이 들었다. 피아노 한 대가 연주하는 작품만으로도 그는 음악의 강한 진정성을 느낄 수 있었다. 성진이는 피아노라는 악기를 좀 더 깊이 알기 위해 평소 생각해 두었던 클래식 음악에 도전하게 되었다. 우선 자신이 잘 들을 수 있는 피아노 독주 작품을 클래식 듣기의 시작으로 삼았다.

성진이가 처음 선택한 피아노 독주곡은 모차르트 피아노 소나타였다. 모차르트 피아노 소나타를 들으면서 베토벤이 궁금해 베토벤의 피아노 소나타를 함께 들었다. 베토벤 피아노 소나타를 처음 들을 때는 '베토벤 피아노 소나타 8번 「비창」'을 들었다. 왜냐하면 그것이 32개의 베토벤 피아노 소나타 중에서 가장 유명한 것이라 생각했기 때문이다. 작품의 명연주를 찾던 중에 '에밀 길렐스(Emil Gilels)'의 음반이 눈에 들어왔고, 그의 연주를 들었다.

성진이는 베토벤 피아노 소나타에서 강한 매력을 느꼈다. 음악이 단순히 아름다움만을 말하지 않았고 음악에서 무언지 모를 다사다난의 인생을 느꼈다. 그는 한동안 '피아노 소나타 8번 「비창」'이 있는 베토벤의 초기 피아노 소나타[105]를 심도 있게 들었다. 이후에 성진이는 베토벤 피아노 소나타의 작품 수가 많아 단기간에 들을 수 없다는 것을 깨닫고 그것을 오랜 시간 천천히 듣기로 마음먹었다.

성진이는 피아노의 상징과도 같은 쇼팽에 집중하기로 했다. 먼저 쇼팽의 에튀드와 프렐류드 그리고 왈츠를 번갈아서 들었다. 쇼팽의 피아노는 말로 표현할 수 없을 정도로 화려하였고, 쇼팽의 작품을 연주하는 피아니스트가 너무나도 대단하게 느껴졌다. 피아노가 낼 수 있는 모든 소리가 쇼팽의 작품에 담겨 있었다. 쇼팽의 피아노에 흠뻑 도취된 그는 이후에 쇼팽의 스케르초, 바르카롤, 발라드, 마주르카, 소나타 등 쇼팽이 남긴 수많은 피아노 장르들을 섭렵해 나갔다.

성진이는 쇼팽과 더불어 또 다른 피아노의 상징인 프란츠 리스트가 궁금해졌다. 그래서 리스트의 「초절기교연습곡(12 Transcendental Etudes S.139)」을 시작으로 「순례의 해(Années de Pèlerinage)」를 거쳐 리스

---

105. 베토벤 피아노 소나타 '1번'부터 '11번'까지의 작품.

트가 남긴 여러 피아노 작품을 강도 있게 들었다. 성진이는 피아노 독주에 있어서 리스트 이상의 화려함을 가진 작품은 이제 없을 것이라 생각했다. 그래서 리스트가 남긴 다른 음악 장르를 들어 보기로 했는데 리스트의 교향시에서 강한 감상이 이루어졌다. 연주 시간이 그리 길지 않은 오케스트라 곡이지만 그 안에는 거대한 서사를 담고 있었다.

성진이는 곧 다른 작곡가의 교향시를 더 들어 보게 되었고, 그중에 리하르트 슈트라우스의 「돈 후앙(Don Juan)」과 「죽음과 변용(Tod und Verklärung)」 그리고 「차라투스트라는 이렇게 말했다(Also Sprach Zarathustra)」를 좋아하게 되었다.

R. Strauss: 「Don Juan」 Op.20, 「Till Eulenspiegel」 Op.28,
「Tod und Verklärung」 Op.24

Con: Claudio Abbado
London Symphony Orchestra
1983 DG(Deutsche Grammophon)

성진이에게 있어 리하르트 슈트라우스는 또 다른 세계였다. 오케스트라의 소리가 마치 리스트의 피아노 작품처럼 입체적이고 화려하게 들렸지만, 소리의 스케일 자체가 달랐다. 이후에 그는 리하르트 슈트라우스의 「알프스 교향곡」을 들었다. 그러면서 후기 낭만주의와 근대음악에 큰 관심이 생겨 구스타프 말러의 교향곡을 들어 보기로 한다. 성진이는 말러의 첫 시작으로 '말러 교향곡 5번'을 선택하였다.

작곡가

명훈이는 평소에 기회가 된다면 집중적으로 들어 보고 싶었던 작품이 하나 있었는데 그것은 바로 모차르트 「레퀴엠(Requiem)」이다. 그 이유는 어렸을 때 보았던 영화 「아마데우스」에서 모차르트가 자신의 힘든 몸을 부여잡고 「레퀴엠」을 작곡해 나가는 장면이 너무나도 인상적이었기 때문이다. 영화에서 들었던 그 음악은 마치 이 세상의 것이 아닌 것처럼 느껴졌다. 명훈이는 「레퀴엠」뿐만 아니라 영화 중간중간에 흘러나오는 모차르트의 여러 작품에 강한 호감을 느꼈고, 영화에서 본 한 작곡가의 천재성이 자신을 모차르트의 음악에 몰입하게 만드는 강한 동기부여가 될 것을 예감하고 있었다.

명훈이는 중학교에 입학하기 전까지 피아노를 오랫동안 배웠다. 초등학교 6학년 때는 모차르트 피아노 소나타의 여러 작품을 손색없이 연주할 수 있을 정도의 실력이 되었다. 모차르트 소나타 외에도 난이도 있는 베토벤 피아노 소나타와 쇼팽의 몇몇 작품까지도 연주할 수 있었다. 명훈이는 모차르트 피아노 소나타를 연습하면서 그의 음악을 많이 좋아하게 되었다. 사람들이 왜 모차르트를 가리켜 '천재'라고 말하는지 이유를 알 수 있었고, 자신이 모차르트에 대해 어느 정도 잘 이해하고 있다고 믿었다. 그래서 명훈이는 모차르트의 작품을 연주해 봤던 기억과 자신이 모차르트를 좋아하고 조금이나마 작곡가를 이해하

고 있다는 점, 그리고 영화 「아마데우스」에서 받았던 감명을 오랫동안
이어 나가기를 원해  '모차르트 「레퀴엠」'을 집중적으로 들을 클래
식 작품으로 선택하게 된다.

명훈이가 모차르트의 「레퀴엠」을 본격적으로 듣기 시작하면서 작
품 전체를 몇 번 들어 보니, 음악이 생각만큼 쉽게 들리지 않는다는 것
을 깨닫게 되었다. 영화에서 들었던 부분들은 그나마 귀에 익숙하여
들을 만한데 작품의 중반 이후서부터는 생소하게 들릴 뿐 아니라 심지
어 어렵게 느껴졌다. 그래서 명훈이는 「레퀴엠」의 중반 이후서부터는
작품에 좀 더 집중하여 어려웠던 부분을 반복하여 들었다. 얼마 지나
지 않아 어렵게 느껴졌던 부분들이 이해가 되며 들리기 시작했고 「레
퀴엠」 전체를 감상할 수 있게 되었다.

명훈이는 모차르트 「레퀴엠」을 들으면서 느낀 것이 하나 있다. 그
것은 자신이 사람의 음성에 강한 반응을 나타낸다는 것이다. 악기로만
연주하는 음악과 악기의 연주에 사람의 음성이 포함되는 음악을 비교
해 보았을 때, 이 둘은 서로 너무나도 다른 차원을 보였다. 그는 사람
의 목소리에서, 그것도 수십 명의 사람들이 함께 입을 모아 하모니를
이루는 '합창'에서 신을 노래하는 천상을 느꼈다. 마치 그 소리는 막대
한 수증기를 머금은 먹구름이 드넓은 하늘을 반으로 가르는 천둥 소리

Mozart Requiem K.626 / Mass K.317 「Coronation」

Con: Herbert von Karajan | Berliner Philharmoniker | Wiener Singverein[105]
1976 DG

와도 같았다. 명훈이는 지금까지 살면서 이러한 황홀감을 느껴본 적이 없었다. 결국 그는 세상에 있는 수많은 악기 중에 최고는 '다수의 사람에게서 울려 나오는 목소리'라는 생각이 들었다.

명훈이가 모차르트 「레퀴엠」을 들을 때 선택했던 음반은 헤르베르트 폰 카라얀이 지휘하고 베를린 필하모닉 오케스트라가 연주한 1976년 레코딩의 DG(Deutsche Grammophon) 앨범이다.

얼마 지나지 않아 명훈이는 모차르트 「레퀴엠」의 솔로이스트 중창과 합창단의 합창을 따라 부를 정도로 작품에 깊게 빠져들었다. 가사의 뜻도 모르고 음정도 틀리며 그저 귀에 들리는 대로 따라 부르는 엉터리 노래지만, 그에게 있어서 그러한 행동은 자신의 감상을 최상으로

---

106. '합창단'을 뜻한다.

표출하는 수단이었다. 그렇게 노래를 같이 따라 불렀을 때 작품이 자신에게 더 크게 다가왔고 작품의 연주에 동화될 수 있었다.

명훈이는 자신이 듣고 있는 카라얀 앨범에서 「레퀴엠」과 같이 수록되어 있는 작품이 궁금해졌다. 그 작품은 Mass 「Coronation」 K.317이었다. 작품명의 뜻을 찾아보니 「대관식 미사」였다. 지금까지 그는 모차르트 「레퀴엠」을 들으며 성악 종교음악에 단련이 된 터라 이 작품을 듣는 데는 그다지 큰 어려움이 없었다. 작품에서 우선 자신이 좋아하는 합창부를 유심히 들어 보았다. 「레퀴엠」의 합창과 「대관식 미사」의 합창은 느낌 자체부터가 달랐고, 마치 거대한 군대가 고무하는 듯한 「대관식 미사」의 강인한 활기가 마음에 들었다. 명훈이에게 있어 「대관식 미사」는 「레퀴엠」에 비해 생명력이 크게 넘치는 작품이었다. 명훈이는 이 작품을 통해 결국 합창을 비롯한 '성악곡'이 자신이 앞으로 오랫동안 가져야 할 음악 듣기의 큰 행보라는 것을 깨달았다.

이후에 명훈이는 대규모 성악이 있는 클래식 작품에 집중했다. 베토벤 심포니 9번 「합창」을 시작으로 베토벤의 「장엄미사」, 브람스의 「독일 레퀴엠」을 들었다. 그는 성악을 비롯한 다양한 음악 형식의 클래식 작품을 들으며 자신의 음악 영역을 꾸준히 넓혀 나갔다. 어느덧 명훈이는 말러 심포니 2번 「부활」과 말러 심포니 8번 「천인」을 깊이 감상하는 수준에 이르게 되었다.

지금 명훈이는 오페라를 듣는다. 그에게 있어 오페라는 성악의 전부이다. 그가 처음으로 오페라를 들었을 때, 오케스트라와 더불어 성악의 독창과 중창 그리고 합창까지 사람의 모든 목소리가 오페라 안에 있었다. 명훈이가 제일 좋아하는 오페라 작곡가는 리하르트 바그너이다. 그는 바그너의 오페라 「니벨룽의 반지」를 보기 위해 매년 독일의 바이로이트(Bayreuth)로 음악 여행을 떠나고 있다.

11장

영화음악을 들으며
클래식을 듣는다고 말하는가

어느 날 준호는 동네 공원을 산책하던 중 친구를 가까운 곳에서 발견하게 된다. 친구는 귀에 이어폰을 끼고 있었고, 홀로 벤치에 앉아 무언가를 열심히 듣고 있었다. 준호는 친구를 보자마자 소리 내어 불렀지만 친구는 아무런 소리를 못 들었는지 부름에 반응이 없었다. 준호는 친구에게 다가갔고 어깨를 가볍게 치며 궁금하듯 물어본다.

준호: 어이~ 여기서 뭐하냐?

친구: 헉! 넌 어디서 나타났냐. 뭐 하고 있기는. 음악 듣고 있었지.

준호: 뭘 그렇게 열심히 듣기에 불러도 대답이 없어?

친구: 이거? 클래식이야. 나 요즘 클래식 들어. 내가 너랑은 좀 다르지 않냐~ (웃음)

준호: 뭐야~ 클래식? 내가 널 좀 아는데, 너 영화 OST 이런 거 좋아했었잖아. 아무튼 클래식 뭐 듣는데?

친구: 뭐가 그렇게 관심이 많냐~ 이 형님은 요새 '넬라 판타지아' 들
　　　으신다. 남자 성악가 네 명이 부르는데 완전 멋있어! 진짜 계속
　　　듣게 된다.

준호는 갑자기 친구의 대답에 의아함을 느꼈다. 그 누구보다 영화
에 관심이 많고 영화와 관련된 지식이 풍부하여 주위 사람들로부터
'영화감독'이라 불리는 준호였다. 준호가 생각하기에 친구가 지금 듣
고 있는 '넬라 판타지아(Nella Fantasia)'는 영화음악의 대부인 '엔니오 모
리코네(Ennio Morricone)'의 '영화음악'이지 친구가 말하는 '클래식'이 아
니었기 때문이다.

그렇다. 준호는 정확하게 알고 있었다. 준호의 친구가 듣고 있는 음
악은 그 원곡이 영화 「미션(Mission)」에 삽입된 'Gabriel's Oboe(가브리
엘의 오보에)'라는 기악곡으로, 넬라 판타지아는 이 곡에 가사를 덧붙인
것이다. 준호는 자신이 알고 있는 것을 친구에게 바로 알려주었다.

준호: 네가 지금 듣는 넬라 판타지아는 성악가가 부르고 오케스트
　　　라가 연주하는 엔니오 모리코네의 영화음악이지 클래식은
　　　아니야.
친구: 그래? 성악가가 부르거나 오케스트라가 연주하면 그것을 다
　　　클래식이라고 할 수 있는 게 아닌가? 네가 한번 들어 봐. 이건
　　　분명 클래식이야.

준호는 친구의 자존심을 건드리는 것 같아 더 이상 말을 이어 나가
지 않았다. 또한 자신도 클래식과 영화음악의 차이를 그 이상 자세하

게 알지 못하였기에 더 말할 수 있는 것도 없었다. 그렇다면 준호와 친구의 상황과 같이 영화음악이나 이와 비슷한 장르의 음악을 들으면서 클래식을 듣는다고 말할 수 있을까? 더 나아가 클래식을 듣는 방법으로 영화음악을 선택하는 것은 과연 옳은 방법일까?

지금까지의 영화는 오케스트라를 포함한 여러 클래식 악기를 통해 영화의 장면을 극적으로 표현하였고, 전체적인 영화의 분위기를 만들어 내었다. 영화에서 음악은 영상과 시나리오에 버금가는 중요성을 가지고 있다. 심지어 영화보다 영화음악이 더 유명하게 나타나는 것들도 많다. 그리고 기존의 클래식 음악을 영화의 주요한 음악으로 사용하는 경우도 많이 있다. 「대부3」, 「베니스에서의 죽음」, 「아웃 오브 아프리카」, 「마농의 샘」, 「쉰들러 리스트」, 「쇼생크 탈출」, 「마이너리티 리포트」, 「킹스맨」, 「버드맨」 등 일일이 다 열거하기 힘들 정도로 영화는 시나리오 전개와 장면의 극적인 연출을 위해 클래식 음악을 많이 선택하였다.

영화음악은 단 하나의 영화를 위해 창작된 음악이다. 현 시대에는 상상 속의 소리를 현실로 불러오는 전자악기들이 큰 영향력을 발휘하며, 영화의 다채로운 감정과 분위기를 자아내고 있다. 그러나 그러한 전자악기들의 활약 속에서도 오케스트라를 포함한 클래식 악기는 지금까지도 영화음악에서 중요한 위치를 잃지 않고, 수많은 영화의 시나리오를 연주하고 있다.

그냥 듣기에 오케스트라나 클래식 악기가 연주하는 영화음악은 클래식 음악처럼 느껴진다. 「슈퍼맨(Superman)」, 「스타워즈(Star Wars)」,

「인디애나 존스(Indiana Jones)」, 「죠스(Jaws)」, 「ET」, 「쥬라기공원(Jurassic Park)」 등 인류의 보물과도 같은 영화들의 음악을 작곡한 '존 윌리엄스(John Williams)'의 작품을 들을 때면 그것은 분명 클래식 음악으로 들린다.

하지만 영화음악은 클래식이 아니다. 혹자는 영화음악에 있어 고전이 되어버린 엔니오 모리코네나 존 윌리엄스의 음악을 클래식의 범주에 넣을 수 있다고 평하기도 한다.[107] 그렇지만 기본적으로 영화음악은 클래식이 본질적으로 추구하는 '음악의 형식'으로부터 자유롭다. 어떤 음악이 클래식이라는 타이틀을 얻기 위해서는 '음악의 형식'이라는 '클래식의 뿌리'를 가지고 있어야 한다. 클래식에서 중요하게 다루는 화성학,[108] 대위법,[109] 악기론, 관현악법 등의 학문적 방법을 통해 클래식의 뿌리(음악의 형식)를 고유의 음악 스타일로 표현하여야 한다.

앞서 살펴본 현대음악(Contemporary Music)은 겉보기에 클래식과는 다소 이질적으로 보일 수 있지만, 본질적으로 클래식의 연장선에 놓여 있다. 그 이유는 현대음악은 클래식의 뿌리를 가지고 있기 때문이다. 이와 함께 음악의 다양한 실험과 학문적 연구 그리고 고도화된 연주 방법을 통해 현대음악은 클래식을 지속하여 계승해 나가고 있다. 하지만 영화음악은 음악의 형식과 방법으로부터 자유롭고 그것에 얽매이

---

107. 엔니오 모리코네와 존 윌리엄스는 고전적인 오케스트레이션과 동기발전(모티브 전개) 등 클래식 음악의 기법을 적극적으로 활용했을 뿐만 아니라, 음악의 예술성 또한 뛰어나 '영화음악계의 클래식 거장'으로 평가받는다.

108. 화음과 화음의 진행 방법 등을 배우는 학문.

109. 두 개 이상의 독립적인 선율을 조화롭게 배치하는 작곡법.

지 않는다. 영화음악은 클래식이 역사적으로 추구해 오는 음악의 형식
과 음악 어법보다는 현시대의 대중들이 즉각적으로 즐길 수 있는 '실
용성'을 목적으로 한다.

영화음악이나 방송, 미디어를 위한 음악은 클래식이 아닌 '실용음
악'으로 분류된다. 실용음악은 듣기에 비교적 어렵지 않고, 연주에도
고도의 연주력이나 복잡한 테크닉이 크게 요구되지 않는다. 이는 실용
음악이 클래식이 중시하는 음악 형식이나 정교하게 연구된 음악 어법
을 크게 추구하지 않기 때문이다. 이러한 특징 때문에 실용음악은 누
구나 쉽게 공감하고 감상할 수 있으며, 대중을 대상으로 한 생산과 소
비가 빠르게 이루어진다. 반면 클래식은 고도로 훈련된 연주자가 아니
면 연주하기 어려운 음악이다. 또한 클래식은 역사적으로 추구해 오는
것과 예술 음악으로서 가지는 특성 때문에 대중성을 확보하기가 쉽지
않다.

"돈을 벌려면 실용음악을 하고 천천히 망하려면 클래식 음악을 하
라"는 말이 있다. 이 말은 단순히 재미를 위해 지어낸 농담이 아니다.
이것은 클래식과 실용음악이 처한 현실적인 차이를 날카롭게 드러내
고 있다.

영화음악이나 기타 미디어 음악과 같은 실용음악이 클래식이 아니
라고 해서, 그것이 음악적 혹은 예술적으로 가치가 없거나 수준이 낮
다고 말할 수 없다. 이는 대중음악과 마찬가지로 클래식과 실용음악이
각기 다른 목표와 방향을 추구하기 때문이다. 두 음악은 단지 지향점
과 목적이 다를 뿐, 어느 것이 더 옳거나 우월하다는 식의 가치를 평가

할 수 없으며 평가해서도 안 된다.

나는 개인적으로 존 윌리엄스(John Williams)를 깊이 흠모하고 존경한다. 특히 「올림픽 팡파르와 테마(Olympic Fanfare and Theme)」를 들을 때마다 그의 음악적 천재성에 감탄하지 않을 수 없다.

그의 음악은 단순히 아름다움을 넘어 수십억 인류의 동심을 품고 있으며, 음악 이상의 정신(spirit)을 담고 있다. 세계 최고의 악단으로 손꼽히는 베를린 필하모닉 오케스트라는 그들의 특별 야외 공연인 발트뷔네 콘서트(Waldbuhne Concert)[110]에서 여러 차례 존 윌리엄스의 영화음악을 연주했다. 그를 객원지휘자로 초청하여 그의 작품만을 연주하는 특별 공연도 열고 있다. 이처럼 존 윌리엄스의 음악은 전 세계적으로 인정받는 걸작이자 독자적인 하나의 장르로 자리 잡았다.

하지만 여기에서 중요한 한 가지를 말하려고 한다. 우리가 클래식 듣기를 시작할 때나 클래식 듣기의 수준을 높이는 단계에 있을 때는

---

110. 발트뷔네 콘서트(Waldbuhne Concert)는 베를린 필하모닉 오케스트라를 대표하는 이벤트 공연으로, 전통적으로 한 시즌을 마무리하는 공연이다. '발트뷔네'는 '숲의 무대'를 의미한다. 매년 6월 마지막 토요일에 개최되는 발트뷔네 콘서트는 약 2만여 명의 관중을 수용할 수 있다.

존 윌리엄스

엔니오 모리코네나 존 윌리엄스, 히사이시 조와 같은 영화음악을 '특별하게' 들어야 한다는 점이다. 그들의 음악이 아무리 듣기 좋고 매력적이라 해도, 그것을 특별하게 '가끔' 들어야지 주로 들어서는 안 된다. 우리가 주로 들어야 할 음악은 클래식이다.

클래식을 듣는 대안으로 영화음악을 선택하는 것은 좋은 방법이 아니다.[111] 영화음악은 클래식이 아니기 때문이다. 영화음악을 듣는 데 익숙해지면, 클래식에서 중요한 음악의 형식과 어법을 익히는 기회를 놓치게 된다. 클래식은 음악의 형식이 매우 중요하다. 따라서 클래식 음악의 형식이나 작품의 악장 구조를 체계적으로 듣고 이해하는 연습이 이루어지지 않으면, 클래식을 감상하는 데 지속적인 어려움을 느낄 수 있다. 이러한 어려움은 결국 클래식에 대한 흥미를 잃게 만들 수 있으며, 나아가 클래식을 듣는 것을 멀리하는 상황으로까지 이어질 수도 있다.

---

111. 클래식 음악처럼 편곡된 대중음악이나 드라마 주제 음악 등도 마찬가지이다.

클래식 음악 듣기를 시작할 때는 우선 '클래식 음악'에만 집중하도록 하자. 이는 영화음악이나 OST, 뮤지컬, 크로스오버, 재즈 등 다른 장르의 음악을 완전히 배제하라는 뜻이 아니다. 그러한 음악들도 즐길 수 있지만, 그것들은 특별한 기회에 가끔 듣는 것으로 제한하는 것이 좋겠다. 우리가 평소에 즐겨 들으며 음악 듣기의 중심에 둘 것은 클래식 음악이다.

지금부터는 '영화음악'이나 '클래식처럼 들리는 클래식이 아닌 음악'을 들으면서 '클래식을 듣는다'고 생각하는 사고방식을 버려야 한다. 또한 우리는 클래식 듣기의 수준을 높이기 위해서 꽤 오랜 시간을 클래식 음악에 집중해야 하고, 클래식 음악을 선택해야 한다.

준호와 친구를 다시 만나 보자. 준호는 공원에서 친구와 헤어진 뒤, 클래식과 영화음악의 차이점을 제대로 알기 위해 공부를 시작했다. 결국 준호는 두 음악의 차이점과 각각이 음악으로서 추구하는 것이 무엇인지 잘 알게 되었다. 자신이 공부한 내용을 친구에게 알려 주기 위해 친구의 교실로 찾아갔다. 찾아간 날에도 어김없이 이어폰을 끼고 있는 친구에게 웃으며 다가가 말을 건넸다.

준호: 오늘도 '넬라 판타지아' 클래식 들으시나? (웃음)
친구: 나? 영화음악 듣는데? 아니 '크로스오버(Crossover)'[112]라고 하는 게 더 좋겠다.

---

112. 한 장르와 다른 장르와의 혼합을 일컫는다. 예를 들어 클래식과 팝, 클래식과 재즈, 블루스와 레게 등의 만남을 들 수 있다.

192

준호: 헐~ 공부 좀 했나?

친구: (웃음) 야 이건 상식 아니냐? 공부 좀 해라~ 공부!

준호: 난 또 네가 음악에 대해 잘 모르는 것 같아서 알려주러 왔지.

친구: 근데 지금부터 진짜 클래식 들을 거다. 같이 들어 보자 클래식!

준호: 난 이미 듣고 있어~

친구: 뭐 듣는데?

준호: 영화 「샤인(Shine)」에서 '라흐마니노프 피아노 협주곡 3번'이 나오는데 그 음악이 너무 궁금해서 요즘 듣고 있어. 근데 많이 어렵더라.

친구: 오, 나도 그 영화 다시 보고 라흐마니노프를 들어 봐야겠다.

준호: 좋아, 좋아.

STEP 4
외우다

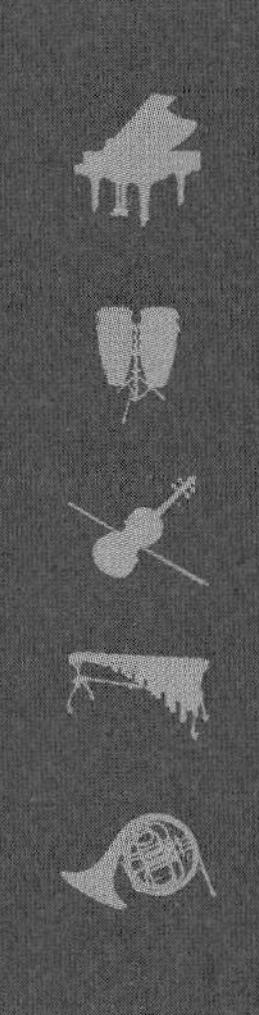

12장

피아니스트

클래식을 들을 때 필수적으로 외우고 있어야 하는 것들이 있다. 혹자는 우리가 앞으로 외워야 할 것들에 대해 왜 쓸데없이 외우느냐 반문할 수도 있다. 그러나 나는 클래식 음악을 듣는 데에 있어서 이것만큼은 필수적으로 알고 있어야 한다고 생각한다. 왜냐하면 그것은 클래식 음악을 듣는 데 크나큰 도움을 주기 때문이다. 앞으로 우리가 외워야 할 것들이 머릿속에 남아 있으면 클래식을 듣는 데 자신감이 생긴다. 또한 클래식 작품의 음반이나 연주를 선택해 나가는 과정에서 옳고 좋은 결정을 어렵지 않게 할 수 있을 뿐만 아니라 클래식 음악의 주류를 알아보는 시야를 가지게 된다.

우리가 외워야 할 것은 바로 '인물'이다. 음악에서 말하는 인물이기에 이를 '아티스트(artist)'라 하겠다. 클래식 음악을 들을 때는 아티스트를 많이 알고 있는 것이 중요하다. 그가 언제, 어디서 태어났고, 주된 레퍼토리가 무엇이며, 연주에 있어서 장기가 무엇인지 등 세세한 것까지는 알 필요가 없다.[113] 우리는 그저 아티스트의 이름과 그가 다루는 악기가 무엇인지만을 알고 있으면 된다. 클래식에서 역사적으로 중요한 아티스트의 이름을 많이 아는 것은 클래식을 듣고 알아 가는 데 큰 밑거름이 되고, 자신감을 가지게 한다.

이것은 마치 '잉글랜드 프리미어 리그'에 대해 전혀 알지 못하더라도 리그에서 크게 활약하는 각 포지션의 주요 선수들과 많은 골을 넣는 공격수, 뛰어난 전술을 구사하는 감독들, 그리고 매 시즌 좋은 성적을 거두는 클럽들의 이름을 알게 되었을 때, 프리미어 리그의 전반적인 흐름과 구조가 대략적으로 머릿속에 그려지고, 각 경기에서 주목해야 할 관전 포인트를 어느 정도 파악하게 되는 것과 같다. 주요 클럽과 선수, 감독들의 이름을 아는 것만으로도 '잉글랜드 프리미어 리그'에 대한 기본적인 감각과 안목이 생겨나는 것이다.

이제 우리는 클래식에서 필수적으로 알아야 하는 아티스트의 이름을 만나게 될 것이다. 피아니스트 30명, 바이올리니스트 20명 & 첼리스트 10명, 지휘자 30명, 오케스트라 10개의 이름이다. 많게 느껴지는가? 걱정할 필요 없다. 당신은 이미 이보다 훨씬 많은 이름을 알고 있다.

우리가 알아야 할 아티스트의 이름을 만나기 전에 한 가지 염두에

---

113. 클래식을 처음 듣는 단계에서는 그렇다.

두어야 할 것이 있다. 그것은 이 책에 소개된 아티스트가 무조건 세계 최고의 아티스트가 아니라는 점이다. 세계에는 역사적으로 클래식 음악에 큰 획을 그은 수많은 음악가가 있다. 여기서 그들을 다 소개할 수 없기 때문에 지금까지 중요한 음반을 많이 내놓았거나, 클래식 초심자가 알아두면 좋을 만한 유명한 음악가들을 주로 소개하였다. 이 책에서 언급되지 않은 아티스트라 하여 거장이 아니라 할 수 없고, 이 책에서 만난 아티스트라 하여 음악가 중 단연 최고라 말할 수도 없다. 물론 여기에 소개된 아티스트는 클래식에서 아주 중요하게 여기는 연주자들이다. 이 점을 명심하고 위대한 이름들을 만나 보도록 하자. 피아니스트부터 시작한다.

지금부터 30명의 피아니스트들을 만나게 된다. 가능하면 이름을 다 외우도록 하자. 피아니스트에 대한 간단한 설명을 피아니스트 이름 아래에 달아두었다. 설명은 굳이 외울 필요는 없지만, 그것으로 피아니스트의 이미지를 머릿속에 한번 그려보기를 원한다. 덧붙여 이름을 외우는 것을 너무 어렵게 생각하지 않았으면 좋겠다. 그저 친구들의 이름을 알아 가듯 외우면 되고, 목록에 나열한 순서와 상관없이 자신이 기억하는 피아니스트의 이름들을 시간이 날 때마다 빈 종이에 적어 보도록 하자. 손으로 써 보는 것은 이름을 외우는 데 효과적일 뿐 아니라, 술술 적어 내려가는 아티스트의 이름들을 보면서 큰 재미와 앎의 만족감을 느끼는 이들도 있을 것이다.

만약 암기가 힘들어서 이름을 외우는 것에 자신이 없다면 이름을 보고 이 아티스트가 피아니스트인지, 바이올리니스트인지, 혹은 지휘자인지 바로 기억할 수 있을 정도만이라도 알고 있도록 하자. 클래식 음반 시장은 이 책에서 소개하는 아티스트의 이름들로 가득하다. 음반을 고를 때 아티스트의 이름을 보고 좋은 음반과 좋은 연주를 선택할 줄 알아야 한다.

클래식을 처음 들을 때 음반으로 무얼 선택해야 할지 모르는 경우가 많다. 음반을 선택할 줄 모른다고 해서 무턱대고 아무 연주자의 음반을 골라 들어서도 안 된다. 하지만 클래식에서 거장으로 평가받는 연주자들의 이름을 알고 있으면, 좋은 음반과 연주를 선택하는 데 있어 큰 무리와 실수가 따르지 않고 효과적으로 클래식 음악을 들을 수 있다.

이제 피아니스트의 이름을 만나 보도록 하자. 순서는 피아니스트의 출생 연도순으로 나열하였다. 다시 말하지만 이름을 꼭 순서대로 외우지 않아도 된다.

피아니스트 | Pianist

- **빌헬름 박하우스 | Wilhelm Backhaus(1884~1969)**

  '건반 위의 사자왕'. 남성적인 힘과 테크닉, 구조적 명료함, 베토벤과 브람스 해석의 깊은 통찰을 보여준 피아니스트

- **아르투르 루빈스타인 | Arthur Rubinstein(1887~1982)**

  폭넓은 레퍼토리, 화려한 테크닉, 꼿꼿한 기질과 품위, 쇼팽 스페셜리스트

- **빌헬름 켐프 | Wilhelm Kempff(1895~1991)**

  가장 독일스러운 피아니스트. '음악의 구도자', 베토벤 스페셜리스트, 마리아 조앙 피레스, 미츠코 우치다, 백건우가 사사[114]

- **클라라 하스킬 | Clara Haskil(1895~1960)**

'피아노의 성녀'. 완벽한 기억력·절대음감·상대음감의 소유자, 모차르트 스페셜리스트

- **블라디미르 호로비츠 | Vladimir Horowitz(1903~1989)**

'전설의 피아니스트'. 명확한 터치, 강력하고 다이나믹한 표현, 순수하고 세련된 피아니즘, 리스트·라흐마니노프·스크랴빈·프로코피예프 스페셜리스트

- **스비아토슬라프 리히테르 | Sviatoslav Richter(1915~1997)**

바로크부터 현대에 이르는 광범위한 레퍼토리, 강력한 타건, 철두철미한 악보원칙주의자

- **에밀 길렐스 | Emil Gilels(1916~1985)**

'강철의 피아니스트'. 강인하고 격정적인 피아니즘, 셈여림의 극적인 표현, 리히테르와 라이벌이자 돈독한 친구 사이로 폭넓은 레퍼토리의 소유자, 베토벤 해석의 권위자

- **디누 리파티 | Dinu Lipatti(1917~1950)**

아름다움을 넘어선 고결의 피아니즘, 화려하면서도 정확한 테크닉과 절대적인 균형감각, 같은 시대의 천재 피아니스트들마저도 부러워했던 천재 피아니스트

- **아르투로 베네데티 미켈란젤리 | Arturo Benedetti Michelangeli(1920~1995)**

'강박적인 완벽주의자'. 현대 피아노 미학의 극치, 뛰어난 기교와 투명한 음색, 마우리치오 폴리니, 마르타 아르헤리치가 사사

- **알렉시스 바이센베르크 | Alexis Weissenberg(1929~2012)**

지휘자 카라얀이 사랑한 피아니스트. 무표정의 차가운 피아니스트 그러나 디테일한 감정표현과 명료한 연주, 자작곡을 포함한 다양한 시대의 폭넓은 레퍼토리

---

114. 스승으로 섬김. 또는 스승으로 삼고 가르침을 받음.

- **프리드리히 굴다 | Friedrich Gulda(1930~2000)**

  '진정한 자유주의자'. 독특한 개성의 소유자, 재즈와 클래식을 넘나들며 다양한 분야에서 활동, 음악의 순수한 열정, 모차르트와 베토벤 스페셜리스트, 마르타 아르헤리치가 사사

- **알프레드 브렌델 | Alfred Brendel(1931~2025)**

  원곡의 충실한 연주, 고전주의 피아노 음악의 대가. 중심을 놓치지 않는 피아니즘, 하이든·베토벤·슈베르트 스페셜리스트

- **글렌 굴드 | Glenn Gould(1932~1982)**

  곡을 흥얼거리며 피아노를 연주하는 피아니스트, 특이한 연주 방식과 작품의 독특한 해석, 속주의 대가, 바흐 건반 음악의 권위자

- **블라디미르 아쉬케나지 | Vladimir Ashkenazy(1937~   )**

  규범적이고 학구적인 연주, 균형적이고 안정적인 피아니즘, 1956년 '퀸 엘리자베스 콩쿠르'에서 우승, 1962년 '차이콥스키 콩쿠르'에서 우승

- **마르타 아르헤리치 | Martha Argerich(1941~   )**

  '피아노의 여제'. 강력한 타건과 카리스마, 우월한 스피드, 탁월하고 현란한 테크닉, 날카로운 터치, 1965년 '쇼팽 국제 피아노 콩쿠르'에서 우승

- **다니엘 바렌보임 | Daniel Barenboim(1942~   )**

  최고의 지휘자이자 피아니스트. 음악의 깊은 이해와 해석, 천재적인 암보능력, 섬세하고 명확한 터치, 피아니스트로서 모차르트와 베토벤 해석의 권위자

- **마우리치오 폴리니 | Maurizio Pollini(1942~2024)**

  현대 최고의 피아니스트. 가장 모범적이고 완벽한 연주, 쇼팽 연주의 영원한 바이블, 타의 추종을 불허하는 음악성, 1960년 '쇼팽 국제 피아노 콩쿠르'에서 우승

- **마리아 조앙 피레스 | Maria João Pires(1944~   )**

  맑고 명료한 연주, 치밀한 감각, 내면의 깊이를 추구하는 피아니스트, 모차르트 스페셜리스트

- **라두 루푸 | Radu Lupu(1945~2022)**

'피아니스트들의 피아니스트'. 강력하고 설득력 있는 연주, 고도로 세련된 피아니즘, 슈베르트·슈만·브람스 스페셜리스트

- **머레이 페라이어 | Murray Perahia(1947~   )**

'건반 위의 음유시인'. 폴리니·아르헤리치와 더불어 타의 추종을 불허하는 연주력, 균형과 절제, 고귀한 품위 그리고 수많은 피아니스트들에게 존경을 받는 피아니스트

- **미츠코 우치다 | Mitsuko Uchida(1948~   )**

'The high priestess of Mozart(모차르트의 높은 성직자)'. 수정과 같은 맑은 터치, 지성과 감성이 조화를 이루는 해석, 폭넓은 레퍼토리

- **그리고리 소콜로프 | Grigory Sokolov(1950~   )**

화려한 기교와 화성 테크닉, 극도의 긴장감, 극적인 전개와 서사, 자신만의 명확한 연주 스타일, 1966년 '차이콥스키 콩쿠르'에서 우승

- **안드라스 쉬프 | Schiff András(1953~   )**

'이 시대 최고의 바흐 해석자'. 음악을 통한 깊은 정신세계의 표현, 지성적인 연주, 넘치는 표현력, 바흐 외에도 고전주의 음악의 모범이 되는 피아니스트

- **크리스티안 지메르만 | Krystian Zimerman(1956~   )**

'건반 위의 완벽주의자'. 무섭도록 치밀한 연주, 연주의 기술적 명확성, 최상의 예술적 완성도, 1975년 '쇼팽 국제 피아노 콩쿠르'에서 우승

- **엘렌 그리모 | Hélène Grimaud(1969~   )**

자신만의 확고한 음악 철학, 음악의 뚜렷한 주관과 의식, 자연과 인간 내면에 대한 성찰, 음악의 새로움을 끊임없이 탐구하는 피아니스트

- **예브게니 키신 | Evgeny Kissin(1971~   )**

'영원한 피아노의 신동'. 최고의 연주 퍼포먼스, 정교한 기교와 최상의 음악 완성도, 연주의 강한 설득력, 내한 시 모든 공연 전석 매진, 30회 이상의 커튼콜, 1

시간이 넘는 앙코르, 자정을 넘기는 팬사인회 등 늘 화제의 중심에 있는 피아니
스트

- **랑랑 | Lang Lang(1982~   )**

'피아노를 가지고 노는 피아니스트'. 본능에 충실한 피아니즘, 화려한 기교와 테
크닉, 풍부한 감정의 표현 그리고 극강의 연주 쇼맨십

- **유자 왕 | Yuja Wang(1987~   )**

'피아노의 무한 자신감'. 자타공인 최고의 피아노 테크니션, 우아하면서도 카리스
마 넘치는 연주 그리고 무대의 화려한 패셔니스트

- **다닐 트리포노프 | Daniil Trifonov(1991~   )**

'21세기 가장 영향력 있는 피아니스트'. 영혼의 피아니즘, 음악에 대한 진중한 성
찰, 작곡가의 깊은 연구와 새로운 해석, 2011년 '차이콥스키 콩쿠르'에서 우승

- **조성진 | Seong-Jin Cho(1994~   )**

'현대가 추구하는 가장 세련된 피아노'. 탄탄한 기본기와 뛰어난 응용력, 압도적
인 재능과 인상적인 음색의 다양성, 모든 시대의 음악에 능통한 연주력, 2015년
'쇼팽 국제 피아노 콩쿠르'에서 우승

여기에서 언급한 30명의 피아니스트들은 20세기 이후 서양 클래
식 피아노의 정점에 있는 아티스트들이다. 이들을 알고 있는 것만으
로도 역사적으로 중요한 클래식 피아니스트의 상당수를 알게 되는 것
이다. 클래식에서 한 시대가 인정하는 희대의 피아니스트는 생각보
다 그 수가 많지 않다. 앞에서 설명한 30명의 이름만 알고 있으면 누군
가와 혹은 어떤 모임에서 피아니스트에 대해 이야기할 때 절대 눌리지
않는 모습으로 '피아니스트가 무엇인지' 알려주는 자신을 발견하게 될
것이다.

　30명의 피아니스트를 선정하는 것은 생각보다 쉽지 않았다. 이 30명 외에도 다수의 피아니스트를 더 언급하고 싶었지만 독자들에게 오히려 독이 될 것 같아 생략했다. 그들의 이름은 당신이 음악을 많이 듣고 클래식에 대한 경험이 풍부해지면 자연스럽게 알게 될 것이다.

13장

바이올리니스트
&첼리스트

클래식의 상징적인 피아니스트들이 당신의 머릿속에 각인되었는가? 그렇다면 이번에는 '바이올린'과 '첼로'의 거장들을 알아보자. 우리는 이제 총 30명의 현악 아티스트를 만나게 된다. 이 30명의 아티스트는 20명의 바이올리니스트와 10명의 첼리스트로서 이들 또한 20세기 이후 클래식의 위대한 솔로이스트로 평가받고 있다. 우리는 이들의 음악에 주목할 필요가 있고 이름 또한 알고 있어야 한다.

대표적인 현악기인 바이올린은 악기 중에서도 유구한 역사를 자랑한다. 시간이 지날수록 악기로서의 진가를 발휘하는 바이올린이 세상에 처음 등장한 것은 16세기 초(1500년경)로 알려져 있다. 현이 4개인 이 악기는 발전과 개량을 거듭하여 18세기 초(1730년경)에 현재 사용되는 표준 바이올린의 형태가 완성되었다. 17~18세기에 만들어진 바이올린 중에는 지금까지도 세계 무대에서 활약하는 명악기가 있다.

이 악기들은 현재 수십억 원을 호가하는 보물로서의 가치를 갖는다. 클래식 악기 중에는 바이올린과 달리, 현재로부터 그리 멀지 않은 시기에 완성된 것들이 많다. 예를들어 우리가 익숙하게 알고 있는 피아노, 플루트, 호른은 지금의 형태를 갖춘 지 불과 150여 년밖에 되지 않았다(19세기 중반과 그 이후에 완성). 또한 현대에 이르기까지 개량과 발전을 거듭하는 악기도 있다.

바이올린은 악기의 정신과도 같은 성지와 명가가 존재한다. 17~18세기 이탈리아 크레모나 지방의 '스트라디바리(Stradivari)', '과르네리(Guarneri)', '아마티(Amati)'는 역사 이래 세계 최고의 현악기를 제작한 명가의 이름이자 성지이다. 지금까지 세계에 내로라하는 수많은 현악 연주자들은 이 명가들의 악기를 사용해 오고 있고 앞으로도 오랫동안 사용할 것이다. 이미 언급한 것처럼 현존하는 명가의 명악기는 한 대당 수십억 원을 호가한다. 특히 스트라디바리의 황금기(1700~1725년)에 제작된 스트라디바리우스(Stradivarius)[115]는 수백억 원에 거래되기도 한다. 이러한 명악기들은 인류가 함께 향유해야 할 문화적 보물로 여겨지며, 거장 연주자들이 사용하던 악기를 신예 연주자에게 대여 형태로 물려주거나, 개인·재단·후원 단체 등이 악기를 양도받아 뛰어난 실력의 연주자에게 지원함으로써 그 가치를 이어가고 있다.[116]

여기에서 음악가로서 세계에 큰 영향력을 떨치고 있는 우리나라 연주자들의 악기를 잠시 소개해 본다. 세계가 인정하는 바이올린의 여

---

115. 안토니오 스트라디바리가 제작한 악기를 의미한다.

116. 물론 아티스트가 직접 악기를 구입하는 경우도 있지만 드물다.

제 바이올리니스트 정경화는 과르네리의 '과르네리 델 제수(Guarneri del Gesu)'[117]를 가지고 있다. 과르네리 델 제수의 희소성은 스트라디바리우스보다 높으며 악기는 보통 100억 원 이상의 가치로 평가받는다. 정경화의 언니인 첼리스트 정명화는 세계에 단 60대뿐인 첼로 스트라디바리우스를 사용하고 있는데, 이는 값어치를 매기기가 어려울 뿐만 아니라 가치를 따지는 것 자체가 무의미하다고 볼 수 있다. 바이올리니스트 장영주는 1717년산 과르네리 델 제수를 사용하고 있다. 이것은 희대의 바이올리니스트 '아이작 스턴(Isaac Stern)'이 생전에 사용하던 것으로 장영주는 14세 때 아이작 스턴으로부터 이 악기를 물려받았다.

바이올리니스트와 첼리스트를 보기에 앞서 악기의 가치로서 절대적 우위를 차지하는 세 명장 가문의 이름을 잘 알고 있도록 하자. 클래식에도 이러한 높은 가치의 럭셔리 브랜드가 존재한다. 음악을 들을 때 이처럼 음악의 다양한 주변 지식을 아는 것은 음악을 듣는 것에 큰 흥미와 지적 쾌감을 더한다.

이제 본격적으로 20명의 바이올리니스트와 10명의 첼리스트를 만나 보자. 이들의 이름 또한 당신의 머리 안에 있어야 한다.

바이올리니스트 | Violinist

- **야샤 하이페츠 | Jascha Heifetz(1901~1987)**

---

117. 일반적으로 주세페 과르네리가 제작한 악기를 의미한다.

완벽한 테크닉, 냉철하고 명확한 표현, 음악의 긴장감, 바이올린의 카리스마, 방대한 레퍼토리, 바이올린계의 존경받는 거장

- **나단 밀스타인 | Nathan Milstein(1904~1992)**

매끄럽고 달콤한 음색, 절제된 긴장감, 세련되고 악기의 개성을 추구하는 연주자, 하이페츠의 진정한 라이벌이자 20세기를 대표하는 바이올리니스트

- **다비드 오이스트라흐 | David Oistrakh(1908~1974)**

순수하고 깨끗한 연주, 자신의 연주와도 같은 순수하고 인자한 성품의 연주자, 정확한 기교와 명확한 스케일, 가장 인간적인 바이올린

- **예후디 메뉴인 | Yehudi Menuhin(1916~1999)**

바이올린의 신동, 열정적이고 감성적인 연주, 설득력 있는 음악의 해석과 연주, 지휘자와 교육가, 예술기획·행정가로서도 큰 공헌

- **아이작 스턴 | Isaac Stern(1920~2001)**

화려한 기교와 풍부한 사운드, 힘과 패기의 남성적인 표현, 고전에서 현대까지의 방대한 레퍼토리, 클래식 음악계의 절대적인 영향력

- **아르튀르 그뤼미오 | Arthur Grumiaux(1921~1986)**

우아하고 품격 있는 연주, 세련되고 섬세한 표현, 진정한 아름다움을 노래하는 바이올리니스트, 모차르트 연주에 정통, 피아니스트 '클라라 하스킬'과 명콤비

- **이작 펄만 | Itzhak Perlman(1945~   )**

'불굴의 바이올리니스트'. 4세 때 소아마비에 걸려 평생을 앉아서 바이올린을 연주했지만 연주력만큼은 세계 최고를 자랑하는 바이올린의 거장, 뛰어난 기교와 절도 넘치는 연주

- **기돈 크레머 | Gidon Kremer(1947~   )**

'파가니니의 환생'.[118] 불가능이 없어 보이는 테크닉, 음악의 독창적 해석, 현대

---

118. 기돈 크레머는 외모마저도 파가니니와 비슷하여 사람들은 그를 가리켜 '파가니니의 환생'이

음악의 구도자 구도자, 혁명의 바이올리니스트, 1970년 '차이콥스키 콩쿠르'에서
우승

• **정경화 | Kyungwha Chung**(1948~   )

'바이올린의 여제'. 동양인으로서 전례 없는 세계적 권위의 연주자, '불꽃 열정의
바이올리니스트', 다채로운 음색, 탁월한 리듬 감각, 안정된 테크닉, 강한 집중력
그리고 압도적인 표현력

• **오귀스탱 뒤메이 | Augustin Dumay**(1949~   )

우아하고 세련된 연주 스타일, 따뜻하고 부드러운 음색, 독주분만 아니라 협연자
로서도 큰 활약을 펼침, 나단 밀스타인과 아르튀르 그뤼미오를 사사, 세계가 인정
하는 명물허전 명연주자

• **안네 소피 무터 | Anne-Sophie Mutter**(1963~   )

정경화와 더불어 '바이올린의 여제'. 탁월한 연주 실력과 월등한 미모를 갖춘 스
타 연주자, 13세 때 지휘자 카라얀의 선택을 받음, 활기차면서도 섬세한 연주 그
리고 방대한 레퍼토리

• **프랑크 페터 짐머만 | Frank Peter Zimmermann**(1965~   )

바흐서부터 세계 초연에 이르기까지 방대한 레퍼토리로 큰 찬사를 받는 이상적
인 연주자, 유연한 비브라토와 음색, 작품의 탁월한 해석 능력, 자유가 넘치는 바
이올린

• **레오니다스 카바코스 | Leonidas Kavakos**(1967~   )

무결점의 테크닉과 탁월한 통찰력의 음악성, 훌륭한 균형감각과 우아하고 세련된
연주, 1985년 시벨리우스 콩쿠르, 1988년 파가니니 콩쿠르와 나움부르크 콩쿠
르에서 우승

• **조슈아 벨 | Joshua Bell**(1967~   )

라 불렀다.

극적이면서도 섬세한 연주, 음악의 새로운 도전과 표현, 감미롭고 서정적인 바이올린, 세계의 수많은 여성으로부터 사랑을 받는 '꽃미남 바이올리니스트'

• **길 샤함 | Gil Shaham(1971~   )**

'하이페츠를 연상시키는 젊은 거장'. 흠잡을 데 없는 테크닉, 풍부하고 견고한 연주, 아이작 스턴, 나단 밀스타인, 헨릭 쉐링을 사사

• **재닌 얀센 | Janine Jansen(1978~   )**

'활을 든 마법사'. 음악(작품)의 탁월한 해석, 타의 추종을 불허하는 음악적 표현력과 설득력, 활로써 남성과 여성의 스케일을 모두 담아 나타내는 현대 최고의 바이올리니스트

• **힐러리 한 | Hilary Hahn(1979~   )**

'얼음공주'. 섬세하고 엄격한 연주, 음을 정확하게 표현하는 명확한 테크닉, 완벽주의적 연주, 바흐와 고전주의 작품에 월등함을 보이는 바이올리니스트

• **리사 바티아쉬빌리 | Lisa Batiashvili(1979~   )**

우아하고 세련된 연주 스타일, 좌중을 압도하는 매혹의 카리스마, 섬세하고 깊은 표현력, 현대가 원하고 극찬하는 21세기 최고의 연주자

• **장영주 | Sarah Chang(1980~   )**

'거장으로 태어난 바이올린 신동'. 화려하고 풍부한 사운드, 선명하고 깨끗한 음색, 거침없는 연주, 강한 자신감과 압도적인 연주력으로 무대를 크게 장악하는 바이올리니스트

• **빌데 프랑 | Vilde Frang(1986~   )**

'현 시대의 클래식 음악계가 크게 주목하는 바이올리니스트', 좌중을 압도하는 카리스마적인 표현력, 남성을 능가하는 바이올린의 열정과 다이너미즘(Dynamism), 음악으로 다양한 색채와 에너지를 표현하는 생동감이 넘치는 바이올린

첼리스트 | Cellist

- **파블로 카잘스 | Pablo Casals(1876~1973)**

'현대 첼로의 아버지'. 근·현대 첼리스트들의 가장 큰 영향력, 바흐 무반주 첼로 모음곡의 발견,[119] 종교적 경건함, 표본이 되는 가장 이상적인 연주, 바흐 음악의 절대 권위자

- **그레고르 피아티고르스키 | Gregor Piatigorsky(1903~1976)**

'힘의 첼리스트'. 균형과 조화 그리고 연주의 강한 설득력, 수많은 작곡가들의 존경을 받은 연주자

- **피에르 푸르니에 | Pierre Fournier(1906~1986)**

'첼로의 황태자'. 따뜻하고 안정적인 음색, 기품이 넘치는 귀족적인 연주, 우아하고 세련된 음악

- **다닐 샤프란 | Daniil Shafran(1923~1997)**

자유를 노래하는 첼리스트, 연주의 시적 아름다움, 섬세하고 감각적인 테크닉, 깊은 감성의 표현, 낭만주의, 인상주의 음악에 정통

- **야노스 슈타커 | Janos Starker(1924~2013)**

'냉철하고 지적인 연주자'. 강렬한 음색과 완벽한 테크닉, 강한 카리스마로 위엄이 넘치는 연주, 음악의 강한 집중으로 열정을 내뿜는 첼리스트

- **므스티슬라프 로스트로포비치 | Mstislav Rostropovich(1927~2007)**

'20세기 최고의 첼로 거장'. 뛰어난 해석력과 음악성으로 현대 첼로 연주의 모범이 되는 연주자, 방대한 레퍼토리를 자랑하며 완벽한 기교로써 치밀한 연주를 선보임, 지휘자로서도 활약

- **자클린 뒤 프레 | Jacqueline du Pré(1945~1987)**

---

119. 카잘스는 헌책방에서 바흐의 무반주 첼로 모음곡을 발견하고 그것을 세상에 널리 알렸다. 이것은 서양 음악사에 있어 크나큰 공적이다.

'병마와 싸운 비운의 첼로 비르투오소.[120] 희귀병 다발상 경화증으로 젊은 나이에 숨을 거둠. 당당하고 스케일이 큰 연주, 천재적인 음악성, 지휘자이자 피아니스트인 다니엘 바렌보임과 결혼, 바렌보임과 협연한 다수의 첼로 소나타와 첼로 협주곡은 역사의 명연으로 손꼽힘, 파블로 카잘스와 로스트로포비치를 사사

• **미샤 마이스키 | Mischa Maisky(1948~   )**

윤기 있는 음색과 시적인 표현, 독창적인 작품 해석과 자유분방한 연주, 현대 최고의 첼로 거장, 1966년 '차이콥스키 콩쿠르'에서 우승, 로스트로포비치의 제자이자 장한나의 스승

• **요요 마 | Yo-Yo Ma(1955~   )**

'변함이 없는 젊음의 연주자'. 최고의 연주력으로 왕성한 연주 활동을 펼치는 첼로의 거장, 탱고와 팝·영화음악 등 다양한 음악 장르와의 지속적인 교류를 통해 음악의 끊임없는 변화를 추구하는 아티스트, 요요마가 사용하는 악기는 자클린 뒤 프레가 물려준 '스트라디바리우스'

• **고티에 카퓌송 | Gautier Capuçon(1981~   )**

'프랑스적 세련미로 첼로의 세계를 확장하는 아티스트'. 프랑스적 감성과 테크닉의 조화, 유럽 전통의 계승과 현대적 해석, 작품의 핵심을 관통하는 날카로운 분석, 마르타 아르헤리치·유자 왕·임동혁 등과의 협업을 통해 순수 예술의 자유로운 콤비네이션과 확장을 보여줌

이것으로써 우리는 지금까지 30명의 피아니스트와 30명의 현악 연주자를 알게 되었다. 합쳐서 총 60명이다. 다시 말하지만 이들은 클래식 음악에서 높은 권위에 있는 연주자들이다. 이들의 이름을 알고

---

120. 비르투오소(Virtuoso): 고도의 기술을 보여줘 거장으로 칭송받는 음악가나 예술가.

있는 것과 모르고 있는 것의 차이는 분명하다. 좋은 연주자의 이름을 많이 알고 있으면 연주를 선택하는 것에서부터 시작하여 연주를 듣는 것, 연주를 대하는 태도 등 음악 듣기의 전반이 달라진다. 그래서 거장으로 평가받는 연주자의 이름을 많이 알고 있는 것이 중요하다.

피아니스트, 바이올리니스트, 첼리스트 외에도 악기별로 훌륭한 거장들이 존재한다. 비올라의 '유리 바쉬메트(Yuri Bashmet)', 플루트의 '장 피에르 랑팔(Jean-Pierre Rampal)'과 '에마뉘엘 파위(Emmanuel Pahud)', 오보에의 '하인츠 홀리거(Heinz Holliger)'와 '알브레히트 마이어(Albrecht Mayer)', 클라리넷의 '자비네 마이어(Sabine Meyer)' 등 일일이 다 열거하기 어렵다. 하지만 신기한 것이 하나 있는데, 그것은 음악을 꾸준하게 들었을 때 수많은 연주자의 이름이 나의 머릿속에 자연스럽게 각인된다는 점이다. 관심은 정말이지 최고의 암기법이다.

이 책에서는 외울 기악 아티스트로서 피아노와 바이올린 그리고 첼로의 연주자만을 다루었다. 그 이유는 클래식 악기 중에서 독주 악기로서 세 악기의 역할이 가장 크고, 클래식 음악에서 이 세 악기를 독주로 하는 작품의 수가 월등히 많기 때문이다. 클래식 독주곡과 협주곡의 대부분은 이 세 악기를 위해 작곡되었다고 해도 과언은 아니다. 그렇기 때문에 클래식에서 이 세 악기를 연주하는 연주자만이 프리랜서로 활동하는 독주 연주자, 즉 솔로이스트가 나타난다. 성악을 제외하고 피아노, 바이올린, 첼로 외에 다른 악기로써 솔로이스트로 활동하는 경우는 극히 드물다.[121] 그래서 지금까지 우리가 60명의 피아노, 바이올린, 첼로 연주자를 만나 보고 그들의 이름을 기억에서 되뇌는 일은 클래식에서 역사적으로 중요한 솔로이스트들의 계보를 다져보는 의미있는 시간이 된다.

우리는 이제 지휘자와 오케스트라의 이름만을 남겨두고 있다. 어찌 보면 클래식에서 제일 영향력이 있는 이름일지도 모른다. 그 이유는 음악의 황제라 불리는 '교향곡'과 모든 예술의 종합체인 '오페라'를 오케스트라가 연주하기 때문이고, 자신만의 음악 철학과 카리스마로 오케스트라를 이끌어 가는 존재가 지휘자이기 때문이다.

오케스트라와 지휘자의 이름을 알고 외는 것으로 지금까지 우리가 힘들게 진행해 왔던 '이름 외우기'의 종지부를 찍는다.[122]

---

121. 피아노, 바이올린, 첼로 외에 다른 악기를 연주하는 연주자들은 보통 오케스트라나 실내악 단체의 구성원으로 소속되어 있다.

122. 이 책에서는 우리가 알고 있어야 하는 아티스트의 이름으로 '성악가'가 빠져 있다. 원래는 현악 연주자 다음으로 40명의 남녀 성악가를 소개하려 했으나 그렇게 하지 않았다. 우선은 100명의 기악 아티스트를 확실하게 아는 것이 더 중요하다고 판단했기 때문이다.

책에서는 소개하지 않았지만 이 세상에는 신이 내린 음성으로 수많은 사람의 영혼을 일깨우는 명보컬리스트(vocalist)가 존재한다. 소프라노의 '마리아 칼라스'와 '레나타 테발디', '조안 서덜랜드', '미렐라 프레니' 그리고 메조소프라노의 '크리스타 루트비히'와 '체칠리아 바르톨리', 테너의 '프리츠 분덜리히'와 '루치아노 파바로티', 바리톤의 '디트리히 피셔 디스카우'와 베이스 바리톤 '브린 터펠' 등은 우리가 클래식을 들을 때 필수적으로 알아야 하는 성악가의 이름들이다. 앞에 언급한 성악가의 이름은 그저 빙산의 일각이다. 우리는 하루빨리 클래식 듣기의 기본 수준에 이르러 오페라를 만나야 하고, 지금까지 세계의 오페라 무대에서 전설로 통하는 수많은 성악가의 노래를 들어야 한다. 그리고 그들의 위대한 이름을 알아야 한다.

14장

지휘자
& 오케스트라

마지막으로 우리는 30명의 지휘자와 10개의 오케스트라를 만나 보게 될 것이다. 우선 오케스트라에서 지휘자의 역할이 정확하게 무엇이고, 좋은 지휘자에게서 나타나는 리더로서의 모습은 어떠한지 살펴보도록 하자.

지휘자라는 존재가 오케스트라에서 왜 필요한지 모르는 사람들이 너무나도 많다. 지휘자는 그저 있어도 그만 없어도 그만인 존재로 생각하며, 지휘자의 역할에 그다지 큰 관심을 두지 않는 경우가 생각보다 많이 있다. 일부 사람들은 음악회에서 지휘자의 모습을 보고 지휘자의 동작과 오케스트라의 연주가 서로 맞지 않는다며 지휘자를 폄훼하기도 한다. 또한 오케스트라 단원들이 연주할 때, 지휘자를 제대로 주시하지 않는다는 이유로 지휘자의 역할과 그의 존재 자체를 부정하기도 한다.

하지만 지휘자는 일부 사람들이 생각하는 것처럼 그리 가볍게 볼 수 있는 대상이 절대 아니다. 그들은 오케스트라가 만드는 음악의 모든 부분을 관장하는 '음악 감독'이자, 오케스트라와 솔로이스트의 연주력을 최상으로 끌어올리는 '음악 지도자'이다. 또한 지휘자는 오케스트라의 고유한 스타일을 찾고 그것을 정립해 나감으로써 오케스트라의 브랜드 가치를 끊임없이 높여 나가는 '예술 행정 기획가'이기도 하다.

지휘자는 기본적으로 다재다능해야 하고 음악의 다양한 부분에서 높은 역량을 발휘해야 한다. 지휘자의 수많은 역할 중에서 가장 중요한 것을 하나 꼽으라 한다면 그것은 바로 오케스트라를 연습시키는 것, 즉 '리허설(Rehearsal)'이다. 리허설을 어떻게 하느냐에 따라 지휘자의 역량이 다르게 나타난다. 우리가 음악회에서 보는 지휘자의 모습은 마치 화려한 선물의 겉 포장처럼 단편적인 것이다. 무대에 오르기 전에 지휘자는 장시간의 리허설을 통하여 오케스트라를 훈련시키고 자신의 음악적 해석과 방법으로 오케스트라의 연주 스타일을 정비한다.

앞에서 언급한 것처럼 지휘자는 오케스트라에서 음악에만 개입하는 것이 아니다. 지휘자는 오케스트라 운영, 오케스트라 단원 선정과 관리, 오케스트라 프로그램 계획, 솔로이스트 및 객원연주자의 선정과 초청, 오케스트라의 브랜드화, 대중을 위한 교육 프로그램 지도 등 음악 감독으로서 수많은 역할을 담당하며 오케스트라 단체를 최상의 가치로 발전시켜 나간다. 그렇기 때문에 지휘자는 뛰어난 음악성뿐만 아니라 높은 통찰력과 정치력, 행정력, 사교 능력 등을 두루 지녀야 한다. 또한 다수의 오케스트라 인원을 강하게 통솔하여 이끌어 갈 수 있는 카리스마도 품고 있어야 한다.

지휘자의 역할을 좀 더 현실적으로 이해하고 느껴보고자 한다면 스포츠에서 축구 감독의 모습을 상상하면 될 것이다. 우리는 축구 감독으로부터 오케스트라 지휘자의 모습을 어렵지 않게 찾을 수 있다.

위대한 축구 감독은 자신만의 고유한 축구 전술과 철학이 있다. 자신의 축구를 완벽하게 펼치기 위해 강한 카리스마로 선수들을 훈련시킨다. 훈련 혹은 경기를 진행하면서 자신의 축구 전술과 맞지 않는 선수를 발견하면, 해당 선수를 전술에 맞도록 집중적으로 훈련시키거나 다른 선수로 교체한다.

그는 팀의 조직력과 전술 운용을 위해 선수들을 꾸준하게 지도하고 관리한다. 그리고 시대가 요구하는 축구 트랜드와 새로운 기술을 끊임없이 연구하여 자신의 축구 스타일과 전술을 정비하고, 실전 경기에 적용한다. 팀의 발전을 위해 필요로 하는 선수를 외부에서 영입하고 차세대에 팀을 이끌어 갈 천재적인 선수들을 지속하여 발굴하는 등, 클럽의 실력과 가치를 높이는 데 다양한 부분에서 역량을 나타낸다.

이제 오케스트라의 지휘자를 살펴보자. 음악에서의 지휘자 또한 스포츠의 축구 감독과 비슷한 역할을 한다. 지휘자에게 가장 중요한 것은 자신의 음악적 세계관과 작품에 대한 해석을 오케스트라를 통해 표현하는 것이다. 그리기 위해서는 오케스트라를 지휘자가 원하는 방향으로 충분하게 연습시켜야 한다. 예를 들어 베를린 필하모닉 오케스트라의 지휘자인 카라얀은 자신이 원하는 소리가 나올 때까지 오케스트라 단원 개개인을 질책하며 리허설을 진행하였다. 이렇듯 지휘자의 최대 과제는 자신의 방법으로 오케스트라의 연주력을 최상으로 끌어올리는 것이다.

지휘자는 지속적인 작품 연구와 개발을 통해 오케스트라의 레퍼토리를 넓히고 연주의 깊이와 실력을 더해 간다. 오디션[123]을 통해 오케스트라에 도움이 되는 인재를 끊임없이 발굴하여 채용하고, 그들이 연주를 통해 작곡가의 의도와 지휘자의 해석을 잘 표현할 수 있도록 지도 관리한다. 이외에도 지휘자는 오케스트라의 정기적인 투어와 레코딩 작업 등, 악단의 가치를 최상으로 끌어올리기 위해 모든 역량을 발휘한다.

이것으로써 우리는 오케스트라에서 지휘자의 역할이 무엇인지, 그리고 세계적인 도시와 최정상의 오케스트라가 왜 높은 연봉을 주면서 좋은 지휘자를 서로 데리고 오려 하는지 그 이유를 알 수 있게 되었다. 지휘자는 오케스트라의 얼굴이다. 오케스트라에서 지휘자의 영향력은 절대적이기 때문에 '지휘자는 곧 오케스트라의 연주력'이라고 말하기도 한다. 또한 지휘자는 한 도시의 예술과 문화의 수준을 평가하는 '도시의 문화 지표'가 된다.

한 도시가 품고 있는 오케스트라와 지휘자를 보면 그 도시의 문화

---

123. 채용할 인재를 결정하는 시험.

수준을 가늠할 수가 있다. 물론 어떠한 도시가 훌륭한 오케스트라와 지휘자를 보유하고 있지 않다고 해서 문화 수준이 낮다고 평가할 수는 없다. 하지만 세계적인 지휘자와 오케스트라가 있는 도시의 문화 수준은 높다고 말할 수 있다. 베를린, 빈, 런던, 암스테르담, 파리, 뮌헨, 뉴욕, 시카고, 로스앤젤레스 등은 세계적인 악단과 더불어 최고의 오페라극장과 음향이 좋은 화려한 콘서트홀, 그리고 시대를 대표하는 명지휘자들을 오랜 시간 품어 왔다. 이 도시들의 높은 문화 수준과 예술 성과는 세계를 열광시켜 수많은 사람들로 하여금 도시를 찾게 만든다. 이는 도시와 국가의 위상을 드높이는 최상의 가치가 된다.

지휘자는 기본적으로 '상임지휘자'와 '객원지휘자'가 있다. 축구 감독의 예를 들면서 언급한 한 오케스트라의 음악과 운영 전반을 관리·감독하는 지휘자는 '상임지휘자'이다. 일반적으로 한 오케스트라를 대표하는 지휘자를 말할 때는 상임지휘자를 지칭한다. 상임지휘자는 보통 짧게는 2~3년, 길게는 10~15년 이상 한 오케스트라에 전속되어 악단을 지휘한다. 상임지휘자가 한 오케스트라를 전속으로 맡고 있다고 해서 그 오케스트라가 진행하는 한 시즌의 모든 연주회를 도맡는 것은 아니다. 쉽게 말해서 오케스트라는 한 시즌에 해당하는 공연의 50% 가량을 상임지휘자와 연주한다. 그 외에 나머지 공연은 공연마다 각기 다른 '객원지휘자'를 초청하여 공연을 진행한다. 이것은 오케스트라의 수준을 높이기 위한 하나의 전략이다.

오케스트라는 객원지휘자들의 다양한 음악 해석과 지도 방법, 그리고 그들의 전문 레퍼토리[124]를 경험함으로써 스스로의 연주력을 최상으로 높인다. 어느 한 방향으로 치우치지 않는 연주 형태로 음악의 전체적인 균형을 갖추면서, 다양한 시대와 작곡가를 아우르는 넓은 연주 레퍼토리를 갖게 되는 것이다. 이러한 이유로 자부심이 강한 최정상의 오케스트라는 객원지휘자로 아무나 앞에 세우지 않는다.

세계적인 오케스트라가 객원으로 선택하는 지휘자는 이미 높은 권위에 있는 거장 지휘자이거나 뛰어난 음악성과 지도력으로 현재 최고의 평가를 받는 지휘자, 혹은 높은 수준의 작품 해석과 독창적인 스타일로 장래가 촉망되는 지휘자이다. 지휘자에게 있어 세계적인 오케스트라에게 초청받는 것은 영광스러운 일이며, 자신의 활동 이력에도 큰 도움이 된다.[125] 지휘자 또한 다양한 오케스트라를 지휘해 봄으로써 자신의 음악적 역량과 지휘력을 크게 키워 나간다. 이렇듯 지휘자와 오케스트라는 서로에게 필요한 존재이고, 상호 음악의 크나큰 영향을 받는다.

클래식에서 30명의 지휘자를 선정했다. 이들은 클래식 세계가 자랑하는 명지휘자로서 천재적인 음악성과 뛰어난 해석력 그리고 자신의 명확한 음악 철학과 스타일로 오케스트라를 최상으로 이끌었거나 현재 이끌어 가고 있는 인물들이다. 우리는 이들의 이름을 명확히 알아야 하고 또한 중요하게 외우고 있어야 한다. 클래식을 듣다 보면 음반이나 다양한 매체를 통해 이들의 이름을 자주 보게 될 것이다. 그만큼 클래식에서 활발한 활동으로 지대한 연주 역사를 만들어 간 사람들이다.

---

124. 무대에서 공연할 수 있도록 준비한 작품이나 연주가가 장기로 하는 대표작을 말한다.

125. 이것은 솔로이스트, 즉 독주 연주자에게도 마찬가지이다.

거듭 강조할 것은 여기에서 소개하는 30명의 지휘자보다 더 큰 음악성으로 지휘의 높은 경지를 이룬 지휘자가 다수 있다는 것이다. 다만 이 책에서는 클래식 듣기를 시작하는 단계에서 기본적으로 알고 있으면 좋을, 클래식의 상징적이거나 역사적인 지휘자 그리고 현재 괄목할 만한 음악적 성과로 세계에서 활발하게 활동하는 지휘자를 우선 선정하였음을 밝혀둔다.

지휘자 | Conductor

- **아르투로 토스카니니 | Arturo Toscanini(1867~1957)**

  엄격하고 냉철한 지휘자. 악보 중심의 객관적인 음악 해석, 음악의 완벽성, 초인적인 암보 능력, 오케스트라의 기량을 최고로 발휘하게끔 만드는 강한 카리스마의 지휘자

- **오토 클렘페러 | Otto Klemperer(1885~1973)**

  절도와 패기가 넘치는 음악, 독일적인 중후함, 박진감 넘치는 표현과 음악의 거인적 표현, 음악의 위대한 거장으로서 새로운 시대의 음악을 선구했던 진취적인 지휘자

- **빌헬름 푸르트벵글러 | Wilhelm Furtwängler(1886~1954)**

  생동감과 긴장이 넘치는 극적인 음악 표현, 자유롭고 즉흥적인 음악 해석, 악보보다 음악적 영감을 중시, 토스카니니와 더불어 20세기 최고의 명지휘자

- **카를 뵘 | Karl Böhm(1894~1981)**

  음악에 따라 변화무쌍한 모습을 나타내는 팔색조 지휘자. 엄격하고 치밀한 작품 해석, 규범적이고 모범이 되는 연주, 모차르트와 바그너, 리하르트 슈트라우스 해석의 높은 권위자

- **헤르베르트 폰 카라얀 | Herbert von Karajan(1908~1989)**

  클래식 음악의 황제. 전무후무한 최고의 인기를 구가한 20세기 최고의 지휘자,

암보의 신, 음악의 탁월한 감각과 능력, 제왕적 리더십과 카리스마, 타의 추종을 불허하는 쇼맨십, 시대와 기술의 진보적인 지휘자(음악의 디지털 기술 접목 – 음반과 영상물의 폭발적 생산), 가장 많은 클래식 음반을 판매한 인물, 클래식 음악계에 가장 큰 영향을 끼친 인물

• **게오르그 솔티** | Sir Georg Solti(1912~1997)

예리하고 명확한 지휘, 강철의 의지, 음악의 에너지를 최상으로 끌어올리는 격정적인 연주, 클래식계에서 탁월한 역량을 발휘하며 큰 영향을 끼친 지휘자

• **세르주 첼리비다케** | Sergiu Celibidache(1912~1996)

오케스트라의 틀에 박힌 연주 방식과 스타일을 벗게 하는 '오케스트라의 청소부'.[126] 탁월한 음악성, 완벽주의, 느림의 미학, 철두철미한 예술가적 정신과 행동, 난폭함과 독설로 유명했던 지휘자

• **카를로 마리아 줄리니** | Carlo Maria Giulini(1914~2005)

넓고 깊은 지성의 지휘자, 신중하고 진지한 음악의 태도, 뛰어난 구성력과 음악의 치밀한 해석, 부드럽고 섬세하며 사려가 깊은 지휘자, 지휘자 정명훈에게 많은 가르침을 준 스승

• **레너드 번스타인** | Leonard Bernstein(1918~1990)

'유럽에는 카라얀, 미국에는 번스타인'이란 말이 있을 정도로 당대 최고의 인기를 누린 지휘자, 작곡가·피아니스트·음악 교육가·작가로서 20세기 클래식 음악계를 이끌었던 천재 지휘자, 오케스트라와의 끊임없는 커뮤니케이션, 틀에 얽매이지 않는 자유분방함, 불같은 열정, 지성과 여유 그리고 젠틀함에서 나오는 카리스마

• **피에르 불레즈** | Pierre Boulez(1925~2016)

현대음악을 헌신적으로 선구한 지휘자이자 작곡가, 음악 구조의 예리한 분석과

---

126. 어느 오케스트라든지 첼리비다케를 만나기만 하면 새롭게 태어난다고 해서 붙여진 별명이다.

감성을 배제한 이성적인 연주, 명확하고 섬세한 청각의 소유자, 스승 올리비에 메시앙이 인정한 음악의 천재

• **니콜라우스 아르농쿠르 | Nikolaus Harnoncourt**(1929~2016)

클래식 당대연주[127]의 시작이자 정신. 바로크 음악 세계의 부활, 음악의 혁명적 시도와 끊임없는 학술적 모험, 독자적인 작품 해석과 음악 스타일로 클래식 비주류에서 주류의 핵심이 된 지휘자

• **베르나르 하이팅크 | Bernard Haitink**(1929~2021)

음악에 대한 강한 진지함과 겸손함으로 세계 최고의 오케스트라들을 이끌었던 시대의 명지휘자. 로열 콘세르트허바우, 런던 필하모닉, 런던 로열 코벤트가든 오페라, 드레스덴 슈타츠카펠레, 시카고 심포니 등 세계 굴지 오케스트라의 상임지휘자를 역임함으로써 클래식 음악계에 지대한 영향력을 나타냄. '음악에서의 과장은 왜곡'이라 말하며 구도자적 정신으로 음악의 빛을 발했던 20~21세기 최고의 거장

• **로린 마젤 | Lorin Maazel**(1930~2014)

8세 때 공식 지휘 무대에 데뷔했던 '신동 지휘자', '기록의 사나이'. 완벽한 절대음감, 타의 추종을 불허하는 암보 능력, 토스카니니와 비견되는 악보 중심의 해석, 음악에 강한 생동과 활력을 불어 넣은 희대의 천재적 지휘자, 지휘 신동으로 태어나 평생을 지휘자로 살았던 지휘자 중의 지휘자

• **카를로스 클라이버 | Carlos Kleiber**(1930~2004)

'리듬을 가지고 노는 지휘자'. 지휘자를 하기 위해 태어난 지휘자, 현대의 지휘자가 제일 닮고 싶어 하는 지휘자, 레퍼토리는 크지 않지만 자신의 음악 영역에서 항

---

127. 작품이 작곡되었던 음악 시대의 방식과 스타일에 충실하는 것을 목표로 하는 연주 방식이다. '원전연주' 또는 '정격연주'라고 하며 당대의 악기와 연주법, 연주 관행과 편성 등을 살려 연주함으로써 작곡 당시의 음악을 재현하는 것을 추구한다.

상 최고의 연주력과 최상의 음악을 선보였던 지휘자. 은둔형의 지휘자이지만 역사 상 가장 위대한 지휘자로 손꼽히는 지휘자

- **클라우디오 아바도** | Claudio Abbado(1933~2014)

'음악의 민주주의'. '음악은 상대방을 이해하는 대화와 같은 것', 음악 권위주의의 해체를 위해 크게 앞장섰던 지휘자, 수평적이고 민주적인 카리스마, 명쾌하고 정 교한 작품의 해석, 진취적인 음악성, 오케스트라의 좌중을 다스리는 풍부한 표현 력, 현대 오케스트라 지휘자의 표본

- **오자와 세이지** | Ozawa Seiji(1935~2024)

'화려함과 열정을 노래하는 지휘자'. 카라얀과 번스타인을 사사했던 동양 최초의 명지휘자. 풍부한 감정 표현, 음악의 순수한 열정과 예술성, 동양인 최초 '빈 국립 오페라 극장(Wien Staatsoper)'의 음악 감독[128]

- **주빈 메타** | Zubin Mehta(1936~   )

최고의 오케스트라 트레이너. 음악과 더불어 오케스트라가 필요로 하는 모든 행 정과 정치에 크나큰 활약을 보여준 리더 중의 리더. 음악의 거대한 박력과 압도적 인 스케일, 뛰어난 작품 해석, 신사의 품격으로 우아한 지휘를 보여주며 수많은 오 케스트라의 존경을 받는 지휘자

- **리카르도 무티** | Riccardo Muti(1941~   )

타협을 모르는 음악의 완벽주의자. 한 치의 실수도 용납하지 않는 클래식 음악계 의 엘리트이자 이탈리아의 자존심, 불꽃 같은 정열과 넘치는 카리스마, 냉철한 지 성, 모든 시대를 아우르는 방대한 레퍼토리, 끊임없는 음악의 연구와 노력, 현대

---

128. 빈 국립 오페라 극장(Wien Staatsoper)은 유럽 전체를 통틀어 가장 높게 평가되는 오페라 극 장이다. 과거 이 극장의 예술감독으로 있었던 지휘자 중에서는 구스타프 말러(1897~1907)와 리하 르트 슈트라우스(1919~1924), 카를 뵘(1943~1945), 헤르베르트 폰 카라얀(1956~1964), 로린 마젤 (1982~1984), 클라우디오 아바도(1986~1991) 등이 있다. 오자와 세이지는 2002년서부터 2010년 까지 빈 국립 오페라 극장의 음악 감독을 역임하였다.

의 오케스트라가 가장 신뢰하는 지휘자

- **다니엘 바렌보임 | Daniel Barenboim(1942~   )**

'음악 천재 중의 천재'. 현대 클래식 음악계에 가장 영향력 있는 지휘자이자 최정상의 피아니스트. 천재적인 암보 능력과 음악성으로 방대한 연주 레퍼토리를 자랑하는 지휘자. 현대가 추구하는 세련된 음악으로 깊고 기품이 넘치는 연주, 음악의 탈정치화를 위한 사회 활동으로 세계에 큰 영향력을 행사하는 높은 권위의 명지휘자

- **마리스 얀손스 | Mariss Jansons(1943~2019)**

'지칠 줄 모르는 음악의 연구와 자기 훈련', 음악의 철두철미한 모습으로 자신의 음악가적 삶에 크게 엄격했던 지휘자. 오케스트라로부터 자신의 감정을 감추지 않는 솔직한 지휘자로서 신사적인 면모와 함께 고도화된 음악의 통찰로써 세계 최정상의 오케스트라를 이끈 지휘자

- **주세페 시노폴리 | Giuseppe Sinopoli(1946~2001)**

'지휘자이자 정신과 전문의, 고고학자'. 작품의 철저한 분석과 음악의 학문적 통찰, 엄격하면서도 이지적인 연주, 이탈리아 오페라와 더불어 후기 낭만주의 음악과 20세기 현대음악에 정통했던 지휘자. 오페라 무대에서 숨을 거두었던 희대의 명지휘자

- **리카르도 샤이 | Riccardo Chailly(1953~   )**

'색채의 마법사'. 디테일한 표현과 음악의 완벽한 조율 능력, 젊은 시절부터 이미 거장의 반열에 오른 불세출의 명지휘자. 수많은 명음반을 내놓은 명반 제조기, 협연 연주자의 완벽한 서포터, 못하는 연주가 없는 방대한 레퍼토리, 어떠한 작품이라도 명연주로 남기는 만능의 지휘자

- **정명훈 | Myung Whun Chung(1953~   )**

'천재적 예술성의 영적인 지휘자'. 음악의 가장 깊은 심연까지 파고들어 음악의 혼을 표현하는 집중력과 표현력, 오케스트라의 내적 표현과 연주력을 최상으로 끌

어울리게 하는 음악적 리더십, 진지함과 열정의 카리스마, 뛰어난 암보 능력과 다양한 시대를 넘나드는 방대한 레퍼토리, 지휘자로서 세계의 모든 메이저 오케스트라를 지휘했던 지휘자, (세계 오페라의 중심) 밀라노 '라 스칼라 극장'의 음악감독

• **사이먼 래틀 | Sir Simon Rattle**(1955~   )

'치명적인 매력의 지휘자'. 타의 추종을 불허하는 리듬 감각, 현대음악과 새로운 음악의 높은 탐구, 오케스트라의 성질과 형태를 미래화하는 혁신의 지휘자, 베를린 필하모닉 '디지털 콘서트홀(Digital Concert Hall)'[129]의 창시자이자 뛰어난 친화력과 인간적인 매력으로 오케스트라 단체의 기획과 경영에 탁월한 재능을 나타내는 지휘자

• **크리스티안 틸레만 | Christian Thielemann**(1959~   )

'음악의 본질을 꿰뚫는 지휘자'. 강한 보수로 독일의 정통을 이어가는 지휘자, 감정의 과잉을 지양하고 음악의 전체적인 균형과 구조적 완결성을 추구, 한정적이지만 독보적인 레퍼토리,[130] 작품의 탁월한 해석과 계산적이고 분석적인 음악 접근 방식, 끝을 알 수 없는 음악의 치밀함

• **키릴 페트렌코 | Kirill Petrenko**(1972~   )

'음악의 완전 몰입으로 음악 자체가 되는 지휘자'. 음악의 황홀경에 빠지게 하는 작품의 기승전결 전개와 긴장감이 넘치는 다이나믹한 감정 표현, 오케스트라를 사로잡는 뜨거운 열정의 카리스마, 작은 부분까지도 놓치지 않는 음악의 치밀함

---

129. 베를린 필하모닉 오케스트라가 운영하는 온라인 스트리밍 서비스이다. 정기권 구독을 통해 베를린 필하모닉 오케스트라가 지난 60년 동안 축적해 온 공연을 고화질로 감상할 수 있고 라이브 공연 또한 실시간으로 관람할 수 있다. 클래식을 듣는 사람들은 필수적으로 구독하게 되는 서비스로 적은 비용으로 최상의 공연과 연주자를 만날 수 있다. 베를린 필하모닉 오케스트라 '디지털 콘서트홀': www.digitalconcerthall.com

130. 틸레만의 레퍼토리는 브루크너, 바그너, 리하르트 슈트라우스의 독일 후기 낭만주의 음악에서 큰 강점을 보인다.

과 섬세함, 현대의 가장 뛰어난 오페라 지휘자이자 21세기 클래식 음악계의 가장 영향력 있는 지휘자

- **야닉 네제 세갱 | Yannick Nézet-Séguin(1975~   )**
'자신감이 넘치는 세련된 음악', 음악의 막힘이 없는 유려하고 생동감이 넘치는 연주, 음악의 명확함과 화려함이 넘치는 카라얀의 스타일과 민주적이고 자유로운 번스타인의 기질을 모두 품고 있는 21세기형 지휘자. 세계 최고로 평가받는 오페라 지휘자이자 콘서트 지휘자로서 앞으로의 클래식 음악계를 책임질 우리 시대의 대표 지휘자

- **안드리스 넬손스 | Andris Nelsons(1978~   )**
'지휘자로서의 강한 존재감', 크고 기품이 넘치는 지휘 동작과 천재적인 음악성으로 오케스트라의 깊은 내면과 표현을 끌어내는 지휘자, 작품의 치밀한 전개와 한 시라도 긴장을 늦출 수 없는 음악의 역동성, 자연스럽고 조화로운 음악의 흐름, 예리하고 명확한 작품 해석으로 21세기의 클래식 음악계를 크게 선도하는 지휘자

- **구스타보 두다멜 | Gustavo Dudamel(1981~   )**
'뜨거운 열정을 품은 천재 지휘자', 클라우디오 아바도와 사이먼 래틀의 음악적 멘티(Mentee),[131] 새롭고 신선한 클래식 음악계의 센세이션, 폭발적인 음악의 다이너미즘(Dynamism), 30대라는 젊은 나이에 LA 필하모닉 오케스트라의 상임지휘자에 오른 세계가 인정하는 지휘자, 탁월한 암보 능력, 균형 잡힌 연주, 음악의 풍부한 표현과 열정으로 콘서트의 청중을 크게 사로잡는 지휘자

- **클라우스 메켈레 | Klaus Mäkelä(1996~   )**
'클래식의 눈부신 미래', 20대에 오슬로 필하모닉 오케스트라와 파리 오케스트라의 상임지휘자, 30대에 세계 최정상의 '로열 콘세르트허바우 오케스트라'의 상임

---

131. 멘토에게 지도나 조언을 받는 사람.

지휘자, 전무후무한 지휘자로서의 경이로운 행보, 뛰어난 음악성과 지휘의 원숙함, 작품의 냉철한 분석력, 젊은 패기의 날카롭고 열정적인 표현 그리고 좌중의 시선을 집중시키는 외모

그야말로 클래식 음악 역사에서 단 한 명도 빼놓을 수 없는 위대한 지휘자들이다. 이 30명의 이름을 알고 있는 것은 클래식 음악을 듣는 것에 있어서 도움과 자신감이 될 뿐만 아니라 클래식 역사의 거대한 흐름을 알게 되는 것과 같다. 어떠한 분야든지 역사는 인물로 이야기가 된다. 건축 또한 마찬가지이다. 건축 역사에서 위대한 건축가의 이름과 그 건축가의 주요한 작품을 알고 있으면, 건축의 전문적인 기술은 알지 못해도 건축 역사의 큰 흐름은 알 수 있다.

이제 이름을 외우는 마지막 단계로 우리는 오케스트라의 이름만을 남겨두고 있다. 세계 탑 클래스의 연주력으로 필수적으로 알아야 할 오케스트라를 만나기에 앞서, 클래식 초심자가 연주회에서 쉽게 가질 수 있는 지휘자에 대한 궁금증을 몇 가지 소개함으로써 지휘자에 대한 이야기를 마무리하려 한다.

Q. 오케스트라의 연주와 지휘자의 동작이 잘 안 맞아요.

A. 지휘자는 연주자가 아닙니다. 지휘자는 오케스트라의 선두에서 서서 연주를 이끌어 가는 리더이지, 오케스트라 단원처럼 음악의 합을 맞추며 연주를 하는 사람이 아닙니다. 지휘자는 일반적으로 오케스트라보다 반 박자 빠르게 음악을 시작하거나 연주를 진행함으로써 오케스트라의 연주 방향을 안내하고 이끌어 갑니다. 때로 지휘자는 지휘의 동작을 느리게 함으로써 오케스트라의 연주 속도를 조율하고 음악의 전체적인 흐름과 표현을 점검합니다. 그래서 음악회에서 오케스트라의 연주와 지휘자의 동작이 안 맞아 보이는 것은 지극히 자연스러운 일입니다. '지휘자가 음악을 선도해 나간다'라는 시각으로 지휘자의 모습을 바라본다면 음악회에서 보이는 지휘자의 모든 동작이 자연스럽게 느껴질 것입니다.

Q. 오케스트라 단원들이 지휘자를 잘 안 쳐다봐요.

A. 오케스트라가 지휘자를 잘 안 쳐다보는 것이 아니라 안 봐도 될 정도로 지휘자와 연습(리허설)이 되어 있는 것입니다. 지휘자는 리허설에서 오케스트라와의 지속적인 커뮤니케이션을 통해 자신이 나타내고자 하는 작품의 해석과 연주 스타일을 지도합니다. 음악에서 중요하게 생각하는 부분과 연주로써 특별하게 표현해야 할 부분을 오케스트라와 끊임없이 확인하고 연습합니다.

잘 이루어진 리허설은 본 공연 때 지휘자와 오케스트라가 연주에만 전념할 수 있는 강한 집중력을 만들어 줍니다. 또한 작품을 연주할 때, 오케스트라가 동시에 가져야 하는 악보를 보는 것과 지휘자의 지시를 받는 것을 자유롭게 합니다. 오케스트라는 기본적으로 악보를 보는 것에 집중하기 때문에 연주에서 중요하거나 필요한 부분에서 지휘자를 쳐다보고 지휘자의 지시를 받게 됩니다. 결론적으로 오케스트라는 각각의 악기군이 지휘자를 자율적으로 바라보는 것이지, 안 쳐다보는 것은 아닙니다.

Q. 오케스트라는 연주하는데 지휘자가 지휘를 안 해요.

A. 지휘자는 자신이 판단하기에 연주에서 지휘가 필요하지 않다고 여겨지는 부분에 있어서는 별다른 지휘 동작 없이 오케스트라의 연주를 진행시키는 경우가 있습니다. 보통 지휘자가 지휘 동작을 하지 않는 경우는 오케스트라에서 단 하나의 악기만이 연주하는 솔로 연주 부분이라던가, 음악의 박자와 빠르기가 큰 변화 없이 일정하게 연주되는 부분, 그리고 리허설 때 연습이 잘 되어 있어 오케스트라가 수월하게 연주할 수 있는 부분 등이라 할 수 있겠습니다.

지휘자 다니엘 바렌보임은 2018년 베를린 필하모닉 오케스트라의 New Year's Eve Concert에서 라벨의 「볼레로(Boléro)」 초반 10분 가량을 지휘 없이 오케스트라의 연주만을 지켜보았습니다. 라벨의 「볼레로」는 연주 시간이 약 16분 정도인데, 작품 초반의 10분을 지휘하지 않았다는 것은 작품 전체의 반 이상을 지휘하지 않은 것이나 다름없습니다. 하지만 오케스트라는 지휘자가 지휘를 하지 않고 있음에도 불구하고 지휘자를 끊임없이 바라보며 그의 간단한 제스처와 표정, 눈빛을 확인하였고 강한 자신감으로 연주를 이어 나갔습니다.

이 연주에서 지휘자가 지휘를 하지 않는 모습은 도리어 오케스트라에게 보내는 무한한 신뢰의 모습이 되었습니다. 이 연주에서 보이는 것처럼 지휘자는 오케스트라의 앞에 서 있는 것만으로도 음악의 강한 존재감이 됩니다. 이렇듯 지휘자는 손으로 하는 지휘 동작 외에 다양한 방법으로 오케스트라를 이끌고 음악을 진행해 나갑니다. 지휘자가 지휘 동작을 하지 않는다고 해서 지휘를 하지 않는 게 아니라 지휘 동작 이외의 자신의 방법과 표현으로 오케스트라를 다르게 지휘하고 있는 것입니다.

Q. 지휘자가 오케스트라와 같이 연주도 하고 지휘도 해요.

A. 지휘자가 되기 위해서는 기본적으로 악기 하나 정도는 아주 능숙하게 다룰 줄 알아야 합니다. 그리고 지휘자 중에서는 프로급의 연주자였다가 지휘자로 전향하는 경우가 많습니다. 그러한 지휘자 중에서는 협주곡을 연주할 때 직접 솔로 악기를 연주하는 동시에 오케스트라를 지휘하는 경우가 있습니다. 보통 피아니스트 출신 지휘자가 피아노 협주곡을 연주할 때 피아노 독주와 지휘를 동시에 하는 경우가 많습니다. 또한 지휘자가 아니더라도 거장 연주자(Soloist)가 독주 악기를 연주하면서 오케스트라나 실내악단을 이끄는 경우도 있습니다.

Q. 오케스트라 연주가 끝난 것 같은데 지휘자가 아무런 반응 없이 가만히 서 있어요.

A. 오케스트라의 연주가 끝났음에도 불구하고 지휘자가 별 반응 없이 가만히 서 있는 모습을 종종 연주회에서 보게 됩니다. 이것은 지휘자가 작품의 여운을 서리는 것으로 음악의 감정과 자신의 호흡을

가다듬는 아주 중요한 시간이며 음악의 한 부분이 됩니다. 지휘자가 손을 내리기 전까지 음악은 끝난 것이 아닙니다.

음악회에서 제일 무례하고 무지한 행동은 공연 중에 기침을 하거나 조는 것이 아니라 작품을 좀 안다고 연주가 끝나자마자 '브라보!'를 외치거나 앞장서서 박수를 치는 것입니다. 흔히 이러한 행동을 가리켜 '안다박수'라 합니다. '안다박수'는 연주회에서 절대로 해서는 안 될 행동입니다. 그것만큼 다른 사람에게 피해를 주는 것이 없습니다. 물론 지휘자가 음악을 마치고 청중을 바라보았을 때 '브라보'를 외치며 우레와 같은 함성과 박수를 보내는 것은 청중으로서 중요하고 필요한 행동입니다. 하지만 음악이 끝나자마자 지휘자가 음악의 감동과 호흡을 다스리기도 전에 큰 소리를 내는 것은 연주 전체의 감동을 해칠 수 있는 매우 무례한 행동이 됩니다. 오케스트라의 연주가 끝나고 지휘자가 작품의 여운을 남기는 그 긴장의 순간을 함께 만들어 가는 것이 수준 높은 관객으로서의 필수적인 태도입니다.

이제 우리는 지휘자 이후에 우리가 알아야 할 오케스트라의 이름만을 남겨두고 있다. 좋은 오케스트라는 한 도시나 국가의 문화적 위상을 크게 떨칠 뿐만 아니라 높은 가치의 인류적 재산이 된다.

오케스트라는 주어진 음악회 프로그램대로 음악만을 연주하는 단체가 아니다. 오케스트라는 음악이라는 도구를 통해 인류애와 휴머니즘[132]을 적극적으로 표현하고 인류가 굳게 지켜 나가야 할 평화를 끊임없이 노래하고 주장한다. 현대의 오케스트라는 과거와 다르게 다민족과 다인종으로 구성되어 가고 있다. 오케스트라에서 인종과 민족, 언어, 종교를 구분하는 것은 이제는 무의미하며 전 세계 어디에서든 최고의 음악적 기량을 갖춘 연주자라면, 오케스트라의 일원으로 받아들이고 음악으로서 교감한다.

현재 세계에서 최고의 연주력으로 평가받는 '베를린 필하모닉 오케스트라'는 이미 오래전부터 '세계 올스타 오케스트라'의 모습을 갖추었다. 오케스트라 이름에만 '베를린'이라는 한정된 도시명이 붙었을 뿐이지 이 악단은 수많은 내셔널리티(Nationality)로 구성되어 있다. 독일, 오스트리아, 스위스, 프랑스, 스페인, 라트비아, 슬로베니아, 폴란드, 러시아, 미국, 한국, 일본, 중국, 칠레, 호주 등 더 이상의 언급이 힘들 정도로 다양한 국적의 단원들이 베를린 필하모닉 오케스트라의 정체성을 만들어 가고 있다.

이 오케스트라를 담당했던 상임지휘자의 국적 또한 다양하다. 독일(한스 폰 뷜로, 빌헬름 푸르트벵글러)을 시작으로 헝가리(아루투르 니키쉬), 오스트리아(헤르베르트 폰 카라얀), 이탈리아(클라우디오 아바도), 영국(사이먼 래틀), 러시아(키릴 페트렌코)까지 악단의 전 세계적인 문화적 다양성과 음악적 개방성이 이 오케스트라를 세계 최고의 음악 집단으로 만들었다.[133] 이

---

132. 인간의 존엄성을 최고의 가치로 여기고 인종, 민족, 국가, 종교 따위의 차이를 초월하여 인류의 안녕과 사랑, 행복, 자유, 평화 등을 꾀하는 사상이나 태도.

133. 베를린 필하모닉 오케스트라의 명예 지휘자는 다니엘 바렌보임으로 아르헨티나 부에노스 아

130 Musiker innen 32 Nationen − '32개국에서 온 130명의 음악가들'
Berliner Philharmoniker

러한 오케스트라의 세계화와 현대화라는 형질 변화(Transform)는 음악 뿐만 아니라 교육, 사회, 역사, 문화, 기술 등과 관계를 맺어 상상할 수 없는 시너지를 발휘하고 그 혜택을 인류에게 선사하고 있다.

과거서부터 지금까지 오케스트라는 음악의 최정점에 자리해 왔다. 역사적으로 수많은 작곡가가 오케스트라를 위한 음악에 도전하였고, 인류의 보물과도 같은 무수한 명작들을 남겼다. 오케스트라는 이러한 명작을 연주하는 것으로 작곡가가 음악으로 나타내고자 했던 인류애 와 평화, 자연과 같은 인간의 절대가치를 노래하며, 인류의 거대한 움 직임을 북돋는 데 앞장서고 있다.

이레스 태생이다.

다음의 10개 오케스트라는 지금까지 최고의 연주력과 영향력으로 클래식 음악계의 중심에 있는 악단으로 우리가 필수적으로 알아야 할 이름들이다. 이름이 좀 길게 느껴지더라도 오케스트라 이름의 일반적인 구조(도시명 + 필하모닉 오케스트라 or 심포니 오케스트라[134])를 잘 파악한다면, 큰 무리 없이 10개 오케스트라의 이름을 당신의 것으로 만들 수 있을 것이다. 여기에서 소개하는 10개의 오케스트라는 역사적으로도 중요하면서 지금까지 왕성한 연주 활동과 음반작업(Recording), 연주투어(Tour Concert), 교육 및 사회 활동, 신진 작곡가 발굴, 작품의 초연 등 괄목할 만한 음악적, 학술적, 문화적 성과를 거두고 있는 오케스트라이다.

물론 오늘날 세계에는 이 10개의 오케스트라 외에도 높은 기량의 연주력과 음악성으로 한 도시와 국가의 자랑이 되는 오케스트라가 다수 존재한다. 오케스트라마다 추구하는 음악의 방향과 스타일이 모두 다르기 때문에 이들의 실력을 가르거나 평가하는 것은 큰 의미가 없을 뿐만 아니라 자칫하면 음악을 듣는 것에 큰 방해의 요소가 될 수도 있다.

우리가 이 10개의 오케스트라 이름을 아는 것은 저마다 다른 연주

---

134. 오늘날의 '필하모닉 오케스트라'와 '심포니 오케스트라'는 운영이나 규모, 연주력 등에서 별 차이가 없기 때문에 이 둘을 구분하는 것은 큰 의미가 없다. 그러나 과거에는 이 둘의 차이가 있었다. 오케스트라가 창단 당시 부유한 자산가나 집단으로부터 지원을 받았다면 '필하모닉 오케스트라'라는 이름을 붙였고, 반면에 국가나 도시, 기관의 지원을 받았다면 '심포니 오케스트라'라는 이름을 붙였다. 현재에는 한 도시에 두 개의 오케스트라가 있을 경우 이 둘을 구분하기 위해서 '필하모닉 오케스트라'와 '심포니 오케스트라'를 사용한다. 예를 들어 런던의 경우에는 '런던 필하모닉 오케스트라'와 '런던 심포니 오케스트라'가 있다.

스타일과 개성으로 클래식 음악 세계를 다채롭게 만드는 세계의 오케스트라를 알기 위한 첫 시작일 뿐이다.

오케스트라 | Orchestra

베를린 필하모닉 오케스트라
Berliner Philharmoniker, Germany

- 1882년 창단(베를린, 독일)
- 주요 상임지휘자: 빌헬름 푸르트벵글러, 헤르베르트 폰 카라얀, 클라우디오 아바도, 사이먼 래틀, 키릴 페트렌코
- 연주력, 명성, 레퍼토리, 기술, 출판, 방송, 투어, 실내악 연주 활동,[135] 교육, 사회 활동, 콘서트홀 등 음악의 모든 부분에 있어 선진화를 자랑하는 명실상부 현대 오케스트라의 강한 상징
- 역사상 최고의 지휘자들 아래서 단련된 독보적인 연주력과 앙상블 그리고 조직력, 유구한 정통성을 바탕으로 한 끊임없는 변화와 혁신, 수세대를 아우르며 쌓아온 방대한 레퍼토리

---

135. 130여 명의 베를린 필 단원들은 대규모의 인원이 함께 연주하는 오케스트라 활동만 하는 게 아니라 4~5명 이상의 유닛을 이뤄 베를린 필의 이름을 달고 실내악 연주를 하기도 한다. 베를린 필 안에는 공식적인 30개의 실내악 유닛이 있는데 한 오케스트라가 30개의 실내악팀을 가진다는 것은 세계에서 독보적인 것이라 할 수 있다. 작은 앙상블(실내악팀)들이 세계 명문 오케스트라를 만드는 것이다. 베를린 필의 가장 오래되고 유명한 실내악 팀으로는 '12인의 첼리스트'가 있다.

로열 콘세르트허바우 오케스트
Royal Concertgebouw Orchestra, Netherlands

- 1888년 창단(암스테르담, 네덜란드)

- 주요 상임지휘자: 오이겐 요훔, 베르나르트 하이팅크, 리카르도 샤이, 마리스 얀손스, 다니엘레 가티

- 합주력·관록과 명성·음악의 유연함을 모두 갖춘 오케스트라, '벨벳의 현(絃)'과 '황금의 관(管)'이라 불리는 우월한 연주력과 일체화된 하모니, '명음반 제조기'라 불릴 정도로 수많은 명연주·명음반을 남기고 있는 높은 음악성의 오케스트라

빈 필하모닉 오케스트라
Wiener Philharmoniker, Austria

- 1842년 창단(빈, 오스트리아)

- 주요 상임지휘자: 한스 리히터, 구스타프 말러

- 20세기에 접어들면서부터 빈 필하모닉은 비상임지휘자 체제를 유지, 객원지휘자 체제로 운영

• '황금빛의 사운드', 클래식 음악의 절대적 자존심, 높은 명성과 전통 그리고 자부심, 오페라와 콘서트를 둘 다 담당하며[136] 세계 정상의 자리를 완벽하게 이어가는 오케스트라

런던 심포니 오케스트라
London Symphony Orchestra, UK

• 1904년 창단(런던, 영국)

• 주요 상임지휘자: 한스 리히터, 아르투르 니키쉬, 피에르 몽퇴, 앙드레 프레빈, 클라우디오 아바도, 마이클 틸슨 토마스, 콜린 데이비스, 발레리 게르기예프, 사이먼 래틀, 안토니오 파파노

• 클래식의 전통과 현대적 화려함이 공존하는 오케스트라, 빈틈이 없는 풍부하고 충실한 사운드, 지휘자의 특성을 잘 나타내는 명쾌한 해석과 세련된 연주 스타일

---

136. 오케스트라는 크게 '콘서트 오케스트라'와 '오페라 오케스트라'로 나뉜다. '콘서트 오케스트라'는 교향곡이나 관현악곡을 위주로 연주하는 오케스트라를 말하며 '필하모닉 오케스트라'와 '심포니 오케스트라'가 이에 속한다. 예를 들어 '베를린 필하모닉 오케스트라', '런던 심포니 오케스트라'가 대표적인 콘서트 오케스트라'이다. '오페라 오케스트라'는 오페라단에 속하여 오페라를 비롯해 발레 등 여러 형태의 무대 공연 작품을 전문적으로 연주하는 오케스트라를 말한다. '베를린 슈타츠카펠레', '바이에른 슈타츠 오퍼 오케스트라', '메트로폴리탄 오페라 오케스트라' 등이 '오페라 오케스트라'이다. 세계의 오케스트라 중에서는 콘서트와 오페라를 모두 담당하는 오케스트라가 있는데, '빈 필하모닉 오케스트라'와 '드레스덴 슈타츠카펠레'가 거의 유일하다. 오케스트라가 한 해의 공연 일정 중에 콘서트와 오페라를 소화한다는 것은 매우 힘들고 어려운 일이다. 빈 필하모닉과 드레스덴 슈타츠카펠레는 콘서트와 오페라를 모두 담당하고 연주함으로써 그들의 연주력과 음악적 내공을 스스로 증명한다.

시카고 심포니 오케스트라
Chicago Symphony Orchestra, USA

- 1891년 창단(시카고, 미국)

- 주요 상임지휘자: 아르투르 로진스키, 라파엘 쿠벨릭, 프리츠 라이너, 게오르그 솔티, 다니엘 바렌보임, 베르나르트 하이팅크, 리카르도 무티

- 유연하면서도 패기가 넘치는 강렬한 사운드, 금관악기군의 뛰어난 역량, 정확한 앙상블, 선 굵은 미국 오케스트라 사운드의 전형이자 화려한 음색을 자랑하는 오케스트라

BRSO

바이에른 라디오 심포니 오케스트라
Bavarian Radio Symphony Orchestra, Germany

- 1949년 창단(뮌헨, 독일)

- 주요 상임지휘자: 오이겐 요훔, 라파엘 쿠벨릭, 콜린 데이비스, 로린 마젤, 마리스 얀손스, 사이먼 래틀

- 섬세하고 풍부한 표현력, 독일 음악의 고유한 정체성, 유기적인 앙상블과 견실하고 유려한 사운드, 뛰어난 초견[137] 능력으로서 새로운 음악을 지속적으로 탐구하

---

137. 연습을 하지 않은 상태에서 악보를 처음 보고 연주함.

는 세련되고 현대화된 오케스트라

라이프치히 게반트하우스 오케스트라
Leipzig Gewandhaus Orchestra, Germany

- 1781년 창단(라이프치히, 독일)

- 주요 상임지휘자: 펠릭스 멘델스존, 아르투르 니키쉬, 빌헬름 푸르트벵글러, 브루노 발터, 쿠르트 마주어, 헤르베르트 블롬슈테트, 리카르도 샤이, 안드리스 넬손스

- 세계 최초의 민간 설립 오케스트라, 상상을 초월하는 변화무쌍의 오케스트라, 전통과 현대의 음악적 융합을 완벽하게 이루어 낸 오케스트라, 묵직하면서도 명확한 사운드, 음악의 강한 입체적 질감, 전통과 권위가 빛나는 강한 존재감의 오케스트라

드레스덴 슈타츠카펠레
Staatskapelle Dresden, Germany

- 1548년 창단(드레스덴, 독일)

- 주요 상임지휘자: 하인리히 쉿츠, 카를 마리아 폰 베버, 리하르트 바그너, 프리츠 라이너, 카를 뵘, 오트마 주이트너, 쿠르트 잔데를링, 헤르베르트 블롬슈테트, 주세페 시노폴리, 베르나르 하이팅크, 크리스티안 틸레만

- 500년 역사의 최고(最古)[138] 오케스트라, 고전과 현대의 탁월한 조화, 응축된 깊이 있는 연주, 초연(初演, Premiere)[139]의 대가, 연주의 탁월한 일체감과 치밀한 앙상블, 세계 어디에서도 넘볼 수 없는 역사와 권위 그리고 음악성을 자랑하는 오케스트라

뉴욕 필하모닉 오케스트라[140]
New York Philharmonic Orchestra, USA

- 1842년 창단(뉴욕, 미국)

- 주요 상임지휘자: 구스타프 말러, 아르투로 토스카니니, 존 바비롤리, 브루노 발터, 레너드 번스타인, 피에르 불레즈, 주빈 메타, 쿠르트 마주어, 로린 마젤, 앨런 길버트

- 미국 클래식 음악의 자존심, 20세기 카라얀이 이끄는 베를린 필과 함께 세계 오케스트라의 양대산맥을 이루었던 높은 명성의 오케스트라, 고전과 현대를 넘나드

---

138. 가장 오래됨.

139. 초연은 작곡가에게 있어서 자신이 작곡한 작품의 중요한 시험 무대이다.

140. 현재 뉴욕 필하모닉은 20세기 중반 때에 비해 오케스트라의 명성이 다소 떨어진 것은 사실이다. 한때는 세계 3대 오케스트라 중 하나로 일컬어지기도 하였지만 그 평가가 현재까지 유효한 것은 아니다. 그래서 뉴욕 필을 이 책에서 소개하는 10개의 오케스트라 중에 넣을지 말지 고민하였다. 그럼에도 불구하고 뉴욕 필을 소개하는 이유는 20세기 중반 레너드 번스타인이 이끄는 뉴욕 필의 음악적 성과와 업적이 지대하기 때문이다. 또한 클래식을 듣는 사람에게 있어 20세기 뉴욕 필의 연주를 기억하고 들어 보는 것이 중요한 이유이기도 하다.

242

는 폭 넓은 연주력, 시대를 선도하며 클래식 음악 부흥에 크게 앞장섰던 높은 권
위의 오케스트라

THE CLEVELAND ORCHESTRA

클리블랜드 오케스트라
The Cleveland Orchestra, USA

- 1918년 창단(클리블랜드, 미국)
- 주요 상임지휘자: 니콜라이 소콜로프, 아르투르 로진스키, 조지 셀, 피에르 불레
  즈, 로린 마젤, 프란츠 뷜저 뫼스트
- 미국 오케스트라를 대표하는 수준 높은 연주력과 앙상블, 섬세한 감각과 날카로
  운 분석력, 조직력, 완벽에 가까운 정밀한 사운드로 클래식 관현악의 모범이 되는
  오케스트라

STEP 5
알아두다

15장

클래식은 방대하지만
주요하게 연주되는 작품은 한정되어 있다

유럽의 지도가 눈앞에 펼쳐져 있다. 눈부신 자연경관과 매혹적인 도시, 경이로운 건축물 그리고 유구한 역사와 문화·예술이 살아 숨 쉬

여행을 꿈꿔 온 도시들을 떠올리다

는 유럽으로 여행을 떠난다고 했을 때, 우리는 과연 어디를 여행지로 선택하게 될까?

지금까지 우리는 클래식 음악에 대해 이야기해 왔다. 그런데 여기서 '여행'을 말하는 이유는, 클래식을 감상하는 방식이 우리가 세상을 여행하는 방식과 깊이 닮아 있기 때문이다. 이제부터 여행과 클래식이 어떤 점에서 서로 닮아 있는지를 구체적으로 살펴보자.

우선 유럽을 여행하기 위해서는 그동안 꿈꿔 왔던 가 보고 싶은 나라들을 떠올려 볼 것이다. 뜨거운 프리미어리그가 펼쳐지고 있는 축구의 종가 영국, 클래식 음악이 살아 숨 쉬는 오스트리아, 자동차와 맥주의 나라 독일, 예술과 패션의 상징 프랑스, 살아 있는 유적 박물관 이탈리아, 풍차와 튤립이 아름다운 네덜란드, 그리고 알프스의 대자연이 신비로운 스위스 등이 머릿속에 자연스레 떠오를 것이다.

그중에서 여행할 국가가 정해지면, 각 나라의 주요 도시와 사람들이 많이 찾는 지역들을 찾아보게 된다. 예를 들어 여행지로 프랑스, 스위스, 이탈리아를 선택했다면, 프랑스에서는 파리와 베르사유 그리고 남프랑스의 주요 도시들이 여행의 중심이 될 것이다. 스위스는 알프스를 대표하는 자연 관광지와 함께 루체른, 몽트뢰, 취리히 같은 잘 알려진 도시들이 여행의 핵심에 포함될 것이다. 이탈리아는 도시 자체가 하나의 거대한 유적지로, 과거로 시간 여행을 떠나게 하는 로마, 피렌체, 베네치아, 밀라노 등이 여행 일정의 중심을 이룰 것이다.

이처럼 우리는 대체로 많은 사람들이 선호하고 오랜 시간 사랑받아 온 도시나 지역을 중심으로 여행 계획을 세운다. 이것은 너무나 자연스럽고 익숙한 여행 방식이기 때문에 굳이 더 생각하거나 의문을 가질 필요가 없다. 하지만 관점을 조금 달리하여 이 점을 다시 한번 생각해 보자.

사람이 태어나서 한정된 시간과 재화로 여행을 떠난다고 했을 때, 과연 어디를 주된 여행지로 찾아갈 것인가. 앞서 언급한 것처럼 사람들은 보통 각 나라의 수도나 유명한 도시 그리고 오랜 역사와 뛰어난 자연경관을 자랑하는 지역 등, 한 국가나 대륙의 정체성이 뚜렷하게 드러나는 핵심 지역을 여행지로 선택할 것이다. 사람에게 평생 주어진 시간과 재화, 건강이 무한하다면 당연히 세상의 모든 곳을 여행할 수 있지만 사람은 그러한 존재가 아니다.

누구에게나 시간과 자원의 한계가 있는 만큼, 여행 또한 선택과 집중이 필요하다. 그래서 지금까지 많은 사람들의 선택은 오랜 시간 동안 수많은 이들의 마음을 사로잡아온 도시와 지역에 집중되어 왔다. 우리가 앞서 언급했던 프랑스 파리와 알프스를 품은 스위스의 여러 소도시, 그리고 역사 자체가 되어버린 이탈리아 로마와 피렌체 등은 과거부터 지금까지 인류에게 꾸준히 사랑받아 온 도시, 지역이다.

그런데 이러한 '선택과 집중'의 여행의 방식은, 인류가 클래식 음악을 듣는 방식과 놀라울 정도로 닮아 있다. 수백 년 동안 쌓여온 클래식 음악의 세계는 실로 무수한 작품들로 이루어져 있지만, 전 세계의 수많은 사람들은 먼저 모차르트의 오페라를 찾고 베토벤의 심포니와 피아노 소나타를 들으며 브람스와 차이콥스키의 협주곡에 귀를 기울인다. 마치 여행자들이 파리, 로마, 베를린, 런던과 같은 오랜 시간 동안 많은 사람들의 사랑을 받아 온 도시를 여행지로 선택하는 것과 같다. 클래식 음악 역시, 시대를 넘어 인류에게 널리 사랑받으며 깊은 감동을 안겨준 작품을 중심으로 클래식 듣기의 여정을 떠나게 되는 것이다.

여기서 한 가지 흥미로운 점은 우리가 익히 알고 있는 여행 방법인 '패키지여행'과 '자유여행'이 인류가 클래식 음악을 생산하고 소비하는 메커니즘과 유사하다는 것이다. 여행사와 가이드가 짜놓은 일정에 따라 움직이는 '패키지여행'은 여행자가 별다른 준비 없이 떠나는 편리한 여행 방식이고, 반대로 여행지와 숙소, 일정을 스스로 계획해 자유롭게 떠나는 '자유여행'은 다소 번거롭지만 여행자가 스스로 여정을 만들어 가는 방식이다.

두 여행 방식은 여행을 계획하는 주체가 다르다는 점에서 큰 차이를 보이지만, 한 가지 중요한 공통점이 있다. 바로 오랜 세월 동안 인류의 마음을 사로잡아 온 도시와 지역을 여행의 중심에 둔다는 점이다. 물론 자유여행은 패키지여행에 비해 소도시나 덜 알려진 장소를 찾게 되는 경향이 있는 것은 사실이다. 그러나 덜 알려진 도시나 장소라 하더라도, 여행은 근본적으로 오랜 시간 사람들에게 사랑받아 온 곳을 찾고 선택하는 일이다. 사랑받은 정도나 인지도에는 차이가 있을 수 있지만, 자유여행 역시 그 중심에는 오랜 시간 많은 사람들의 마음을 사로잡은 도시와 지역이 자리한다.

패키지여행과 자유여행의 두 여행 방식은 클래식 음악을 듣는 태도와도 밀접하게 연결되어 있다. 여행사가 일정을 기획한 패키지여행을 클래식 듣기 방식에 비유하자면, 이는 공연 기획자가 연주자와 함께 공연 프로그램을 기획한 음악회를 관람하는 것과 같다. 음악회는 일반적으로 청중이 선호하거나 시대가 요구하는 작품을 위주로 프로그램을 구성하고, 프로그램 북이나 공연 전 해설을 통해 작품에 대한 이해를 도울 수 있는 가이드를 제공한다. 이러한 점에서 음악회는 음악을 듣는 이(이하 '청취자')가 별다른 사전 준비 없이도 수준 높은 작품과 연주를 접할 수 있다는 장점이 있다. 그러나 중요한 것은, 청취자가 공연 전에 프로그램을 미리 들어보거나 작품에 대한 이해 없이 음악회를 관람할 경우, 그 감상은 의미 없이 스쳐 지나가는 일회성 경험에 그칠 수 있다는 점이다. 이는 마치 충분한 정보 없이 떠난 패키지여행이 깊이 없는 피상적인 체험으로 끝나는 것과 같은 맥락이다.

반면 여행자가 스스로 일정을 짜고 자유롭게 여행을 떠나는 자유여행은, 음악을 듣는 이가 자신이 원하는 작곡가와 작품을 음악회나 음반, 영상물 등을 통해 음악을 능동적으로 들어 나가는 방식에 비유할 수 있다. 능동적인 음악 듣기는 훨씬 더 많은 준비와 고민이 필요하다. 어떤 작곡가를 들어야 할지, 어떤 연주를 선택할지, 작품의 맥락과 의미를 이해하기 위해 오랫동안 노력하고 시행착오를 겪는다. 때로는 음악을 듣는 것이 어렵고 지루할 수 있다. 하지만 이렇게 쌓은 시간은 언젠가 강렬한 감동으로 되돌아온다. 자신이 원하는 방향으로 걸어가는 여행이 주는 짙은 감동처럼, 주도적인 음악 감상은 클래식 듣기의 수많은 열매를 맺게 하는 풍요로운 토양이 되어 준다.

흥미로운 사실은, 음악회는 공부와 준비(공연 프로그램을 미리 많이 들어보는 것)가 있을 때, 상상할 수 없는 크기의 감동을 준다는 점이다. 그렇기 때문에 자유여행에 비유되는 능동적 음악 듣기에서 음악회의 역할은 매우 중요하다. 작품(프로그램)을 알고 감상하는 음악회는 클래식 듣기의 경험을 새로운 차원으로 확장시킨다. 이는 패키지여행에서도 마찬가지이다. 같은 루브르 박물관을 보더라도, 여행 전에 미술과 박물관에 대한 지식을 갖춘 사람은 훨씬 더 깊고 오래 남는 감동을 경험하게 된다.

결국 클래식 듣기의 본질은 음악을 따라 자신만의 길을 묵묵히 찾아가는 자유여행과 비슷하다. 다음 표를 보면 여행의 방법과 구성요소가 인류가 클래식 음악을 향유하는 방식과 어떻게 연결되고 상관되는지를 직관적으로 이해할 것이다.

여 행	클래식 음악
여행자	클래식 음악을 듣는 사람(이하 '청취자')
여행사	연주자[141]와 함께 클래식 음악회 혹은 공연을 기획하는 자
패키지여행	클래식 음악회 혹은 기획된 공연
자유여행	청취자가 (음악회, 공연, 음반, 영상 등을 통해) 원하는 클래식 음악을 자유롭게 찾아 듣는 것
국가	작곡가
유명한 주요 도시, 지역	한 작곡가의 작품 중 연주자에 의해 주요하게 연주되는 작품, 한 작곡가의 작품 중 사람들이 주요하게 듣는 작품
소도시나 덜 알려진 도시, 지역	한 작곡가의 작품 중 연주자에 의해 주요하게 연주되지 않거나 연주(녹음) 빈도가 낮은 작품, 청취자의 수요가 낮은 작품, 신진 작곡가의 작품 등

여행과 클래식 비교

여행과 클래식을 비교해 말하고자 하는 핵심은, 클래식 작품이 세상의 수많은 지역과 장소처럼 그 수가 방대하지만 연주되는 작품은 사람들이 주로 찾는 여행지처럼 한정적이라는 점이다. 연주되는 작품이 한정적이라 해서 결코 그 수가 적다는 것은 아니다. 이 또한 셀 수 없을 정도로 많다. 하지만 클래식 음악을 오랫동안 듣게 되면 자연스럽게 체득하게 되는 것이 있다. 그것은 바로, 과거에서부터 지금까지 연주자들에 의해 주요하게 연주되는 작품이 무엇이고, 클래식을 듣는 사람들이 즐겨 찾는 작품이 무엇이며, 그 작품의 양이 대강 얼마 정도인지 우리가 알 수 있다는 점이다.

물론 주요하게 연주되는 작품이 얼마 있는지를 정확한 수로 나타낼 수는 없다. 이것은 세는 것이 아니라 가늠하는 것이다. 하지만 어떤 한 것의 양을 가늠할 수 있느냐는 것은 사람의 도전과 실행에 있어 매우 중요한 부분이 된다. 예를 들어 어떤 마라톤 대회가 있는데 주최 측에서 마라톤 코스의 전체 길이를 알려주지 않는다면, 마라톤 대회에 참가할 사람은 많지 않을 것이다. 사람은 도전에 있어 그 양이 명확해야 실행이 가능하기 때문이다.

사람들이 클래식을 꺼리는 이유 중 하나는 듣기에도 힘든 클래식을 들으려 하는데, 그 무한하게 느껴지는 세계에 첫발을 들이기가 염려되고 두렵게 느껴지기 때문이다. 이 세상에 작곡가가 얼마나 있는지 그리고 그들이 만든 작품은 얼마나 되는지, 또한 내가 클래식에 입문

---

141. 연주자는 개인(솔로이스트)과 단체(실내악단, 오케스트라, 오페라단 등)를 포함한다.

한다고 했을 때 그 무한한 작품 세계에 발도 못 내밀고 그저 맛만 보고 끝나는 건 아닌지 등의 생각으로 밑도 끝도 알 수 없는 세계에 강한 거부감이 생기는 것이다.

오르는 산의 높이를 헤아릴 수 있어야 산을 오르게 되는 법이다. 클래식 또한 마찬가지이다. 클래식을 들을 때 내가 앞으로 들어야 할 클래식 작품의 주요 목록과 그 양을 가늠하게 된다면 클래식을 듣는 것이 훨씬 더 수월해질 것이다.

다행히 클래식 작품도 사람들이 세계의 주요한 여행지를 찾아 여행을 떠나는 것처럼 주로 연주되는 것이 있고 즐겨 듣는 것이 있다. 과거에서부터 지금까지 클래식 음악은 이 주된 작품을 중심으로 연주의 역사를 이어 나갔다. 물론 시간이 흐름에 따라 작곡가와 작품이 발굴되고 하면서 주로 연주되는 작품의 양이 점점 늘어가고 있지만, 그것은 단지 거대한 강의 수위가 조금 높아지는 미미한 확장에 불과하다. 우리는 그저 이 거대한 흐름에만 집중하면 된다.

지금까지 인류가 주요하게 연주해 온 클래식 작품만을 들어도 우리는 클래식 음악의 높은 경지에 이를 수 있다. 클래식에 관심을 가지고 음악을 오랫동안 듣다 보면 인류가 지금까지 중요하게 여기는 작곡가와 작품이 무엇인지를 자연스럽게 알게 된다. 또한 클래식을 들으면서 앞으로 내가 들어야 할 작품이 무엇인지도 스스로 직감하게 된다.

우리가 살아가는 자본주의 사회에서는 클래식 음악도 결국 경제 위에 군림할 수 없다. 일반적으로 공연을 기획하는 자가 선택할 수 있는 작품은 많은 사람들을 음악회에 불러들여 티켓을 많이 팔 수 있는 것들이다. 다시 말해 음악회에서 연주자는 청중이 선호하는 클래식 작품을 그의 연주 프로그램으로 선택하게 된다는 것이다.[142]

음반시장 또한 이와 비슷한 성격을 가지기는 하나, 연주자 혹은 연주 단체가 음반을 통해 내놓는 작품들은 음악회보다는 훨씬 더 다양하고 광범위하다. 음반시장은 음악의 거대한 라이브러리와도 같다. 하지만 수만의 장서가 있는 도서관이라 할지라도 사람들이 즐겨 찾는 도서가 한정되어 있듯이 음반 또한 음반을 통해 사람들이 많이 찾는 작품이 있다. 그렇기 때문에 수많은 연주자들이 세대를 거듭하면서도 꾸준하게 녹음하는 필수 작품이 있는 것이다.

클래식 연주의 세계는 우리가 상상하는 것만큼 크지 않다. 인류의 클래식 레퍼토리는 넓지만, 의외로 한정적이다. 인류가 얼마나 한정된 바운더리 내에서 음악을 연주하는지는 다음 표를 통해 알 수 있다.

다음 표는 빅데이터로 통계를 낸 '한 해에 세계에서 가장 많이 연주된 작곡가'를 순위로 나타낸 것이다. 이 표를 통해 우리가 살펴보고자 하는 것은 그 해에 누가 1등이고 누가 2등이냐는 우열 관계가 아니다. 우리가 집중해야 할 것은 여러 해가 지나도 크게 변하지 않는, 세계에서 주되게 연주되는 작곡가의 이름들이다. 표 전체를 보면 해마다 조

---

142. 모든 클래식 연주회가 다 그런 것은 아니다. 국가나 기업 등에서 큰 후원을 받거나 음악의 넓은 탐색을 추구하는 연주자(연주 단체)는 클래식 음악의 발전과 신진 작곡가의 발굴을 위해 연주회의 프로그램 중 일부를 세상에 알려지지 않은 작품으로 구성하고 연주한다. 이러한 연주회의 형태는 과거서부터 이어져 왔고 현대에 와서는 거의 보편화되었다.

출처: 바흐트랙(bachtrack.com)[143]

2024	2023	2022	2019
1. 모차르트	1. 모차르트	1. 모차르트	1. 베토벤
2. 베토벤	2. 베토벤	2. 베토벤	2. 모차르트
3. 바흐	3. 바흐	3. 바흐	3. 바흐
4. 브람스	4. 브람스	4. 브람스	4. 브람스
5. 슈베르트	5. 슈베르트	5. 슈베르트	5. 슈베르트
6. 쇼팽	6. 라흐마니노프	6. 슈만	6. 차이콥스키
7. 슈만	7. 차이콥스키	7. 라벨	7. 슈만
8. 차이콥스키	8. 슈트라우스	8. 차이콥스키	8. 하이든
9. 라벨	9. 슈만	9. 슈트라우스	9. 쇼팽
10. 드보르자크	10. 라벨	10. 쇼팽	10. 멘델스존

한 해에 세계에서 가장 많이 연주된 작곡가

금의 순위 변동은 있지만, 결국에는 시간이 흘러도 세계의 수많은 연주자와 연주 단체는 비슷한 양상으로 작곡가를 선택하고 그들의 작품을 연주한다. 모차르트, 베토벤, 바흐, 브람스, 슈베르트는 마치 시대와 암묵적인 약속을 한 듯, 순위에 변함없이 세계에서 제일 많이 연주되는 작곡가이다. 이를 다르게 말하면, 세계 수많은 사람들은 공연장에서 주로 듣는 것만 듣는다는 말이 된다.

그렇다면 세계에서 매년 연주하는 작품들은 과연 어떠할까? 협주곡 장르의 통계를 한번 살펴보자.

다음 표에서 알 수 있듯이 협주곡 장르 또한 작곡가와 마찬가지로 순위의 변화만 조금 있을 뿐, 세계에서 즐겨 연주되는 작품은 마치 정해져 있는 것처럼 매년 비슷하게 나타난다. 이러한 양상은 오페라에서

---

143. 바흐트랙은 매년 전 세계의 클래식 공연과 아티스트의 활동을 빅데이터화하여 통계자료를 내놓고 있다.

출처: 바흐트랙(bachtrack.com)

2024	2023	2022
1. 베토벤 피아노 협주곡 5번	1. 라흐마니노프 피아노 협주곡 3번	1. 라벨 피아노 협주곡 G장조
2. 모차르트 피아노 협주곡 20번	2. 라흐마니노프 피아노 협주곡 2번	2. 라흐마니노프 피아노 협주곡 2번
3. 베토벤 피아노 협주곡 3번	3. 슈만 피아노 협주곡 A단조	3. 슈만 피아노 협주곡 A단조
4. 라흐마니노프 피아노 협주곡 2번	4. 베토벤 피아노 협주곡 4번	4. 베토벤 피아노 협주곡 4번
5. 라벨 피아노 협주곡 G장조	5. 라벨 피아노 협주곡 G장조	5. 베토벤 피아노 협주곡 5번

한 해에 세계에서 가장 많이 연주된 피아노 협주곡

2024	2023	2022
1. 브람스 바이올린 협주곡 D장조	1. 차이콥스키 바이올린 협주곡 D장조	1. 멘델스존 바이올린 협주곡 E단조
2. 멘델스존 바이올린 협주곡 E단조	2. 멘델스존 바이올린 협주곡 E단조	2. 베토벤 바이올린 협주곡 D장조
3. 베토벤 바이올린 협주곡 D장조	3. 베토벤 바이올린 협주곡 D장조	3. 시벨리우스 바이올린 협주곡 D단조
4. 시벨리우스 바이올린 협주곡 D단조	4. 브람스 바이올린 협주곡 D장조	4. 차이콥스키 바이올린 협주곡 D장조
5. 차이콥스키 바이올린 협주곡 D장조	5. 시벨리우스 바이올린 협주곡 D단조	5. 바흐 바이올린 협주곡 G단조

한 해에 세계에서 가장 많이 연주된 바이올린 협주곡

2024	2023	2022	2019
1. 모차르트 「마술피리」	1. 모차르트 「마술피리」	1. 모차르트 「피가로의 결혼」	1. 베르디 「라 트라비아타」
2. 비제 「카르멘」	2. 푸치니 「라보엠」	2. 푸치니 「라보엠」	2. 푸치니 「토스카」
3. 푸치니 「나비부인」	3. 푸치니 「나비부인」	3. 모차르트 「마술피리」	3. 비제 「카르멘」
4. 베르디 「라 트라비아타」	4. 모차르트 「돈 조반니」	4. 푸치니 「토스카」	4. 푸치니 「나비부인」
5. 푸치니 「토스카」	5. 베르디 「라 트라비아타」	5. 비제 「카르멘」	5. 로시니 「세비야의 이발사」
6. 푸치니 「라보엠」	6. 모차르트 「피가로의 결혼」	6. 베르디 「라 트라비아타」	6. 푸치니 「라보엠」
7. 푸치니 「투란도트」	7. 푸치니 「투란도트」	7. 모차르트 「돈 조반니」	7. 모차르트 「마술피리」
8. 모차르트 「돈 조반니」	8. 푸치니 「토스카」	8. 베르디 「리골레토」	8. 모차르트 「돈 조반니」
9. 모차르트 「피가로의 결혼」	9. 비제 「카르멘」	9. 푸치니 「나비부인」	9. 모차르트 「피가로의 결혼」
10. 로시니 「세비야의 이발사」	10. 베르디 「아이다」	10. 모차르트 「코지 판 투테」	10. 베르디 「리골레토」

한 해에 세계에서 가장 많이 연주된 오페라

도 거의 동일하다.

　이렇듯 인류가 가지는 클래식 레퍼토리는 어느 정도 정해져 있다고 해도 과언은 아닐 것이다. 우리는 지금까지의 통계자료를 통해 인류가 주요하게 선택하는 작곡가와 협주곡 그리고 오페라를 알아보았다. 하지만 우리가 여기에서 언급하지 않은 중요한 장르가 하나 있는데, 바로 심포니이다.

심포니는 매년 수많은 오케스트라가 가장 기본적으로 연주하는 장르로서 이 또한 주요하게 연주되는 작품이 있다. 베토벤 심포니, 브람스 심포니, 차이콥스키 심포니, 말러 심포니, 브루크너 심포니가 그것이다.[144] 베토벤 심포니는 3번 「영웅」과 5번 「운명」, 7번, 9번 「합창」이 많이 연주된다. 브람스 심포니는 1번에서 4번 전곡이 주요하게 연주되며, 차이콥스키 심포니는 후기 심포니인 4번, 5번, 6번 「비창」이 많이 연주된다. 말러 심포니는 1번 「거인」과 2번 「부활」, 5번, 6번 「비극적」이 주로 연주되고, 연주력이 뛰어난 오케스트라는 말러의 전 교향곡 1번부터 10번을 정기적으로 연주한다. 브루크너 심포니는 4번과 7번, 8번, 9번이 많이 연주되는 작품이다. 참고로 2019년도에 세계에서 가장 많이 연주된 오케스트라 작품은 베토벤 심포니 3번 「영웅」이었고, 말러 심포니가 베토벤 심포니의 연주 횟수를 뛰어넘는 해도 있었다.

앞의 통계에서 우리가 간과하지 말아야 할 것이 하나 있다. 통계자료가 클래식 작품의 가치를 평가하거나 시대의 흐름을 읽는 절대적인 기준이 아니라는 점이다. 통계자료에 없는 작품 중에는 사람들이 음반이나 다양한 매체를 통해 더 큰 사랑을 받는 작품들이 훨씬 많이 존재

---

144. 여기에서 더 추가하자면 슈만 심포니, 슈베르트 심포니, 드보르자크 심포니, 시벨리우스 심포니 등이 있다.

한다.

　지금까지 살펴본 통계는 어디까지나 연주자가 공연장에서 연주한 작품에 국한된 것이다. 만약 이 통계의 범위를 클래식을 듣는 사람이 음악회, 음반, 영상물 등을 통해 스스로 찾아 듣는 작품까지 확장한다면, 그 양상은 크게 달라질 수 있다. 그러나 통계의 내용이 어떻게 변하든, 그것은 단지 클래식의 거대한 주류 안에서 이루어지는 변화에 불과하다.

　우리가 통계자료를 통해 취해야 할 것은 클래식은 주요하게 연주되는 작품이 어느 정도 정해져 있음을 깨닫는 것이다. 그리고 이를 통해 클래식을 처음 들을 때 느껴지는 클래식 세계의 막연함과 두려움을 하루빨리 떨쳐 버리는 것이 중요하다.

　클래식을 사랑하는 사람들이 그 세계에 열광하며 깊이 빠져드는 이유는 간단하다. 그들은 자신이 들을 수 있는 클래식의 범위가 어디까지인지 알고 있으며, 그 끝없는 세계를 평생 동안 도전하고 정복할 가치가 있다고 느끼기 때문이다.

　우리의 궁극적인 목표는 클래식 음악으로의 자유여행이다. 이는 자신이 특별히 좋아하는 작곡가와 작품을 따라 무한한 여정을 떠나는 것을 의미한다. 다만, 음악으로의 자유여행이 음악의 오지로 떠나라는 뜻은 아니다. 음악의 자유여행 또한 인류가 공유하는 주요 클래식 레퍼토리에서 크게 벗어나지 않는다. 중요한 것은 음악으로의 자유여행은 음악을 듣는 것에 있어 능동적이며 자기 성취적이라는 것이다.

자유여행을 하듯이 음악을 듣다 보면 자연스럽게 자신의 음악 여행 지도를 머릿속에 그릴 수 있다. 지도를 한번 만들면 수없이 수정하고 고치게 될 것이다. 고치고 수정하면서 나의 음악 여행 지도는 너비와 깊이가 크게 확장되고, 그 안에 나만의 귀중한 스토리가 담기게 된다.

결국 클래식에서의 자유여행도 정해진 루트를 가는 것이다. 왜냐하면 듣는 사람은 연주자가 마련한 길대로 갈 수밖에 없기 때문이다. 스스로 연주를 하지 않는 이상 듣는 사람은 연주자가 마련한 루트를 따를 수밖에 없다. 그것이 음악회든 음반이든 말이다. 그 루트는 사람이 자주 가는 길일 수도 있고 아닐 수도 있다. 결국 중요한 것은 내가 듣는 음악의 길이다. 내가 어디를 가든 자신이 좋아서 선택한 길은 그 자체로 아주 큰 의미가 있다.

<h1 style="text-align:center">16장</h1>

<h1 style="text-align:center">내가 듣는 작품의 전체(전곡)를
항상 먼저 체크하자</h1>

클래식을 들을 때 이것만큼은 꼭 가졌으면 하는 중요한 습관이 하나 있다. 그것은 바로 현재 내가 듣고 있는 작품이 하나 있으면 그 작품의 전체나 혹은 전곡의 분량을 먼저 체크하는 것이다. 예를 들어 내가 지금 '베토벤 피아노 소나타 8번 「비창」'을 듣고 있다면 작품을 듣는 초기의 시점에서 '베토벤 피아노 소나타'의 전곡 분량이 얼마인지를 먼저 확인하는 것이다. 이해를 돕기 위해 하나의 예시를 들어볼 것이다. 내가 듣는 작품과 그 작품의 전체를 체크하는 방법이 아래의 문장 정도로만 이루어진다면 그것으로 충분하다.

"나는 지금 베토벤 피아노 소나타 8번 「비창」을 듣는다. 베토벤 피아노 소나타는 총 32개의 작품이 있다." 아니면 "베토벤 피아노 소나타는 총 32개의 작품이 있는데, 나는 그중에 베토벤 피아노 소나타 8번 「비창」을 듣는다."

이러한 방법으로 작품의 전체를 먼저 확인하는 이유는 현재와 앞으로의 음악을 듣는 자신의 음악적 위치를 효과적으로 파악하기 위해서이다. 작품의 전체(전곡)를 간단하게라도 파악하는 일은 자신이 현재 듣는 작품 이후에 들어야 할 작품을 선택하는 경로를 어렵지 않게 설정할 수 있게 해 준다. 하지만 작품을 들을 때 작품의 전체를 모른다면 음악을 듣는 것에 있어 체계적인 계획을 세울 수 없을 뿐 아니라 떠돌이식 음악 듣기가 이루어질 가능성이 크다.

여기에서 나의 경험을 이야기해 본다. 내가 어렸을 적, 클래식에 대해 아는 것이 별로 없었을 때 쇼팽의 작품이 수록된 한 음반을 들은 적이 있다. 그 음반은 쇼팽의 유명한 작품만을 발췌한 쇼팽의 베스트 음반이었다. 음반사 DECCA에서 나온 'The World of Chopin'이라는 앨범인데, 이것은 내 인생에서 쇼팽을 듣는 첫 관문과도 같은 것이었다.

'The World of Chopin' 앨범의 수록곡

나는 이 음반을 들었을 때를 생생하게 기억한다. 왜냐하면 음반을 들으면서 적지 않은 혼란을 겪었기 때문이다.

이 음반에 수록된 작품 중에는 쇼팽의 왈츠(Waltz)가 4곡이 있었다. 나는 당시에 쇼팽이 쓴 왈츠는 이 음반에 담긴 4곡이 전부라고 생각했다. 좀 더 정확하게 말하면, 쇼팽의 왈츠가 이 4곡 외에 더 있는지 몰랐다. 만약 그 이상이 있었어도 음반에 실릴 정도로 유명하지 않기 때문에 크게 의미가 없다고 생각했다. 이 음반에 실린 왈츠를 아는 것으로 나는 쇼팽의 왈츠를 거의 다 알고 있다고 여겼다. 정말이지, '무식하면 용감하다'는 말이 자연스럽게 떠오르는 그러한 행동이었다.

왈츠 외에도 이 음반에 실린 다른 쇼팽의 장르들도 마찬가지였다. 녹턴, 에튀드, 마주르카, 프렐류드 등 각 장르가 가지는 큰 세계를 좀 더 알아보려는 노력과 시도가 없었다. 그저 'The World of Chopin'이라는 음반에 수록된 작품들이 쇼팽의 전부인 것으로 생각했다. 그렇기 때문에 이 음반에 있는 작품 외에 쇼팽의 음악 장르를 좀 더 확장해서 들으려는 시도가 이루어지지 않았다. 이것은 참으로 어리석은 행동이었고 큰 착각이었다.

다행히도 오랜 시간이 걸리지 않아 나는 이 착각의 늪에서 빠져나올 수 있었다. 그 이유는 바로 클래식을 꾸준하게 들었기 때문이다. 큰 착각에서 빠져나올 수 있었던 결정적인 계기는 라디오 클래식 음악방송을 듣다가 이루어졌다. 한 라디오 프로그램에서 선곡한 쇼팽의 왈츠를 듣는데, 그것은 내가 처음 들어 보는 쇼팽의 왈츠였다.

난생처음 듣는 그 작품은 내 귀를 크게 자극할 정도로 아름답게 들렸다. 이내 나는 큰 충격에 휩싸이게 되었다. 내가 아는 것이 전부가 아니라는 자명한 사실을 그때서야 깨닫게 되었다. 그 후 나는 쇼팽의 작품에서 왈츠[145]라는 형식이 붙은 작품이 총 몇 곡인지 살펴보았다. 악보로 출판되어 공식적인 번호(No.)가 붙은 작품은 총 19곡이었다.[146] 19곡의 왈츠 가운데 음반에 실린 4곡만을 알면서도 쇼팽의 왈츠를 잘 알고 있다고 생각했던 자신이 부끄럽게 느껴졌다. 그리고 쇼팽이 남긴 다른 장르 또한 전체의 작품 수를 알아보았다. 에튀드 24곡,[147] 프렐류드 27곡,[148] 피아노 소나타 3곡, 발라드 4곡, 녹턴 21곡, 즉흥곡 4곡, 스케르초 4곡, 피아노 협주곡 2곡 등이었다. 쇼팽이 남긴 음악은 높고 거대한 피아노의 세계를 이루고 있었다.

쇼팽이 남긴 피아노 장르의 전곡을 체크해 보니 나의 음악 듣기의 수준과 현재의 위치가 바로 파악되었다. 나의 수준은 쇼팽의 걸음마 단계도 못 되는 새 발의 피에 불과했다. 그나마 다행인 것은 이러한 경험이 있고 난 이후에 내가 쇼팽의 작품을 어떻게 들어야 할지에 대한 계획이 무난하게 이루어졌다는 점이다. 나는 우선 쇼팽의 피아노 장르 중에서 감상하기에 수월했던 왈츠와 에튀드를 듣는 것에 집중하였다.

---

145. 왈츠는 춤곡으로서 영어권에서는 왈츠(waltz), 독일어로는 발처(walzer), 프랑스어로는 발스(valse)로 각 나라별로 명칭이 다르다. 춤곡이라 하여 사람들이 추는 춤을 위해 작곡된 작품이 아니라 음악으로 춤을 표현한 것이라 생각하면 쉽게 이해가 될 것이다.

146. 이 19곡 외에 쇼팽 사후에 발견된 왈츠 작품이 더 있다.

147. 작품번호가 없는 3곡을 포함하면 전체 27곡이다.

148. 쇼팽의 대표적인 전주곡(프렐류드)은 '24개 전주곡, Op.28'과 '전주곡 C# 단조, Op.45' 한 곡이다.

그리고 나름의 방식으로 음악을 듣는 순서와 방법을 체계화하였다. 쇼팽의 작품은 각 장르의 작품번호(Op.) 순서대로 음악을 들었고, 왈츠와 에튀드를 시작으로 스케르초와 발라드, 폴로네이즈, 소나타로 장르의 범위를 점점 확장하였다.

이후에 나는 음악 듣기의 큰 착각에 빠지게 한 'The World of Chopin'이라는 음반과 이와 비슷한 클래식 베스트 앨범 같은 것들을 모두 쓰레기통에 던져 버렸다. 지금 돌이켜 보면 '그때 굳이 그렇게 할 필요가 있었나'라는 생각이 들기도 한다. 하지만 그 당시만큼은 그러한 행동으로 나의 중요한 깨달음을 표현하고 싶었다. 그때부터 어떠한 클래식 작품을 듣든지, 작품의 전체를 먼저 확인하는 습관이 생기게 되었다.

- 베토벤 교향곡, 전체 9작품

- 브람스 교향곡, 전체 4작품

- 차이콥스키 교향곡, 전체 6작품

- 슈만 교향곡, 전체 4작품

- 말러 교향곡, 전체 10작품[149]

- 브루크너 교향곡, 전체 9작품[150]

- 쇼팽 피아노 협주곡, 전체 2작품

- 차이콥스키 바이올린 협주곡, 전체 1작품

- 슈만 피아노 협주곡, 전체 1작품

---

149. 교향곡 1번~10번이 있고, 「대지의 노래(Das Lied von der Erde)」를 포함하면 총 11작품이다.

150. 교향곡 1번~9번이 있고, 교향곡 F단조와 교향곡 0번을 포함하면 총 11작품이다.

- 베토벤 피아노 협주곡, 전체 5작품

- 라흐마니노프 피아노 협주곡, 전체 4작품

- 슈베르트 즉흥곡, 전체 8작품

- 리스트 피아노 소나타, 전체 1작품

- 리스트 교향시, 전체 13작품

- 바그너 오페라 「발퀴레」, 전체 3막

- 바그너 오페라 「탄호이저」, 전체 3막

- 리하르트 슈트라우스 오페라 「엘렉트라」, 단막 오페라 등

위와 같은 한 음악 형식의 작품 전체[151]는 일부러 외울 필요가 없다. 그저 내가 어떠한 작품을 듣기 전에 간단히 체크만 하면 된다. 전체를 파악하는 습관을 가지고 클래식을 꾸준하게 듣다 보면, 내가 듣고 있는 베토벤 교향곡은 총 몇 작품이 있고, 앞으로 들을 말러 교향곡은 총 몇 개의 작품으로 이루어져 있으며, 내가 좋아하는 라흐마니노프의 피아노 협주곡은 총 몇 번까지 있는지 머릿속에 자연스럽게 각인될 것이다.

마지막으로 우리는 깊은 감상과 함께 '브람스 교향곡 1번'을 듣고 있는 우진이의 이야기를 들어 보도록 하자. 우진이는 클래식을 들은 지 얼마 안 되었지만, 큰 열정으로 음악의 황제인 교향곡을 듣는 것에 도전하고 있다. 우진이는 '브람스 교향곡 1번'을 듣기 전에 브람스 교향곡이 총 몇 작품 있는지 간단히 확인했다.

---

151. 정확하게 말하면 한 작곡가가 남긴 한 음악 형식의 전체 혹은 전곡.

클래식 음악에 집중하고 있는 우진이가 브람스 교향곡 1번을 들으며 과연 어떤 생각을 하고 있을까? 그의 생각을 한번 들여다보자. 결론적으로 우진이가 음악을 듣는 방식은 우리가 클래식을 듣는 방법에 있어 좋은 모델이 된다.

우진: 우와! 이 작품은 진정 남자를 위한 작품이다! 마치 큰 패기로 전쟁에 나가는 독일 전차군단을 보는 듯해. 쓸쓸한 가을에는 브람스를 들어야 한다는데 그 말이 참으로 맞는 것 같아. 브람스 교향곡 1번은 1악장도 좋지만 역시 4악장이 상징적이구나. 왜 작품을 들을 때 내 손은 잠시도 가만히 있지를 못하고 불끈불끈 주먹을 쥐게 되는 것일까. 브람스는 정말이지 상남자였나 보다. 브람스 교향곡을 더 들어 봐야겠어. 브람스는 4개의 교향곡이 있다고 했는데 생각보다 많지 않아서 다행이야. 몇십 개나 되는 줄 알고 겁먹고 있었는데 말이야. 심포니 1번을 어느 정도 들으면 다음에는 교향곡 2번을 들어야겠다! 어찌 됐든 4개의 작품만 들으면 나는 브람스 교향곡을 다 듣게 되는 거야! 오 이러한 뿌듯함이 있나~ 그리고 브람스 교향곡 전곡을 들으면 브람스와 같은 낭만주의 작곡가인 차이콥스키의 6개 교향곡을 들어야겠다. 차이콥스키 교향곡은 후기 교향곡인 4번, 5번, 6번이 좋다고 하는데 역순으로 교향곡 6번 「비창」부터 듣는 게 좋을 것 같다. 교향곡을 들으면서 베토벤 피아노 소나타 32곡도 1번부터 차근차근히 들어 봐야지. 물론 시간이 아주 오래 걸리겠지만 말야…….

17장

노란 딱지와 파란 딱지
그리고 빨간 딱지를 선택하면 실패하지 않는다

우리는 지금 백(Bag)을 하나 보고 있다. 이 백의 생김새를 보고 무엇을 알 수 있을까. 우선 남성보다는 여성을 위한 여성용 백이라는 점을 알 수 있고, 형태는 사각형이지만 모서리가 둥글어 전체적으로 보았을 때 딱딱함보다는 부드러운 느낌을 준다는 사실을 알 수 있다. 그리고 색깔은 밝은 브라운(Brown)이다. 백의 테두리에는 하얀색 바늘땀이 얇게 처리되어 있으며, 가죽 면에는 미세한 물결 무늬가 있는 것도 알 수 있다.

우리가 백의 생김새를 보고 알 수 있는 것은 이 정도가 전부일 것이다. 하지만 다음 사진을 보게 되면 이야기는 달라진다.

　지금 보고 있는 백은 우리가 앞에서 본 백과는 다른 것으로 백의 중심에는 글자 'H'가 크게 박혀 있다. 우리가 'H'라는 글자를 바라보았을 때 먼저 알 수 있는 것은 이 백이 수많은 사람들이 가지고 싶어하는 명품이라는 점이다. 또한 이 백은 세계적인 디자이너가 디자인했다는 것과 최상급의 가죽을 사용하였다는 것, 장인(Master)이 오랜 시간 동안 수제로 만들었다는 것, 가격이 상상을 초월할 정도로 비싸다는 것, 눈에 보이지 않는 부분의 디테일도 훌륭하다는 것 등이다. 그리고 이 백은 자세히 살펴보지 않아도 백으로서 크나큰 가치가 있다는 것을 알수 있다.

　이렇듯 명품 브랜드의 로고나 라벨은 그 명품 브랜드가 가지는 가치와 명성, 높은 기술, 자신감과 자부심, 역사 등을 강하게 나타낸다. 사람들은 명품 브랜드의 로고를 보며 그 브랜드가 생산한 것들에 무한한 신뢰를 보낸다. 운동화를 사려 할 때 나이키의 로고를 찾고, 커피를 마시기 위해 스타벅스의 인어 '세이렌'을 찾으며, 큰 돈을 모아 자동차를 장만하려 할 때, 메르세데스 벤츠의 삼각별을 찾게 되는 것이다.

　클래식 음반도 이와 같이 로고만 봐도 모든 것을 신뢰할 수 있는 명품 브랜드가 존재한다. 클래식을 듣는 사람이라면 클래식의 상징과도 같은 이 명품 레이블의 음반을 절대 들어 보지 않을 수가 없다. 클래식 애호가들에게 흔히 '노란 딱지'로 불리는 '도이치 그라모폰(Deutsche Grammophon)'은 세계의 클래식 음악 시장을 대표하는 지존의 클래식

Deutsche Grammophon

레이블이다.

　도이치 그라모폰과 같은 클래식 메이저 레이블을 중요하게 소개하는 이유가 있다. 그 이유는 이 레이블에 소속된 아티스트들이 세계적이기 때문이고, 또한 그들이 이 레이블을 통해 녹음한 명연주가 방대한 수에 이르기 때문이다. 역사적으로 도이치 그라모폰에 소속된 대표적인 아티스트로서 지휘자인 '빌헬름 푸르트벵글러', '헤르베르트 폰 카라얀', '클라우디오 아바도', '레너드 번스타인', '다니엘 바렌보임', '카를 뵘', '로린 마젤', '라파엘 쿠벨릭', '정명훈', '크리스티안 틸레만', '구스타보 두다멜' 등이 있다.

　피아니스트로는 '마우리치오 폴리니', '마르타 아르헤리치', '빌헬름 켐프', '에밀 길렐스', '스비아토슬라프 리히테르', '그리고리 소콜

로프', '조성진' 등이 있다. 바이올리니스트는 '다비드 오이스트라흐', '안네 소피 무터', '기돈 크레머', '크리스티앙 페라스', '힐러리 한', '리사 바티아슈빌리' 등이 있으며 오케스트라는 '베를린 필하모닉', '빈 필하모닉', '시카고 심포니', '드레스덴 슈타츠카펠레', 'LA 필하모닉' 등 있다.

이외에도 하나하나 다 열거할 수 없을 정도의 수많은 불세출의 음악가와 단체들이 도이치 그라모폰과 녹음을 했다. 우리가 앞에서 그토록 힘들게 외웠던 아티스트의 이름들이 도이치 그라모폰이라는 레이블에 상당수가 소속되어 있다.

도이치 그라모폰을 듣는다는 것은 명연주자의 명연주를 듣는 것이다. 클래식을 입문할 때, 그리고 클래식을 입문한 이후에도 도이치 그라모폰을 선택하는 것은 가히 필수적이라 할 수 있다. 이후에 설명할 파란 딱지의 데카(DECCA)와 지금은 워너뮤직(Warner Music)으로 인수합병된 빨간 딱지의 EMI 또한 명연주자의 명음반이 가득한 메이저 레이블이다. 클래식 음반으로 이 세 레이블을 선택하면 음악을 듣는 것에 있어 실패할 일은 거의 없다. 또한 듣고 싶은 작품이 있는데 어떠한 음반을 선택해야 할지 잘 모르겠다면, 우선 노란 딱지나 파란 딱지가 붙은 음반을 선택하면 된다. 이 음반사들은 세계적인 아티스트의 연주가 아니면 음반에 그들의 레이블을 붙이지 않는다.

독일의 도이치 그라모폰(DG, 이하 병용)은 1898년에 설립되었다. 120년 이상의 유구한 역사를 가지는 이 레이블이 역사적으로 추구해온 것은 바로 최고의 아티스트를 꾸준하게 찾고 영입하는 것이다. 그들의 이러한 행보는 지금까지도 굳건하게 이어지고 있다. 또한 DG가 다른 음반사에 비해 크게 뛰어난 점이 있었는데, 그것은 바로 시대가 원하는 음악과 아티스트를 선택하는 뛰어난 예술적 식견과 대중들이 음반을 많이 사게끔 만드는 사업 전략이다.

DG는 역사적으로 '지휘자 왕국'이었다. 세계에서 잘 나가는 마에스트로는 다 이곳에 소속되어 있었다. DG에 소속된 지휘자 중에 음반사에 큰 돈을 벌어다 주면서 자신의 명성까지 챙긴 인물은 단연 '헤르베르트 폰 카라얀'이다. 카라얀은 베를린 필하모닉과 함께 클래식의 핵심 레퍼토리를 정력적으로 DG와 녹음하였다. 그 결과 그는 세계에 유례없는 초 메머드급 디스코그라피를 구축하게 되었다. 지금까지도 음반가게의 클래식 코너가 노란색으로 물들어져 있는 이유는, 카라얀과 더불어 당대 최고의 마에스트로와 연주자들이 남겨놓은 방대한 레코딩 덕분이다. 그리고 그 중심에는 최고의 음악가들을 발 빠르게 만나고 영입하는 DG의 경영철학이 있었다. 우리나라의 자랑스러운 피아니스트 조성진도 2015년 쇼팽 피아노 콩쿠르에서 우승하자마자 이들이 바로 모셔갔다.

DG가 내놓는 음반들은 그 자체가 하나의 예술 작품이다. 음악, 음악가, 음향 기술, 미술, 텍스트 등이 만나 하나의 예술 명품을 만든다. DG의 음반을 사는 것은 단순히 CD 한 장(혹은 LP 한 장)을 사는 의미와 가치를 넘어 하나의 예술을 사는 것과 같다. 최고의 아티스트가 연주하는 천재 작곡가의 음악과 고도의 음향 기술, 시각적으로 뛰어난 음반 재킷의 사진과 미술, 세련된 타이포, 음반 책자 속에 써 있는 높은 비평의 텍스트가 이 한 장의 예술 작품 안에 모두 담겨 있다.

DG는 세계의 아티스트들이 제일 녹음하고 싶어 하는 레이블이다. 어느 아티스트가 DG에 소속해 있다는 건, 그 음악성과 스타성이 세계적 수준에 있다는 것이다.[152]

DG의 노란 로고가 붙은 음반에는 많은 의미가 담겨 있다. 그 의미는 '이 음반의 음악은 시대가 낳은 최고의 아티스트가 연주했다'는 것과 '이 음반을 통해 당신은 역사적으로 가치 있는 작품을 명연주로 들을 수 있다'는 것, 그리고 '이 음반을 선택한 당신의 결정은 옳다'는 것이다.

---

152. 도이치 그라모폰도 'STAGE+'라는 자체 음악 스트리밍 서비스가 있다. 모바일 기기를 통해 앱을 다운로드 받을 수 있고, 웹사이트를 통해서도 스트리밍 서비스를 받을 수 있다. 서비스의 구독을 통해 이 레이블에 소속된 세계적인 아티스트들을 확인할 수 있으며, 그들의 수많은 음반과 연주 영상, 라이브 공연, 인터뷰 등을 즐길 수 있다.

다음으로 소개할 클래식 레이블은 도이치 그라모폰과 함께 클래식의 굳건한 상징으로 자리매김하고 있는 파란 딱지의 '데카(DECCA)'이다.

DECCA Classics

과거의 'DECCA' 로고

파란 딱지 데카의 로고를 정확히 설명하면 흰색 텍스트가 쓰여 있는 상부의 파란 면과 하부의 빨간 면이 하나로 합쳐져 있는 형태이다. 이전의 로고는 검은색 바탕에 흰색 텍스트를 사용하는 고전적인 형태였다. 데카는 1980년대 이후에 현대화를 맞이하면서 좀 더 밝고 세련된 느낌을 주는 지금의 파랑, 빨강 로고를 사용하게 되었다.

우리가 한 가지 유념해야 할 것은 초반에 DG를 집중적으로 다룬

탓에 다른 레이블이 DG보다 가치나 수준이 떨어진다는 생각을 가져 서는 안 된다는 점이다. 데카나 이후에 설명할 EMI 또한 DG에 버금가 는 클래식의 상징적인 메이저 레이블이다. 추구하는 것과 색깔이 다를 뿐이지 무엇이 더 좋고 가치 있다고 평가하기는 힘들다.

데카 레이블의 특징을 한마디로 표현한다면 '뛰어난 음향 기술과 기술에 대한 강한 집념'이다. 음반사로서 데카는 DG나 EMI 등의 경 쟁 음반사보다 시작이 좀 늦은 편이다. 그러나 음향 기술과 음질에 있 어서는 시대를 막론하고 항상 최선봉을 이끄는 레이블이다. 음향 기술 과 음향 개발 그리고 최고의 음향 환경은 데카가 가지는 최고의 자부 심이자 중요한 경영철학이다. 데카는 1950년대 중반에 이미 스테레오 기술을 적극 도입하여 레코딩 작업을 진행하였다. 그 결과 오래전부터 데카는 '음질을 믿고 사는 레이블'이라는 명성을 가지게 되었다.

역사적으로 DG가 관현악을 비롯한 '기악곡의 천국'이라면, 데카 는 '오페라의 천국'이다. 헤아릴 수 없을 정도로 많은 오페라의 레퍼토 리가 데카에 의해 녹음되었고, 오페라의 방대한 디스코그라피가 구축 되었다. 오페라는 오케스트라와 다수의 솔로이스트 성악가 그리고 합 창단이 연주하고 노래하기 때문에 오페라를 녹음한다는 것은 기술적 으로 여간 어려운 일이 아니다. 데카가 오페라의 왕국이 될 수 있었던 것은 그들이 가지고 있는 최고의 음향 기술과 음향 환경이 한몫하였기 때문이다.

데카에 소속된 대표적인 아티스트로는 지휘자 '게오르그 솔티'와 '리카르도 샤이', '샤를 뒤투아', '클라우스 메켈레'가 있고, 피아니스트는 '클라우디오 아라우'와 '빌헬름 박하우스', '안드라스 쉬프', '라두 루푸', '블라디미르 아쉬케나지', '미츠코 우치다' 그리고 '임윤찬'이 있다. 바이올리니스트는 '정경화'와 '재닌 얀센', '조슈아 벨', '레오니다스 카바코스'가 있으며, 오케스트라는 '빈 필하모닉', '런던 심포니', '런던 필하모닉'이 있다.

데카에서 주목해야 할 아티스트는 바로 성악가들이다. 데카는 오페라에 독보적인 두각을 나타낸 레이블이기 때문에 당대의 정상급 성악가들과 수많은 명반을 남길 수 있었다. '레나타 테발디', '마리오 델모나코', '조안 서덜랜드', '루치아노 파바로티' 등이 데카에 소속되었던 전설적인 가수들이다. 지금까지 데카의 보컬(Vocal) 아티스트에 대한 사랑은 남다르다. '체칠리아 바르톨리', '르네 플레밍', '안젤라 게오르규', '요나스 카우프만', '리세 다비드센' 등의 최정상 오페라 가수들이 데카와 손을 잡고 있다. 우리나라가 자랑하는 소프라노 '조수미' 또한 데카와 작업한 바가 있다.

이렇듯 혁신적인 음향 기술을 가진 데카 또한 세계 최정상 아티스트들과 함께 수많은 레코딩 작업을 하였고, 방대한 수의 명반을 만들어 내었다. 그야말로 '예술과 기술의 최고 융합'이다. 데카의 클래식에 대한 고집은 '필립스'라는 메이저 레이블을 흡수해 필립스가 가지고 있던 명반 아카이브를 손에 넣을 수 있게 되었다. 참고로 '빨간 줄' 음반으로 유명했던 필립스는 데카에 흡수되기 전 세계 음반시장의 다섯 손가락 안에 드는 명 음반사였다. DG, 데카, EMI, 필립스, 소니뮤직(Sony Classical)은 위에서 말한 세계 다섯 손가락의 클래식 레이블이다.

DG와 마찬가지로 데카의 파랑 빨강 로고가 붙은 음반 또한 그 안에 중요한 의미가 담겨 있다. 그 의미는 바로 '이 음반은 최정상 아티스트의 연주를 최상의 음향 환경과 음향 기술로 녹음했다'는 것이다.

마지막으로 우리가 알아야 하는 클래식 레이블은 바로 빨간 딱지의 'EMI'이다. EMI는 클래식 음반의 명가로서 음악의 산업혁명을 주도했던 클래식 음반시장의 선구자이자 그 누구도 감히 넘볼 수 없었던 거대한 클래식 왕국이었다.

EMI Classics

하지만 안타깝게도 EMI의 빨간 로고는 이제 클래식 음반시장에서 볼 수 없게 되었다. 2013년도 즈음에 EMI가 워너뮤직그룹(Warner Music Group)에 인수, 합병되었기 때문이다. EMI가 워너에 합병되었을 당시, 이 소식을 전해 들은 사람들은 경악을 금치 못하였다. 마치 서울의 남대문과 파리의 노트르담 대성당이 전소되는 것을 본 것처럼 굳건했던 클래식의 위용이 사라지는 것에 대해 놀라움과 안타까움을 나타내었다.

WARNER Classics[153]

EMI는 '음반 녹음의 역사' 그 자체이다. DG가 1950년대 후반 이후 클래식 음반 시장의 거인으로 부상하기 전까지 세계 클래식 음반시장을 한 손에 휘어잡고 있었던 음반사는 단연 EMI이다. EMI는 초창기부터 최고의 아티스트를 대거 영입하고, 그들에게 '지금은 음악을 녹음하는 시대'라 강하게 피력하였다. 그 노력과 철학은 큰 결실로 이루어졌다. EMI는 당대 최고의 아티스트들과 작업하여 수많은 명반을 쏟아내었다. 헤르베르트 폰 카라얀도 DG로 넘어가기 전까지는 EMI에 소속되어 있었고, 빌헬름 푸르트벵글러, 카를로 마리아 줄리니, 오토 클렘페러, 토머스 비첨과 같은 명지휘자들 또한 EMI와 손을 잡고 있었다.

EMI는 시대의 상황과 흐름을 빠르게 캐치하는 영리한 음반사였다. EMI가 클래식의 제국이 될 수 있었던 중요한 이유 중 하나는, 제2차 세계대전이 끝난 직후에 나치당과의 관계로 자유로운 연주 활동을 할 수 없었던 뛰어난 독일 음악가들을 빠르게 섭외하여 녹음 작업에 주력

---

153. 워너 클래식의 로고는 워너(Warner)의 앞 글자 'W'를 둥글게 표현한 형태이다.

하였기 때문이다. 푸르트벵글러와 카라얀, 카를 뵘 등이 바로 이 당시에 EMI를 통해 음반으로서 음악 활동을 펼쳤던 지휘자이다.

또한 EMI는 녹음만을 전문으로 하는 오케스트라를 만들었다. '필하모니아 오케스트라(Philharmonia Orchestra)'가 바로 EMI에 의해 창단된 오케스트라이다. 이 오케스트라는 전설적인 명지휘자와 함께 주옥 같은 명반들을 생산했다. 필하모니아 오케스트라는 현재, 런던을 대표하는 오케스트라 중 하나가 되었다.

하지만 EMI는 큰 단점이 될 수 있는 강한 보수적인 성향 또한 지니고 있었다. 특히 음향 기술에 있어서 혁신하는 시대의 흐름에 동조하지 않았고 관심도 보이지 않았다. 훌륭한 아티스트를 찾는 데는 노력을 아끼지 않으면서 기술에서는 그렇게 하지 않았다는 것이 역설적으로 느껴진다. EMI의 음반은 데카나 DG 등 타 음반사의 음반에 비해 음질이 많이 떨어진다는 평가를 받는다. 그렇지 않은 음반들도 있지만 대체적으로 EMI의 음반은 음향과 음질에 중요성을 두지 않았다. 과거에 여러 음반사들이 음악의 소리를 입체적으로 분리하는 스테레오 기술에 집중하고 있을 때, 그들은 기술이 음악의 본질을 건드릴 수 없는 마이너한 것으로 생각했다. 그들이 고집스럽게 추구했던 것은 음향 기술보다는 아티스트와 아티스트가 연주하는 작품의 내용이었다.

EMI가 음향 기술적인 부분에 약점을 보였다고 해서 그들의 존재와 성과를 무시할 수는 없다. 그들이 회사를 일으킨 초창기부터 이룩하고 쌓아 올린 클래식 아카이브는 진정한 '탑 오브 더 월드(Top of the World)'이기 때문이다. 클래식 마니아 중에는 EMI의 골수 팬들이 많다. 그 이

유는 EMI가 선택했던 아티스트와 클래식 레퍼토리가 훌륭하다는 것
은 둘째치고 음악으로 쉽게 만날 수 없는, 이제는 세계의 유산과도 같
은 전설적인 연주들이 EMI의 이름을 달고 있기 때문이다.

　　첼리스트 '파블로 카잘스'가 연주한 '바흐 무반주 첼로 모음곡', 이
제는 음악의 성인이 되어버린 지휘자 '존 바비롤리'와 '토머스 비첨',
'브루노 발터', '빌헬름 푸르트벵글러', '샤를 뮌쉬', '클라우스 텐슈테
트', '오토 클렘페러', '카를로 마리아 줄리니', '카를 뵘'이 지휘한 다수
의 오페라와 관현악 작품, 젊었을 적 '카라얀'이 지휘한 관현악 작품,
피아니스트 '디누 리파티'와 '아르투르 루빈스타인', '샹송 프랑수아',
'클라우디오 아라우'의 쇼팽 작품, '알반베르그 콰르텟'의 실내악 작
품, '디트리히 피셔 디스카우(바리톤)'와 '제럴드 무어(피아니스트)'가 호흡
을 맞춘 가곡 작품, 희대의 테너 '엔리코 카루소'의 성악곡, 전설의 소
프라노 '마리아 칼라스'의 오페라, 다니엘 바렌보임(피아니트스)과 자클

린 뒤 프레(첼리스트)가 연주한 다수의 첼로 소나타, 바이올리니스트 '다
비드 오이스트라흐'와 '이작 펄만'의 바이올린 협주곡과 바이올린 소
품, 피아니스트 '아르투르 슈나벨'의 '베토벤 피아노 소나타' 등은 클
래식 역사에 길이 남을 세계의 문화 유산같은 것이다.

한국이 자랑하는 바이올리스트 '장영주' 또한 EMI를 통해 수많은
명음반을 남기며 EMI의 역사에 동참했다. 장영주가 남긴 EMI의 레코
딩은 클래식 바이올린의 핵심 레퍼토리로서 비발디와 파가니니, 차이
콥스키, 브람스, 멘델스존, 브루흐, 비외탕, 드보르자크, 리하르트 슈
트라우스, 시벨리우스, 쇼스타코비치, 골드마크의 바이올린 협주곡과
리하르트 슈트라우스, 세자르 프랑크, 카미유 생상스, 모리스 라벨의
바이올린 소나타 그리고 다수의 바이올린 소품들이다. 한 연주자가 한
레이블을 통해 이토록 많은 레퍼토리를 남기는 것은 역사적으로 그 사
례가 많지 않은 대단한 것이라 할 수 있다. 이것은 세계가 인정하는 스
타 연주자가 아니면 할 수 없는 것이다. 한 레이블을 통해 수많은 레퍼
토리를 남긴 연주자도 위대하지만 장영주라는 아티스트의 재능과 연
주력을 알아보고 지칠 줄 모르는 집중력으로 아티스트의 세계에 파고
들었던 EMI의 음악 철학과 정신 또한 참으로 대단하게 느껴진다.

EMI는 이제 워너가 되었다. EMI가 워너가 되었다고 해서 EMI의
100년이 훌쩍 넘는 역사와 그 역사가 만든 금자탑이 허물어지거나 없
어진 것은 아니다. 다행히도 워너는 뛰어난 기술력과 탄탄한 시장을
보유하고 있으며, 클래식의 왕국이었던 EMI를 진정으로 세계화할 수
있는 기반을 갖추고 있다. EMI가 워너에 합병된 것을 긍정적인 시각
으로 바라보는 이들도 많다. EMI가 워너로 합병된 이후에 EMI의 많은

음반들이 리마스터되어 음향이 크게 개선되었고, 그 개선된 음반들이 시장에 출판되고 있기 때문이다. 어찌보면 워너는 클래식 시장의 깊은 곳에서 거대한 힘을 꿈틀거리고 있는 잠룡일 수도 있다. EMI의 역사적인 클래식 아카이브는 워너라는 레이블을 하늘의 가장 높은 부분까지 오르게 만드는 거대한 원동력을 가지고 있다.

이제 EMI의 빨간 로고가 붙은 음반의 의미에 대해서 말하고자 한다. 그 의미는 바로 '이 음반은 클래식의 전설적인 아티스트가 남긴 세계적 유산'이라는 것과 '이 음반은 첫 녹음 시대에 아티스트가 가진 큰 도전이자 클래식 명가의 높은 성취'라는 것이다.

STEP 6
즐기다

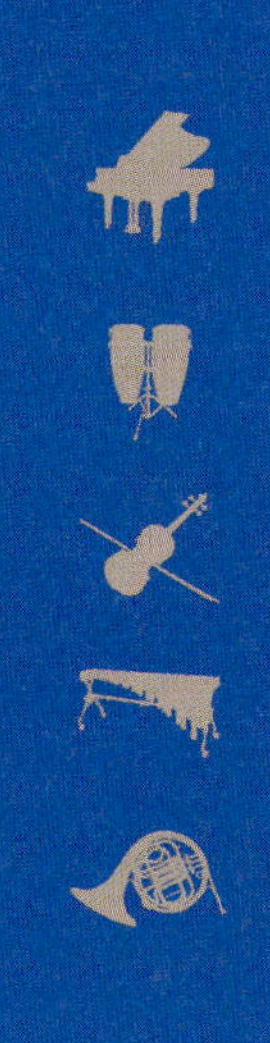

18장

클래식을 완전히 즐기는 방법 - 1
작품을 외워라

우리는 지금까지 클래식 음악이 무엇인지, 클래식을 어떻게 들어야 하는지, 그리고 클래식을 잘 듣기 위해서는 어떤 것을 기본적으로 알아야 하는지에 대해 높은 지적 탐구를 강행했다. 그렇다면 다음으로 우리는 무엇을 해야 할까? 결론을 말하자면 이제는 클래식을 완전하게 즐겨야 한다. 클래식을 완전하게 즐기기 위해서는 필수적으로 동반되어야 할 것이 있다. 그것은 바로 '작품을 외우는 것'이다.

우선 불가능할 것처럼 여겨지는 클래식 작품을 외우는 것에 대해 큰 부담을 가지지 말았으면 한다. 왜냐하면 음악 비전공자가 클래식 음악 작품을 외우는 방법은 단 한 가지밖에 없고, 그 방법은 생각보다 매우 간단하기 때문이다. 그렇다면 음악에 전문적이지 않은 음악의 일반인 사람들이 클래식 작품을 외울 수 있는 방법은 무엇일까? 그것은 바로 '작품이 외워질 때까지 많이 듣는 것'이다.

2000년대 이전 우리나라의 일반적인 학교에는 한 반에 50명이 넘는 학생들이 있었고, 학생들은 각각 서로 다른 이름을 가지고 있었다. 새 학년이 시작될 때 한 학급의 구성원으로서 같은 학급의 50명이 넘는 학우들의 이름을 언제 다 외우려나 하다가도 시간을 함께하다 보면 자연스럽게 그들의 이름이 외워지는 것을 경험하게 된다. 또한 각 학우의 이름을 들었을 때 생김새나 인상착의가 머릿속에 반사적으로 나타나게 되는 것처럼, 클래식 작품 또한 오랜 시간 지속하여 듣다 보면 작품의 전체적인 흐름과 구체적인 선율(멜로디)이 머릿속에 각인된다.

작품을 외울 때와 그러지 못할 때 느껴지는 음악의 느낌은 하늘과 땅 차이로 크다. 작품을 외울 정도로 잘 알고 있으면 작품에 대한 높은 감상이 이루어진다. 또한 음악을 들으며 음악이 전해 주는 무아지경(無我之境)을 느낄 수 있게 된다. 연주회에서 작품에 집중하는 아티스트가 이상하면서도 황홀한 표정을 지으며 무아지경에 빠져 있은 모습을 보이는 것처럼 말이다. 어찌 보면 사람들이 클래식을 듣는 이유는 음악에 집중하여 스스로의 존재를 잊어버리는 무아지경에 빠지기 위해서일지도 모른다.

여기에서 한 가지 중요하게 언급할 것이 있는데, 그것은 '외운다'라는 표현에 과한 의미와 해석을 부여하지 말아야 한다는 것이다. 음악을 전공하지 않거나 음악에 전문적이지 않은 사람들이 '클래식 작품을 외운다'는 것은 단지 '작품의 전체적인 흐름을 알고 그것을 잊지 않고 기억한다'는 의미일 뿐이다. 혹여 '외운다'를, '오케스트라 지휘자가 클래식 작품의 음표, 리듬, 셈여림, 조성, 작곡가의 의도 등까지 모두 기억하고 그것을 음악으로 표현하는 것'처럼 고차원적인 의미로 받아들여서는 안 된다. 우리는 단지 '무엇을 알고 기억하는 것'을 '외운다'라고 말할 뿐이다.

그렇다면 어떤 작품을 많이 들어 그것을 외우는 상태에 이르렀다는 것을 우리는 어떻게 알 수 있을까? 만약 당신이 작품을 들으면서 다음 두 가지 중 하나를 할 수 있다면 당신은 작품을 외우고 있다고 말할 수 있다.

1. (작품을 들으면서) 작품을 노래할 수 있다.
2. (작품을 들으면서) 작품을 지휘할 수 있다.

첫 번째로 당신이 작품을 들으며 작품의 대부분을 입으로 따라 노래할 수 있다면, 당신은 그 작품을 외운다고 할 수 있다. 작품을 노래하는 방법으로는 입을 다물고 코로 소리 내는 허밍(Humming)일 수도 있고 "라라라 랄라라~" 혹은 "따단 따단 따라라라 따라다라단~", "라라 리라라 라리라~" 등의 소리로 멜로디를 따라 부르는 것일 수도 있다. 음악을 듣는 사람이 작품을 외우고 음악을 듣게 되면 작품의 많은 부분을 입으로 따라 노래할 수 있게 된다.

우리는 일상생활에서 허밍이나 '라라 라라라~' 등의 방식으로 노래를 부르는 경우가 많다. 가령 친구에게 내가 지금 듣고 있는 가요나 좋아하는 노래를 알려주려 하는데 가사를 알지 못하여 멜로디만을 전할 수밖에 없을 때 위와 같은 방식을 사용한다. 혹은 운전할 때나 샤워할 때 그리고 산책할 때에 나도 모르게 흥얼거리게 되는 멜로디 또한 위와 같은 방식으로 노래하는 경우가 많다.

클래식 작품을 외워 노래하는 것 또한 이와 별반 다르지 않다. 결국 내가 잘 아는 작품을 나만의 자유로운 방식으로 노래하는 것이다. 여기에서 중요하게 말하고자 하는 것은 내가 어떠한 작품의 전체적인 흐름과 주요 선율(멜로디)을 확실하게 알고 있으면 작품을 들을 때 멜로디를 노래할 수 있고, 그것을 통해 작품을 완전히 즐길 수 있게 된다는 것이다. 작품을 들을 때 반응하며 음악을 듣는 것과 반응 없이 음악을 듣는 것은 감상의 정도에 있어 근본적인 차이가 나타난다.

두 번째로 당신이 작품을 들으며 손으로 지휘하거나 손과 팔을 흔드는 것으로 음악의 흐름을 표현할 수 있다면, 당신은 그 작품을 외운다고 할 수 있다. 여기에서 말하는 지휘는 숙련된 지휘자의 전문적인 지휘를 말하는 것이 아니다. 그것은 단지 손으로 음악의 전체적인 흐름을 자유롭게 표현하는 것을 말한다. 손으로 자유롭게 표현하는 지휘가 말도 안 되는 엉터리 지휘여도 절대 상관없다. 왜냐하면 그 엉터리 지휘는 나만 보고 나만이 즐기는 음악 감상의 도구일 뿐이기 때문이다. 내가 듣는 음악이 협주곡이나 교향곡은 물론이고, 심지어 지휘가 필요 없는 독주곡이나 실내악이라 할지라도 작품의 흐름에 맞춰 자유롭게 손과 팔을 흔드는 지휘가 가능하다. 그리고 그것은 나 스스로 클래식 작품을 완전히 감상하게 만드는 음악 듣기의 중요한 방법이 될 것이다.

음악을 전문적으로 공부하지 않은 사람이 음악을 지휘할 수 있다는 것을 몸소 증명한 이가 있는데 바로 개그맨 김현철이다. 김현철은 대중에게 큰 웃음을 주는 희극인이기도 하지만 한 오케스트라를 이끌며 다수의 음악회를 여는 지휘자이기도 하다.

개그맨 김현철이 오케스트라를 지휘한다 하였을 때 사람들은 그가 오케스트라 지휘자를 과장되게 흉내 내며 사람들에게 웃음을 주는 콩트를 한다고 생각했을지도 모른다. 하지만 그렇게 생각하기에는 그가 가지고 있는 음악에 대한 태도가 진지하고 연주하는 작품의 전체를 확실히 파악하고 있었다. 그는 말하기를, 자신은 악보를 볼 줄 모르며 음악을 전문적으로 공부한 적도 없다고 하였다. 그렇다면 개그맨인 그가 열정적으로 클래식 음악을 지휘할 수 있게 된 원인은 무엇일까?

우선 개그맨 김현철은 클래식을 접하여 음악을 들은 기간이 40년이 넘는다고 하였다. 그는 오래전부터 클래식에 대한 내공을 쌓고 있었다. 클래식을 좋아한 그는 언젠가 오케스트라 앞에 서서 클래식 작품을 지휘하는 날을 항상 꿈꾸었다고 했다. 그 꿈은 결국 현실로 이루어지게 되었다.

그는 악보를 볼 줄 모르기 때문에 작품을 오랫동안 들어 통째로 외운다고 하였다. 그렇지만 내가 보기에 그는 연주를 위해 작품을 통째로 외우는 것이 아니라 지금까지 수십 년간 음악을 들으면서 외우게 된 작품을 연주하는 것이라 생각한다. 우리가 지금 중요하게 이야기하고 있는 '작품을 외우는 것'을 그는 이미 오래전부터 해 오고 있는 것이다. 방송이나 매체에서 나오는 그의 지휘를 보면 관객의 재미를 위해 과장된 표현도 많지만 작품의 전체적인 흐름과 디테일을 잘 알고 있다는 것을 알 수 있다. 음악을 많이 듣지 않고서는 절대 그와 같은 지휘가 나올 수 없다. 특히 클래식은 작품을 모르면 손과 팔을 조금이라도 움직일 수도 없고 노래 또한 부를 수 없다.

클래식을 들은 40년의 시간은 음악 비전공자를 오케스트라 앞에서 지휘하게 했다. 그 지휘가 전문가가 보기에 아무리 형편없는 것이라 할지라도 음악이 좋아 스스로 지휘하려는 사람에게 있어서는 전혀 상관없는 것이 된다. 지휘는 김현철처럼 음악을 40년 정도 들어야 할 수 있는 것이 아니다. 만약 당신이 좋아하는 클래식 작품을 충분히 외우고 있다면 지금 당신도 음악을 멋지게 지휘할 수 있다.

당신이 어떠한 클래식 작품을 외우고 있고, 그 작품을 지휘해 보려 하는데 손과 팔을 어떻게 움직여야 할지 모르겠다면 우선 음악의 리듬과 흐름에 맞춰 큰 원을 '오른팔 손목'으로 그려보자. 원을 시계 반대 방향으로 부드럽게 돌리되 손이 너무 흔들리지 않도록 하고 손등에 미세한 힘을 주어 작은 절도를 주도록 하자. 이렇게 몇 번 하다 보면 자연스러운 지휘가 형성될 것이다. 그리고 연주가 시작되는 부분과 연주에서 악기가 등장하는 부분 등을 먼저 캐치하여 손가락(왼손)으로 지시하는 등의 모션을 취한다면 더할 나위 없는 나만의 멋진 지휘가 될 것이다. 그리고 작품이 끝나는 부분을 멋지게 장식하는 것과 내가 좋아하는 지휘자의 영상을 유심히 관찰하여 그의 모션을 따라 해 보는 것 또한 지휘의 재미를 더해 가는 요소가 된다.

작품을 외우고 그로 인해 작품에 대한 깊은 감상이 이루어지게 되었을 때는 자신의 몸을 한순간이라도 움직이지 않을 수 없는 상황을 맞이하게 된다. 마치 유명 힙합그룹이나 록 밴드의 콘서트에서 관객들이 음악에 열광하여 몸을 움직이지 않을 수 없는 것처럼 말이다. 그러나 그런 공연들이 아무리 극도의 호응을 이끌어 낸다고 해도, 내가 잘 알지 못하는 노래나 음악을 연주한다면 손과 고개를 흔들다가 마는 것이 어쩔 수 없는 현실이다. 이와 마찬가지로 클래식도 작품을 잘 알지 못하면 노래를 부르거나 지휘를 하는 등의 몸을 움직이는 행위가 나타나지 않기 마련이다. 사람들은 아는 것에 있어서는 적극적인 반응을 보이지만 그렇지 않은 것에 대해서는 쉽게 도취되지 않기 때문이다.

클래식을 듣는 사람이 한 작품을 외웠다는 것은 음악 감상의 크나큰 에너지를 가지게 되었다는 것을 말한다. 그리고 그 에너지는 어떠한 형태로든 발산하게 되어 있다.

지금 당신이 클래식을 들으며 노래를 흥얼거리고 자연스레 손과 팔을 흔들고 있는가? 그렇다면 그것은 당신이 작품을 외우는 수준에 이르렀다는 것을 증명한다.

음악을 들으며 지휘하다

19장

클래식을 완전히 즐기는 방법 – 2
몸을 움직여라

클래식을 완전히 즐기는 두 번째 방법은 음악을 들을 때 '몸을 움직이는 것'이다. 음악을 들으며 몸을 움직이기 위해서는 듣는 작품을 잘 알고 어느 정도 외우고 있어야 한다는 것을 우리는 이미 잘 알고 있다. 자신이 클래식의 매력에 빠져 수많은 작품을 외우고 있다 하여도 들리는 음악에 반응하지 않는다면 그것은 음악의 순기능을 크게 무시하는 것과 같다. 음악은 태생적으로 사람이 즐기고 또 즐기기 위해 만들어진 것이기 때문이다. 영국의 수필가 조지프 애디슨(Joseph Addison)은 "음악은 인간이 알고 있는 최고의 것이고 천국"이라 말했다. 음악에 심취하여 음악과 서로 작용하고 음악에 반응하는 것이야말로 인간이 진정한 천상을 느끼는 유일한 방법이라 할 수 있으리라.

클래식을 들을 때 '작품을 외움'으로써 작품을 '노래'하거나 '지휘할 수 있게 된다'는 것은 바로 앞 장에서 중요하게 언급했던 내용이다.

재차 강조하지만 작품을 들을 때 노래나 지휘를 하는 몸의 움직임은 스스로 음악을 완전히 즐기는 데 매우 효과적인 방법이 된다. 또한 이 두 가지 방법 외에도 음악을 즐기기 위해 가질 수 있는 몸의 움직임이 더 있다. 지금부터 그 나머지의 움직임에 대해서 구체적인 설명을 가지려 한다. 우리는 앞으로 최상의 음악 감상을 위해 아래에 묘사하는 각 신체 부분의 움직임을 그대로 가지면 된다. 그리고 아래 내용 중에는 노래와 지휘에 관한 것도 포함되어 있는데 그것은 바로 앞 장에서 언급하지 못했던 심화 내용을 덧붙여 전달하는 것으로 생각하면 좋겠다.

얼굴

음악을 들을 때 몸을 움직이는 방법 중 제일 쉬운 것이 있다. 그것은 '얼굴을 움직이는 것'으로 '표정에 변화를 주는 것'이다. 이것은 무표정으로 일관된 자신의 얼굴에 음악이 전하는 감정을 적극적으로 드러내는 것이다. 얼굴에 음악의 감정을 실으면 음악을 느끼는 정도가 크게 달라진다. 클래식을 들을 때 기본적으로 얼굴에 나타나는 표정은 십중팔구 심각한 표정일 것이다. 눈을 지그시 감고 미간에 힘을 주며 입꼬리에 변화가 나타나는 등 평소에 잘 쓰지 않는 얼굴 근육을 사용하게 된다. 클래식을 들을 때는 아마도 웃을 일은 거의 없을 것이다. 음악이 밝아도 표정이 진지하고 들리는 연주가 어둡고 무거워도 얼굴은 진지하다. 하지만 모든 경우가 그렇지는 않다. 음악을 들으며 미소를 지을 수 있고 황홀한 표정을 지을 수도 있으며 눈물 또한 흘릴 수 있다.

이제부터 우리는 클래식을 들을 때 어떠한 표정이든 상관없이 내면에서 우러나오는 표정을 '마음껏' 지어보자. 그렇게 얼굴로써 음악을 노래함과 동시에 리듬에 맞춰 고개를 가볍게 흔든다면 작품을 더할 나위 없이 깊게 즐길 수 있다. 로큰롤이나 힙합이나 클래식할 것 없이 음악을 즐기는 방법은 비슷하다. 물론 움직임 정도에 있어서는 큰 차이가 있겠지만 머리를 흔들며 황홀감에 빠진 표정을 짓는 것은 같다고 할 수 있다. 로큰롤이나 힙합 콘서트장에서 청중들이 벅찬 표정을 지으며 열정적으로 몸을 움직이는 것은 단순히 뮤지션의 음악이 좋아서라기보다 그것을 통해 자신의 음악적 도취를 크게 하기 위함일 것이다.

주저하지 말고 음악의 감정과 흐름을 나의 얼굴에 그려 보자. 그것은 클래식을 완전하게 즐길 수 있는 좋은 방법이 된다.

손

클래식을 즐기기 위한 몸을 움직이는 두 번째 방법은 손가락을 움직여 '건반을 치는 것'이다. 여기에서 말하는 '건반을 친다'는 것은 피아노나 기타 건반악기를 실제로 연주하는 것을 말하는 게 아니라 (실제로 건반악기를 연주할 수 있다면 더욱 좋겠지만) 음악을 들으며 테이블 위나 자신의 넓적다리, 아니면 허공 등과 같은 자유로운 영역에서 가상의 피아노(건반)를 치는 것이다.

가상의 건반을 치는 것도 작품을 잘 알고 어느 정도 외우고 있어야 가능하다. 그것 또한 작품을 지휘하는 것처럼 전문 음악가나 피아니스트가 보기에 말도 안 되는 엉터리 연주라 할지라도 상관없다. 미스(Miss)가 난무하여 연주와 하나도 맞지 않는 것이어도 상관없다. 음악을 듣는 사람이 연주를 따라 하며 작품에 몰입할 수 있다면 그 엉터리보다 더한 것을 해도 상관없다. 그저 그러한 행동은 나만 보고 나만 즐기는 음악 감상의 한 방법일 뿐이다.

당신이 듣고 있는 작품이 피아노 독주곡이나 피아노 협주곡 혹은 피아노가 구성된 실내악곡이라면 연주를 들으면서 가상의 건반을 쳐 보는 것을 권한다. 본인 스스로 내가 지금 듣고 있는 연주의 피아니스트가 되어 보는 것이다. 그저 흘러나오는 작품의 멜로디에 따라 손가락을 자유롭게 굴리면 된다. 한 음, 한 음 누르는 손가락 끝에 작품의 감정을 가득 싣는다면 더욱 멋진 나만의 건반 연주가 될 것이다. 어찌 보면 매우 엉뚱하게 보일 법한 이러한 행동을 굳이 하는 이유는 음악에 크게 몰입하기 위함이다. 음악에 몰입하여야 음악을 완전히 즐길 수 있다.

가상의 건반 연주를 한번 해 보는 것으로 우리가 이전에 만났던 모차르트 피아노 소나타 16번 K.545의 1악장을 외우고 연주를 들으면서 내 손 아래에 있는 (가상의) 건반을 자유롭게 연주해 보자. 그리고 연주할 때 자신을 피아니스트 '마리아 조앙 피레스'라고 생각하자. 쉽게 말해서 피레스에게 자신을 빙의해 보는 것이다. 내가 지금 피레스이고 연주하는 모차르트 피아노 소나타까지 외우고 있다면, 오직 나를 위한 건반 연주에서 깊은 감정과 감상이 자연스럽게 우러나올 것이다.

클래식 작품을 들을 때 몸을 움직여 그 작품을 따라 연주해 보면 왜

음악을 들으며 건반을 연주하다

수많은 연주자들이 자신의 공연에서 이상하리만치 낯설고 과장된 표정을 짓는지에 대해 조금이나마 이해할 수 있을 것이다. 그리고 어느 순간 당신의 얼굴에도 당신이 이상하게 보았던 연주자들의 낯선 표정이 드리워지게 될지도 모른다. 만약 당신의 얼굴에서 클래식 연주자의 환희가 보인다면 당신은 클래식을 완전히 즐기고 있는 것이다.

입

클래식을 들으며 몸을 움직이는 세 번째 방법은 입을 움직이는 '노래를 부르는 것'이다. 이미 앞에서 설명한 것처럼 작품의 연주에 맞춰 노래를 부르는 방법은 콧소리를 내는 허밍이나 "라라 라리라~"와 같은 자유로운 언어로 음악의 흐름을 표현하는 것이다. 자신이 자주 듣고 익숙해진 작품이라면, 어떤 클래식 장르든지 노래를 함께 따라 부를 수 있다.

그런데 여기에서 한 가지 짚고 넘어갈 것이 있다. 우리가 클래식 작품을 외워 노래한다는 것은 어디까지나 우리가 작품을 듣고 있는 상태에서 가능하다는 것이다. 내가 어떠한 작품을 아무리 잘 외우고 있다고 하더라도 심포니와 같은 대곡을 귀에 들리는 연주 없이 스스로 노래하기란 거의 불가능하다. 왜냐하면 악기로만 연주하는 기악곡은 노래처럼 가사에 음정이 있는 음악이 아니기 때문이다.

당신이 외우는 클래식 작품이 음악에 가사가 있는 가곡이나 중창, 합창 혹은 오페라의 아리아 같은 것이라면 귀에 들리는 연주 없이 노래하는 것이 가능하다. 그 이유는 가사가 있는 음악은 가사 하나하나에 음의 높낮이가 있는 음정[154]을 내재하고 있기 때문이다. 그러한 음악들은 마치 내가 좋아하는 가요를 사람들 앞에서 부르듯 자연스럽게 노래할 수 있다. 하지만 가사가 없는 길이가 긴 음악(기악곡)은 그리할 수 없다. 만약 당신이 어떠한 작품을 다 외웠는데 막상 노래하기가 힘들다면 그것은 들리는 연주 없이 가사 없는 기악곡을 노래하려는 경우일 것이다.

---

154. 음정(音程, interval)은 음악이론에서 두 음의 높이 차이, 즉 두 음 사이의 거리를 나타내는 용어이다.

297

노래를 부르는 것으로써 음악을 완전히 즐길 수 있는 방법으로는 가사가 있는 클래식 작품을 노래하는 것이 있다. 예를 들어 슈베르트의 가곡, 베토벤 심포니 9번의 4악장, 모차르트의 「레퀴엠」, 모차르트의 「대관식 미사」, 여러 오페라의 아리아[155] 등, 가사가 있는 클래식 음악을 외우고 노래하는 것이다. 가사가 있는 클래식 음악을 노래하는 것에 있어서 문제가 될 만한 것이 있다면 그것은 바로 언어일 것이다.

클래식 작품 중에서 한국어로 노래하는 것은 없다. 클래식은 유럽계의 언어들이 대부분을 차지한다. 낯선 언어의 음악을 우선 노래할 수 있는 방법은 그저 들리는 대로 따라 부르는 것이다. 내가 따라 부르는 작품의 노래가 독일어인지, 이탈리아어인지, 영어인지, 혹은 그 의미를 전혀 알 수 없는 미지의 언어라 할지라도 들리는 대로 따라 부르면 된다. 그렇게 나만이 부를 줄 아는 언어의 노래로써 작품을 완전히 즐기는 것이다.

여기에서 만약 본인 스스로가 미지의 언어로 노래를 하는 것이 창피하게 느껴지거나, 좀 더 문명의 언어를 구사하면서 노래하고 싶다면 인터넷을 검색하여 내가 듣는 작품의 가사를 찾아보면 될 일이다. 누구나 알다시피 인터넷 세계에는 내가 원하는 모든 것이 다 있다. 심지어 유튜브에는 작품의 가사를 자막으로 내보내는 연주 영상도 있다. 찾으려는 마음만 있다면 자료는 무궁무진하게 널려 있다.

---

155. '아리아(Aria)'는 오페라나 오라토리오 등에서 기악 반주에 맞춰 가수가 노래하는 독창 혹은 중창을 말한다. 아리아와 대조되는 것으로는 '레치타티보(Recitativo)'가 있다. '레치타티보'가 오페라에서 극 중의 대사나 스토리를 진행하기 위해 '말하듯이' 노래하는 것이라면, '아리아'는 가수가 기악 반주에 맞춰 부르는 전형적인 형태의 노래로서 작품의 음악적 표현과 가수의 기량을 나타낸다.

클래식을 노래하기 위해 작품의 악보(Score)를 직접 구입하여 오선지의 음표와 함께 정확한 가사를 확인해 보는 것도 좋은 방법이 된다. 인터넷 서점을 검색해 보면 당신이 찾으려는 모든 작품의 악보들이 목록으로 정리되어 있다. 그리고 악보를 사기 위해 음악사나 전문 음악 서점을 찾아가 보는 것도 클래식 듣기의 큰 재미를 느끼게 하는 좋은 경험이 된다.

또한 중요한 것은 만약 당신이 클래식을 들으며 듣는 작품의 악보를 구입하는 상황을 맞이하게 된다면 그것 또한 당신이 클래식 듣기의 높은 수준에 이르렀다는 증거가 된다. 사람은 무언가가 좋으면 실물을 확인하고 싶어 한다. 마치 목소리가 매력적인 이성의 얼굴이 궁금하듯이 음악 또한 무형의 실물이 궁금해지는 것이다. 음악이라는 무형의 것이 가지는 실물은 바로 악보이다. 클래식을 듣는 사람이 악보를 찾아본다는 것은 작품에 깊이 매료되어 있다는 증거가 된다.

희대의 피아니스트 '글렌 굴드'는 피아노 연주를 하며 노래를 흥얼거리는 것으로 유명하다. 그의 음반을 들어 보면 마치 귀신의 울음처럼 들리는 흥얼거림에 등골이 오싹해짐을 느낄 수 있다. 그는 왜 연주를 녹음하는 공식 상황 속에서도 입을 움직일 수밖에 없었던 것이었을까? 그 이유는 호모 루덴스(Homo Ludens), 즉 인간의 본성은 자유롭게 놀고 즐기는 유희의 동물이기 때문이다. 특히 굴드와 같이 자신의 놀이와도 같은 음악에 완전히 빠져 있은 사람에게는 피아노를 연주하며 노래하는 친진난만한 행동이 결코 자연스럽지 못한 일이 아닐 것이다. 어쩌면 굴드는 노래를 부르는 것으로써 자신의 음악과 감정에 더욱 빠져드는 계기를 만드는 것일지도 모르겠다.

굴드와 같이 노래 부르는 것, 그것이 우리가 가져야 할 노래 부르기의 목표이다. 굴드처럼 음악을 완전히 즐길 준비가 되었다면 들리는 연주에 맞춰 노래를 흥얼거려 보자. 당신이 부르는 노래에서 호모 루덴스를 찾게 될지도 모른다. 호모 루덴스는 단순히 사람이 놀고 즐기는 것만을 말하지 않는다. 그것은 사람이 즐기는 것으로써 새로운 창조가 일어남을 뜻한다.

클래식을 듣고 노래하는 것, 그것은 곧 새로운 것이 일어나는 창조적인 행위이다.

팔

마지막으로 클래식을 즐기기 위한 몸을 움직이는 네 번째 방법은 팔을 움직여 '지휘하는 것'이다. 이것 또한 노래하는 것과 마찬가지로 앞 장에서 심도 있게 다루었던 몸을 움직이는 방법이다. 개인적으로 생각하기에 '음악을 들으며 지휘하는 것'은 클래식을 즐기는 방법으로 단연 최고라 생각한다. 왜냐하면 지휘는 우리가 지금까지 보았던 몸을 움직이는 다양한 방식들을 복합적으로 담고 있기 때문이다. 지휘는 그것을 하는 동시에 얼굴에 다양한 감동의 표정을 지을 수 있고, 입으로 작품을 노래할 수 있으며, 머리와 어깨, 발 등의 신체 부위를 자유롭게 움직이며 작품에 동화될 수 있다는 것이다. 이처럼 지휘는 아주 입체적이고도 복합적이며 다층적인 음악 감상의 방식이다.

음악 비전공자나 음악을 전문적으로 배우지 않은 사람이 오케스트라의 지휘자처럼 지휘할 수는 없다. 그것은 불가능한 것이다. 하지만 따라 할 수는 있다. 지휘를 따라 하다 보면 실제 오케스트라를 맡아 지휘하게 되는 일까지 일어날 수 있다는 것을 우리는 한 인물의 사례를 통해 잘 알고 있지 아니한가. 사람에게 음악은 그러한 것이다. 사람은 태어날 때 음악을 터득할 줄 아는 기본 이상의 음악성을 가지고 태어나는 듯하다.

작품을 들을 때 연주에 맞춰 지휘하는 것을 가능케 하려면 우선 지휘법의 기초를 조금 알아야 한다. 그리고 유튜브 등의 매체를 통해서 지휘자가 지휘하는 것을 많이 보고 접해야 한다. 지휘에 대해 아무것도 모르는 이가 할 수 있는 지휘 방법으로, 들리는 연주에 맞춰 오른손목으로 자유롭게 원을 그리는 방식에 대해서는 이미 언급한 바가 있다. 그러나 클래식을 완전히 즐기기 위한 지휘라면, 단순히 손으로 원을 그리는 것에 그치지 않고 음악의 기본 박자를 지휘할 줄 아는 초보 지휘자의 모습을 갖추어야 한다. 즉, 기초적인 수준의 지휘법을 알아야 한다는 것이다. 2/4박자를 어떻게 지휘하는지, 3/4박자는 어떻게 지휘하는지, 4/4박자는 팔을 어떻게 움직여야 하는지 등에 대해 알아야 한다.

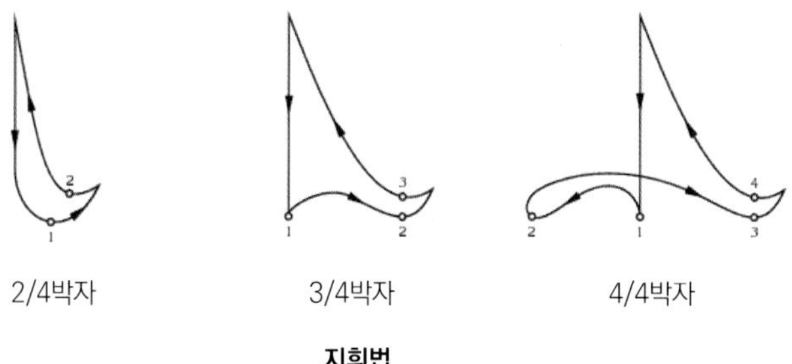

2/4박자   3/4박자   4/4박자

지휘법

지휘법이라고 해서 어렵거나 거창한 것을 배우는 것이 아니다. 우리는 음악 비전공자이고 전문으로 음악을 하는 사람이 아니다. 이 때문에 음악을 듣고 즐길 수 있을 정도의 기초적인 지휘 방법만 알면 그만이다. 그 이상을 알려고 해도 알기 힘들고, 알아도 사용할 데가 없을 것이다. 앞의 '지휘법'을 보면 알 수 있듯이 2/4박자(혹은 두 박자)는 '세워진 나이키 로고'를, 3/4박자(혹은 세 박자)는 '세워진 직각삼각형'을 그리고 4/4박자(혹은 네 박자)는 'ㄴ'자를 유연한 팔동작과 함께 박자의 포인트[156]에서 절도를 주는 방법으로 자연스럽게 그려나가면 된다. 지휘 동작의 방법을 좀 더 자세하게 알고 싶다면 유튜브에서 지휘법을 찾아보고 전문가의 동작을 한번 따라 해 보자. 서너 번 이상 해 보면 금방 지휘가 몸에 익혀질 것이다. 그리고 지휘법으로 6/8박자, 5/4박자 등이 있는데 우리는 그것까지 알 필요가 없다. 위에 세 가지의 박자 지휘법과 음악의 리듬에 맞춰 원을 그리는 지휘 방법을 잘할 줄 알면 웬만한 곡은 연주를 들으며 지휘할 수 있다.

나만의 지휘를 자연스럽게 할 수 있을 정도가 되면 다음으로 실제 지휘자처럼 연주를 반 박자 빠르게 지휘해 보자. 작품에서 연주가 시작할 때, 새로운 주제가 나타날 때, 악기가 등장할 때, 주선율에 반주 혹은 부 선율이 따라붙을 때 등 작품의 주요 포인트에서 연주를 반 박자 빠르게 지휘함으로써 듣는 음악을 이끌어 가는 것이다. 이렇듯 듣는 연주를 반 박자 빠르게 지휘하며 음악을 이끄는 것은, 들리는 대로 들을 수밖에 없는 음악 듣기의 수동적인 형태를 능동적인 것으로 전환할 수 있다. 또한 내가 듣고 있는 연주가 나를 졸졸 쫓아오고 있다는

---

156. 지휘법 삽화 내에서 작은 숫자가 적혀 있는 부분.

것을 느낄 수도 있다. 연주를 리드(Lead)하는 느낌은 생각보다 아주 짜 릿하다.

　마지막으로 작품을 들으며 지휘하는 것에 도움이 되는 방법은 스 스로 특별하게 좋아하는 지휘자 한 명을 만드는 것이다. 그리고 좋아 하는 그 지휘자의 지휘 영상을 많이 찾아보고 그의 모습을 똑같이 따 라 해 본다. 예를 들어 내가 좋아하는 지휘자가 '카라얀'이라면 그가 지휘했던 베를린 필하모닉 오케스트라의 연주 영상을 유튜브나 베를 린 필하모닉 디지털 콘서트홀에서 찾고, 세상에서 제일 멋지다고 할 수 있는 그의 지휘 폼을 있는 그대로 나의 몸에 복사하는 것이다. 눈을 지긋하게 감고 우아하면서도 열정이 넘치는 팔동작과 함께 마치 독수 리가 발을 움켜쥐는 듯한 모양으로 주먹을 쥐며, 가끔가다 손으로 자 신의 머리카락을 멋지게 넘기는 그러한 디테일한 모습까지 따라 하며 카라얀 자체가 되어 보는 것이다. 그렇게 자신이 좋아하는 지휘자를 따라 하다 보면 자신이 정말 지휘자가 된 것만 같은 착각과 함께 지휘 하는 것이 자연스러워지고 능숙해진다. 그러한 과정을 통해 음악을 들 을 때 나만이 즐기는 나만의 지휘를 찾을 수 있다.

　지휘하는 것이 자연스러워지면 클래식을 들을 때 손부터 먼저 올 라가게 된다. 음악에 대한 즉각적인 강한 반응이 나타나는 것이다. 그 리고 그 즉각적인 반응은 클래식을 더욱 즐기게 할 것이다. 당신이 작 품을 들으며 손을 든 순간, 당신은 더 이상 음악을 듣는 사람이 아닌 작품을 연주하는 아티스트가 된다.

20장

클래식을 완전히 즐기는 방법 - 3
음악회를 나의 것으로 만들자

클래식을 완전히 즐기는 세 번째 방법은 '내 돈으로 직접 예매한 음악회를 나의 것으로 만드는 것'이다. 음악회는 클래식을 듣는 수준과 실력을 높이는 데 매우 큰 효과를 나타낸다. 왜냐하면 음악회는 보통 2~3개의 작품을 한 회에 연주하고 프로그램의 구성도 기본적으로 다양한 형식으로 이루어지기 때문이다. 보통 오케스트라 음악회의 프로그램 구성은 관현악 서곡 한 곡, 협주곡 한 곡, 교향곡 한 곡이다. 오늘날에는 이 구성의 틀이 조금 변화했지만 일반적으로는 그러하다.

음악회는 두 시간가량의 시간 동안 여러 형식의 작품들을 연주하기 때문에 클래식 입문자가 음악회를 정기적으로 다니는 것은 클래식 듣기의 강행군과도 같다. 음악회를 다니는 것이 높은 성과를 나타내는 행군이 되기 위해서는 필수적으로 음악회를 가기 전에 프로그램을 많이 듣고 작품을 잘 알아야 한다. 음악회는 기본적으로 자신이 잘 알고 있는 작품을 감상하러 가는 것이지 아무것도 모르는 작품을 들으러 가는 것이 아니다. 알다시피 잘 모르는 음악은 감상 자체가 이루어지지 않는다.

음악회 프로그램을 전혀 모르는 상태에서 음악회에 참석한다는 것은 비싼 티켓 값을 그저 버리는 것이나 다름없다. 또한 음악회에 있는 시간이 상당히 괴롭고 지루하게 느껴질 것이다. 그러한 행동은 소중한 시간과 돈을 허비하는 것 이상의 클래식 음악에 대한 역효과까지 불러일으키는 행동이 된다.

자신의 교양 수준을 돋보이기 위해서, 혹은 공짜 표가 생겼기 때문에, 매스컴에서 떠들썩한 스타 연주자나 지휘자를 보기 위해서, 친목과 사교를 위해서, 또는 누가 초대했기 때문에 연주회에 가는 것이라면 그렇게 해도 좋다. 전혀 상관없다. 자유 국가에서 무엇인들 못하겠는가. 하지만 음악회를 가는 어떠한 이유라 하더라도 참석하기 전에는 작품을 미리 공부하지 않으면 안 된다. 작품을 미리 공부하지 않을 것이라면 어떠한 계기가 되었든 음악회에 가지 않는 것이 현명하다. 이 말은 곧 클래식을 진심으로 들을 것이 아니라면 음악회에 가지 말아야 한다는 것이다.

음악회를 그저 참석하는 것에만 의미를 두는 사람들이 너무나도 많다. '음악회에서 연주한 작품이 어렵고, 잘 모르겠고, 지루했고, 졸립고, 연주를 들으며 딴생각도 많이 했지만 그래도 그 시간이 참 의미 있었다'라고 스스로 위안 삼는 사람이 생각보다 상당수에 이른다. 하

지만 그러한 의미를 위해 음악회를 가기에는 소모되는 것들이 너무나
도 많다. 자신이 음악회를 가는 목적을 솔직하고 분명하게 따져 보아
야 한다. 그 목적이 음악을 듣고 감상하는 데에 있지 않고 다른 것에
있다면, 음악회는 그저 속이 텅 빈 허울에 불과할지 모른다.

음악회는 앞서 말한 것처럼 자신이 잘 알고 있어 감상이 가능한 작
품을 들으러 가는 것인데 안타깝게도 이 세상의 모든 연주자는 내가
아는 작품을 알아서 연주해 주지 않는다. 오늘날의 클래식계는 그동안
사람들에게 잘 알려지지 않았던 현역 작곡가의 음악이나 새롭게 발굴
된 작품 등을 연주회에서 많이 연주하고 있다. 그렇기 때문에 내가 잘
알고 있는 작품을 음악회에서 만나기란 여간 쉽지 않다. 특히 클래식
입문자에게는 더욱 그러할 것이다.

클래식 공연을 가고 싶어 여러 음악회의 프로그램을 살펴봐도 하
나같이 모르는 작품들밖에 없다. 하지만 아무리 모르는 작품이라 하더
라도 그것을 잘 알고 음악회에서 감상할 수 있는 방법은 있다. 그 방법은
음악회에 가기 전까지 작품(프로그램)의 음원(혹은 영상)을 여러 방법으로
찾아 외울 정도로 많이 듣는 것이다.

클래식 입문자라면 음악회는 기본적으로 공연 두세 달 이상 전에
티켓을 예매하는 것이 좋다. 예매를 하고 음악회를 기다리는 그 두세
달의 시간 동안에 음악회에서 연주될 프로그램을 꾸준하게 듣고 작품
을 잘 알아 가는 것이 대단히 중요하다. 프로그램을 들으며 음악회를
준비하는 시간은 앞으로 다가올 음악회를 온전히 자신의 것으로 만들
어 가는 시간이다. 또한 음악회를 선택하고 미리 준비하는 이러한 방

식을 오랫동안 지속하다 보면 쑥쑥 성장해 나가는 자신의 음악 수준을 바로 체감할 수 있게 될 것이다.

그렇다면 준비된 음악회는 어떻게 클래식이라는 음악을 완전히 즐기게끔 하는 것일까? 음악회의 위력은 도대체 무엇일까? 왜 클래식을 좋아하는 사람들은 세계 각지를 돌아다니며 위대한 콘서트의 현장에 있으려 하는 것일까?

음악회는 기본적으로 콘서트홀이나 오페라극장이라는 많은 청중이 모이는 대공간에서 열린다. 콘서트홀이나 오페라극장과 같이 클래식 연주를 위한 대공간을 이제부터 '클래식 공연장'이라 말하겠다. 클래식 공연장은 그것만이 가지는 독특한 공간감이 있다. 공연장은 수많은 객석이 무대를 바라보고 있고, 무대에는 밝은 조명이 비추어져 있으며, 천장은 바라만 보아도 높고 웅장하다. 또한 향긋한 나무 냄새가 나는 목재들이 공연장 내부를 화려하게 감싸며 고급스러운 분위기를 자아낸다. 공연장은 무대에 완전히 집중한다. 청중도 클래식 공연장이 가지는 공간 구조로 인해 무대에 크게 집중하게 된다.

이렇게 높은 집중을 받는 무대라는 공간에는 최고의 기량을 펼치는 연주자(솔로이스트, 오케스트라 등)가 자리한다. 연주자는 이 무대의 연주를 위해 작곡가의 작품을 오랜 시간 연구하고 연습하면서 자신의 연주력을 최상으로 이끌어 낸다. 그리고 청중 앞에서 높은 집중력으로 작곡가가 전하려는 음악과 감정을 연주한다.

음악회는 다양한 집중이 적층되는 자리이다. 작곡가가 작품을 쓰는 집중, 연주자가 작품을 연주하는 집중, 공연장이 무대를 향한 집중, 청중이 연주자를 바라보는 집중, 그리고 청중 속의 자신이 연주를 감상하는 집중 등이 한데 모이는 자리가 바로 음악회이다.

위에 언급한 여러 개체의 집중 중에서 한 가지라도 본연의 성질을 잃게 되면 적층된 집중은 무너지게 될 가능성이 크다. 가령 작곡가의 작품에서 가치를 찾지 못한다거나, 연주자의 기량이 떨어진다거나, 공연장의 환경이 좋지 못하거나, 청중의 관람 태도가 떨어지거나, 자신이 연주에 감상이 이루어지지 않는다면, 음악회는 그저 의미 없는 소리만 흘러나오는 장소가 되기 쉽다.

결국 중요한 것은 음악을 듣는 자신이다. 아무리 작품과 연주자가 훌륭하고 최상의 조건을 가지는 공연장에 수준 높은 청중이 자리한다 할지라도 연주를 듣는 자신이 음악을 감상할 수 없으면 이 모든 것은 헛된 것이나 다름없다. 그렇기 때문에 음악회에 임하기 전에 자신이 작품을 잘 아는 것으로 연주를 감상할 수 있는 태세를 갖추는 것이 매우 중요하다.

자신이 음악회를 착실하게 준비하여 깊은 감상이 이루어지는 순간을 상상해 보았는가? 그 감상의 시간은 모든 집중이 한데 모여 완성되는 순간이다. 그렇다면 무대 위에서 작곡가와 연주자 그리고 청중과 내가 하나가 되었을 때 쏟아져 나오는 음악의 위력은 과연 어떠할까?

그 위력의 정도는 이루 말할 수 없기에 그것에 대한 상상은 당신에게 맡기도록 하겠다. 만약 머릿속에 크게 폭발하는 화산이나 모든 것을 날려버리는 허리케인이 나타나도 전혀 이상하지 않다.

'준비된 음악회'는 당신이 클래식을 즐길 수 있는 최고의 방법이자 클래식 듣기의 수준을 올리는 지름길이 된다. 음악회를 준비한 자만이 그 지름길에 오를 수 있다. 음악회를 다니는 것도 나름의 효과적인 방법이 있다. 음악회의 경험이 별로 없다거나 음악회에 대해 전혀 아는 바가 없다면 다음의 방법을 따르는 것이 좋겠다. 아래의 방법은 체계적인 음악회 계획을 통하여 클래식 듣기의 수준을 점차적으로 높이는 것에 그 목적이 있다. 또한 이 방법은 음악의 현장에서 위대한 연주를 만나는 음악회를, 삶의 중요한 부분으로 두는 것에 있어 좋은 가이드가 되어 줄 것이다.

관심 있는 오케스트라의 정기연주회를 나의 것으로 만들기

음악회를 즐기는 효과적인 첫 번째 방법은 관심 있는 오케스트라의 정기연주회를 주기적으로 찾고 그 음악회를 나의 것으로 만드는 것이다. 먼저 우리가 관심을 가져야 할 오케스트라는 우리나라를 대표할 만한 실력이 좋은 오케스트라여야 하겠다. 연주 활동과 운영에 있어 체계적인 시스템을 갖추고 있고, 세계에서 좋은 활약을 펼치는 지휘자와 솔로이스트를 연주에 초청할 수 있을 정도의 연주 단체여야 할 것이다. 국내에서 이러한 조건을 갖춘 오케스트라 중에는 '서울시립교향악단(SPO)'과 'KBS교향악단'이 대표적이라고 할 수 있다.

그렇다고 해서 음악을 들을 때 이들 오케스트라의 음악회만을 고집할 필요는 없다. 지금은 각 시(市)나 지방을 대표하는 오케스트라의

연주 수준이 높아 모든 오케스트라[157] 간의 실력 편차가 점점 평준화
되고 있다. 그래서 어떠한 오케스트라의 연주를 듣던 간에 자신이 작
품에 대한 준비가 되어 있으면 음악의 깊은 감상에 이를 수 있다. 결국
현재 자신이 있는 위치에서 만나는 것에 큰 어려움이 없는 오케스트라
가 나에게 있어 최고의 오케스트라이고 내가 관심을 가질 만한 오케스
트라이다.

　　기본적으로 오케스트라는 '공연 시즌(Season)'이라는 1년간의 연주
일정[158]을 갖는다. 유럽이나 서구권의 오케스트라는 한 시즌의 시작을
'9월'에 두는 반면에 우리나라의 오케스트라는 '1월'을 한 시즌의 시작
으로 삼는다.[159] 그래서 서울시립교향악단과 같은 국내의 대표적인 오
케스트라는 보통 10월 중순이나 11월 초 즈음에 다음 해에 가질 한 해
의 연주 일정을 먼저 공개한다. (유럽, 서구권의 오케스트라는 5월 즈음에 다음 시
즌의 공연 일정을 공개한다.) 한 오케스트라가 다음 시즌의 일정을 먼저 공개
하는 것은 청중으로 하여금 오케스트라의 공연 일정과 프로그램을 확
인하여 앞으로 가질 음악회 스케줄을 미리 준비하라는 의미일 것이다.

　　우리는 클래식 듣기의 수준을 높이기 위해서 오케스트라가 내놓는
한 시즌의 공연 일정을 적극 활용해야 한다. 여기에서 중요한 것은 오

---

157. 여기에서 말하는 오케스트라는 시(市)나 지방을 대표하는 오케스트라를 말한다. 예) 대전시립
교향악단, 부천시립교향악단, 성남시립교향악단, 경기필하모닉오케스트라 등.

158. 연주 일정에는 한 시즌 모든 공연의 연주 날짜, 연주 프로그램, 지휘자 및 협연자 혹은 출연자
등의 정보가 나타나 있다.

159. 유럽이나 서구권 오케스트라의 공연 시즌: 9월~다음 해 6월(7~8월은 시즌 오프). 한국 오케스
트라의 공연 시즌: 1월~12월.

케스트라가 계획한 한 시즌의 모든 공연을 다 참석할 필요는 없다는 것이다. 앞서 이야기한 것처럼 클래식을 입문하는 사람은 음악회를 두세 달에 한 번이나, 많게는 한두 달에 한 번 가는 것을 추천한다. 음악회는 많이 가는 것이 중요한 게 아니다. 한 번을 가더라도 준비를 잘하여 음악 듣기의 큰 성과를 이루어 내는 것이 중요하다. 작품을 많이 알고 있는 클래식 고수라면 음악회를 한 달에 다섯 번 이상을 가도 상관없겠지만 클래식을 처음 배우는 입문자라면 음악회는 시간을 두고 가는 것이 바람직하다.

이제 클래식을 더욱 즐기기 위해서 우리가 해야 할 것은 해마다 관심 오케스트라의 시즌 일정을 먼저 확인하고 두세 달의 간격으로 선택한 '정기연주회'를 꾸준하게 참석하는 것이다. 클래식 초보자가 선택하기에 좋은 음악회는 우선 자신이 잘 알고 있거나 한번 도전해 보고 싶은 작품을 프로그램으로 연주하는 공연이다. 음악회에서 자신이 잘 알거나 알기를 원하는 작품을 들음으로써 음악의 큰 집중과 감상을 하는 동시에 살아 있는 음악의 생동감을 함께 느껴보는 것이다.

그동안 음반으로만 들었던 클래식 작품의 크고 작은 음악적 면모를 음악회에서 직접 느껴보는 경험은 어떠할까? 클래식을 '음반으로 듣는 것'과 '음악회를 통해서 듣는 것'은 몸의 반응에서부터 많은 차이가 나타난다. 확실히 음악회는 음반에 비해 음악이 느껴지는 것이 훨씬 더 생동적이다.

결론적으로 중요한 것은 관심 오케스트라의 정기연주회를 나의 삶의 중요한 연례행사로 삼고, 내가 선택한 음악회와 그 음악회의 프로그램을 완전히 나의 것으로 만드는 것이다. 이 방식은 엄청난 크기의 음악적 재산을 만들어 줄 것이다. 정기연주회를 3달에 한 번, 즉 1년에 네 번만 가더라도 1년 동안 총 10곡 이상의 클래식 작품을 나의 것으로 만들 수 있다. 앞서 언급한 것처럼 오케스트라 음악회는 일반적으로 한 회에 2~3곡의 작품을 연주하기 때문에 그렇다. 한 해에 10곡 이상의 오케스트라 작품을 제대로 알게 된다는 것은 클래식 듣기의 대단한 수확이 아닐 수 없다. 그렇기 때문에 정기음악회를 다니는 것은 음악을 즐기며 클래식의 수준을 빠르게 높이는 데 가장 큰 효과를 보이는 방법이 된다.

나만의 음악회 캘린더 만들기

음악회를 즐기는 효과적인 두 번째 방법은 '나만의 1년간 음악회 캘린더'를 만드는 것이다. 이것은 주기적으로 관심 오케스트라의 정기연주회를 다니는 것의 연장선에 있다. '나만의 음악회 캘린더'를 만들기 위해서는 우선 다양한 공연 정보를 알아야 한다. 이 정보는 국내 주요 오케스트라[160]의 홈페이지나 주요 공연장[161]의 홈페이지, 또는 티켓을 예매하는 웹사이트[162] 등에서 쉽게 찾을 수 있다.

나만의 음악회 캘린더를 만드는 이유는 다양한 형태의 음악회를

---

160. KBS교향악단, 서울시립교향악단, 국립심포니오케스트라, 대전시립교향악단, 대구시립교향악단, 부천필하모닉오케스트라 등.

161. 예술의전당(서울), 롯데콘서트홀(서울), 세종예술의전당, 대구콘서트하우스, 부산콘서트홀, 세종문화회관(서울), LG아트센터(서울), 인천아트센터, 부천아트센터 등.

162. 인터파크티켓(tickets.interpark.com), 예스24티켓(ticket.yes24.com) 등.

계획적으로 가지기 위해서이다. 1월부터 12월까지 한 해의 캘린더에 우선 자신이 원하는 국내 오케스트라의 정기연주회를 두세 달 간격으로 배치함으로써 음악회 캘린더의 기본 뼈대를 만든다. 그리고 그 두세 달의 간격 사이에 해외 오케스트라의 내한 공연이나 솔로이스트의 리사이틀,[163] 실내악, 오페라 등 다양한 장르의 공연을 나누어 배치한다. 이렇듯 '정기공연'과 '기획공연(혹은 특별공연)'을 적정한 비율로 섞어 나만의 음악회 캘린더를 만든다.

완성된 캘린더의 음악회 일정이 기본적으로 두 달에 한 번이나 어느 한 기간에 크게 집중되어 한 달에 한 번 정도로 정리되었다면 계획이 성공적이라 할 수 있겠다. 처음에 완성된 캘린더는 시간이 지나면서 몇 번의 수정 과정을 자연스럽게 겪는다. 계획했던 음악회 날짜 시기에 갑자기 더 좋은 공연이 나타나 기존의 음악회를 취소할 수 있고, 무리하게 일정을 더 집어넣을 수도 있는 것이다. 오케스트라 정기연주회는 나의 음악회 생활의 뼈대가 될 뿐이지 일정 횟수를 꼭 가야만 하는 불변의 것이 아니다. 여러 공연 정보를 보고 더 좋은 공연이나 크게 도전해 보고 싶은 음악회가 있다면 그것을 선택하고 대체하는 방법을 통해 나만의 음악회 캘린더를 유연하게 조정해 나가도록 하자.

음악회는 어디까지나 선택이다. 분기별로 한 번씩 음악회에 가는 것이 힘들다면 일 년에 한두 번만이라도 음악회를 가면 된다. 음악회가 클래식 수준을 높이는 데 큰 도움이 되지만 그렇다고 해서 클래식

---

163. 한 연주자의 독주회나 독창회.

을 듣는 데 절대적인 것은 아니다. 클래식을 들으면서 가지는 음악회의 경험이 적어서도 안 되겠지만 그렇다고 무리하면서까지 음악회에 많은 힘을 쏟아부어서도 안 될 일이다.

클래식이 가지는 오해 중 하나는 클래식 음악회는 티켓 가격이 아주 비싸다는 것이다. 물론 클래식 음악회 중에서는 좋은 좌석의 가격이 40만 원을 훌쩍 넘기는 것도 있다. 그렇지만 이렇게 비싼 티켓 가격을 자랑하는 음악회는 세계적인 해외 오케스트라의 내한공연이거나 오페라와 같이 무대의 규모가 매우 큰 공연들에 국한된다. 이러한 공연을 제외하고 국내에서 일반적으로 열리는 클래식 음악회는 티켓 가격이 합리적이기 때문에 문화를 소비하는 데 있어 크게 부담되지 않는다.[164] 오히려 유명 K-POP 가수들의 콘서트가 더 비싸게 느껴질 수도 있다. 이렇듯, 클래식 음악회는 보통의 가격으로 최상의 음악을 즐길 수 있는 기회를 만들어 준다.

음악회는 한 해 동안 규칙적으로 가지는 나의 중요한 클래식 이벤트이다. 그것은 자신이 일정 기간 동안 갈고 닦았던 음악 듣기의 성취를 확인하고 만끽하는 시간이다. 그렇기 때문에 음악회를 열심히 준비하여 프로그램을 듣는 것에 자신이 생긴 사람은 오랜 시간 전부터 음악회의 날짜가 기다려지고, 그 시간이 다가올수록 절로 흥분되는 느낌을 맞이하게 된다. 잘 짜놓은 한 해의 클래식 공연 계획으로 나에게 주어진 삶의 모든 시간이 손꼽아 기다려지게 되는 것이다. 이처럼 생활

---

164. 국내 오케스트라 정기연주회의 상급 좌석(S석 기준) 티켓 가격은 보통 7만 원에서 8만 원 정도이다.

03 MARCH

SUNDAY	MONDAY	TUESDAY	WEDNESDAY	THURSDAY	FRIDAY	SATURDAY
			1	2	3	4
			● 말러 심포니 5번 전 악장 듣기 ────────			
5	6	7	8	9 휴식	⑩ 서울시향 정기연주회 [「말러 심포니 5번」]	11 ●
12	13	14 ─── 라벨 「물의 유희」, 라벨 「소나티네」 듣기 ───	15	16	17	18 →
19 ●	20	21 ───── 라벨 「죽은 왕녀를 위한 파반느」 듣기 ─────	22	23	24	25 →
26 ●	27 ───── 드뷔시 「베르가마스크 모음곡」 듣기 ─────	28	29	31		

04 APRIL

SUNDAY	MONDAY	TUESDAY	WEDNESDAY	THURSDAY	FRIDAY	SATURDAY
					1	2 드뷔시 「베르가마스크 모음곡」 듣기 →
3 ●	4	5 ──── 라벨 「밤의 가스파르」 I. 물의 요정 듣기 ────	6	7	8	9 →
10 ●	11	12 ───── 라벨 「밤의 가스파르」 2. 교수대 듣기 ─────	13	14 →	15	16
17 ─── 라벨 「밤의 가스파르」 3. 스카르보 듣기 →	18	19	20	21 휴식	㉒ 조성진 피아노 리사이틀 [라벨, 드뷔시]	23 ●
24	25	26 ───── 브람스 바이올린 협주곡 1악장 듣기 ─────	27	28	29	30 →

나만의 음악회 캘린더 예시

05 MAY

SUNDAY	MONDAY	TUESDAY	WEDNESDAY	THURSDAY	FRIDAY	SATURDAY
1	2	3	4	5	6	7
			브람스 바이올린 협주곡 2악장 듣기			→
8	9	10	11	12	13	14
			브람스 바이올린 협주곡 3악장 듣기			→
15	16	17	18	19	20	21
브람스 바이올린 협주곡 전 악장 듣기 →						
22	23	24	25	26	27	28
		브람스 심포니 1번 1악장 듣기				→
29	30	31				
	브람스 심포니 1번 2악장 듣기					

06 JUNE

SUNDAY	MONDAY	TUESDAY	WEDNESDAY	THURSDAY	FRIDAY	SATURDAY
			1	2	3	4
				브람스 심포니 1번 2악장 듣기		→
5	6	7	8	9	10	11
	브람스 심포니 1번 3악장 듣기 →					
12	13	14	15	16	17	18
	브람스 심포니 1번 4악장 듣기					→
19	20	21	22	23	24	25
	브람스 심포니 1번 전 악장 듣기 →		휴식	KBS 심포니 정기연주회 [브람스 바협, 브람스 심포니 1번]		
26	27	28	29	30		
	리하르트 슈트라우스 「돈 후앙」 듣기 →					

나만의 음악회 캘린더 예시

속에 강한 활력이 되는 클래식 이벤트는 나만의 음악회 캘린더를 만드는 것으로써 정리되고 완성된다.

나만의 음악회 캘린더가 완성되었다면 제일 처음 맞이하는 음악회의 프로그램서부터 작품을 지속하여 들어 나가자. 작품이 녹음된 음반을 구입하고 음악회가 열리는 날까지 음반을 꾸준하게 들어, 연주될 프로그램을 미리 나의 것으로 만드는 것이 중요하다. 혹여나 음악회 전날까지 작품을 많이 들었음에도 불구하고 음악이 귀에 잘 들어오지 않는다거나 작품이 계속 어렵게만 느껴진다 하더라도 크게 낙심할 필요는 없다. 클래식 작품 중에서는 모든 것이 집중된 음악회에서 자신의 모습을 그제야 드러내는 것도 있기 때문이다. 결국 음악회에서 본 모습을 드러내는 작품도 그동안 작품을 알기 위해 부단히 노력했던 사람만이 쟁취할 수 있는 것이다. 음악회를 준비하지 않은 사람에게는 그 어떠한 것도 찾아오지 않는다.

공연장 객석의 앞자리에 앉기

음악회를 즐기는 세 번째 방법은 음악회에서 연주자의 모습을 가까이서 볼 수 있는 객석의 앞자리에 앉는 것이다. 객석의 앞자리는 많은 장점을 가지고 있다. 우선 연주자의 표정이나 호흡뿐만 아니라 미세한 제스처(Gesture)를 느끼면서 음악을 들을 수 있다. 또한 오케스트라가 연주하는 공연에서는 무대에서 미세한 진동도 느낄 수 있고, 양손과 팔로 감정을 가득 뿜어내는 지휘자의 모습을 자세하게 볼 수 있다. 이것은 음악을 듣는 이가 연주에 몰입하는 중요한 모티프(motif)가 된다. 눈에 보이는 것은 사람의 감정을 움직이는 것에 있어 매우 중요한 요소가 된다. 음악회의 앞자리는 이러한 연주자를 바라보는 시각과 진동을 느끼는 촉각 그리고 연주를 듣는 청각까지 모든 센스(Sense)를 한번에 충족시켜 주는 최고의 자리이다.

'눈에서 멀어지면 마음도 멀어진다'라는 말이 있다. 이 말은 음악회에서도 그 의미가 통한다. 무대와 연주자가 조그맣게 보이는 객석의 뒷자리와 같이 무대와의 거리가 상당히 떨어져 있는 자리에서는 음악을 듣고 집중하기가 여간 어려운 일이 아니다. 정말 원했던 연주자의 공연인데 남은 티켓이 별로 없어 뒷자리라도 앉아야 할 상황이면 모르겠으나, 음악회에서 음악을 듣는 데 별로 도움이 되지 못하는 객석의 뒷자리는 가급적 피하는 것이 좋다.

나의 경우에는 어떠한 공연이라 할지라도 내가 객석의 앞쪽이나 중간에 앉을 수 없다면 그 공연은 가질 않는다. 특히 클래식 입문자가 음악회를 갈 때는 무대에서 멀리 떨어져 있는 자리는 무조건 피해야 하고, 무대와 가까운 쪽에 자리를 잡는 것이 현명하다 할 수 있다. 어떠한 이는 객석의 앞자리는 음향이 고르지 않아 피해야 하는 자리라고 말하기도 한다. 그러나 이러한 생각과 행동은 들리는 연주의 음향까지 분석할 수 있는 음악의 고수가 되었을 때 하도록 하고, 고수가 아니라면 무대와 가까운 자리에서 연주자를 바라보며 음악을 듣는 것이 여러모로 이로울 것이다.

참고로 음악회에서 무대와 가까운 자리를 쟁취하려면 부지런함을 발휘해야 한다. 무대에서 가까운 자리는 워낙 인기가 있고, 특히 유명한 아티스트의 공연이라면 더욱 티켓조차 구경하기 힘들다. 더구나 무대와 가까운 자리는 다른 자리에 비해 가격도 비싸다. 그렇지만 우리는 어떠한 수를 써서라도 이 자리를 나의 것으로 만들어야 한다.

무대와 가까운 자리를 나의 것으로 만들기 위해서는 우선 원하는 음악회의 티켓 오픈 일정을 잘 알아야 한다. 티켓 오픈 일정은 가만히 있으면 저절로 알게 되는 것이 아니다. 평소에 클래식 공연 정보와 관심 있는 오케스트라의 공연 일정을 많이 알아보고, 즐겨 찾는 공연장의 홈페이지나 공연기획사의 SNS를 통해 공연 일정을 꾸준하게 확인해야지만 원하는 음악회의 티켓 오픈 일정을 미리 알 수가 있다. 티켓 오픈 시간을 알면 다른 사람들보다 먼저 음악회의 티켓 예매를 진행할 수 있고, 그럼으로써 자신이 원하는 자리를 빠르게 선점할 수 있다.

연주에 완전 빠져들기

음악회를 즐기는 네 번째 방법은 음악회에서 연주자가 펼치는 연주에 완전히 빠져드는 것이다. 연주에 빠져드는 것은 자신이 원한다고 해서 그저 바로 되는 것이 아니다. 우선 음악회에서 연주되는 작품의 구석구석을 다 꿰차고 있어야 하고 음악에 크게 집중하여 작품에 몰입할 수도 있어야 한다.

연주에 빠져드는 것은 자신의 존재를 음악으로 지워나가 결국 자신을 잊게 하는 것이다. 이러한 자신을 잊는 과정은 삶의 중요한 카타르시스(katharsis)가 된다. 단 몇 분만이라도 나로 가득한 세계에서 벗어난다는 것은 자신과 얽혀 있는 모든 관계의 스트레스로부터 스스로 해방되는 것이리라.

　연주로 빠져들 수 있는 길은 '작곡가가 남긴 작품에 귀를 크게 기울이는 것'이다. 한 작품이 가지는 선율의 아름다움과 그 선율의 전체적인 흐름 그리고 선율의 흐름을 풍요롭게 만드는 부 선율과 반주의 모습, 음악 전체의 크고 작은 다양한 변화, 작품이 말하려는 감정 등 작품을 이루는 모든 부분을 민감하게 듣고 느끼는 것이다. 그러면서 작곡가의 위대함도 같이 생각해 본다. 어떻게 사람의 형상을 가지면서 이러한 음악을 만들 수 있는 것인지, 지금 듣고 있는 작품은 작곡가가 어떠한 상황 속에 있었기에 이러한 감정과 감동이 느껴지는지를 연주를 들으며 같이 상상해 보는 것이다.

　그리고 연주자를 바라본다. 연주자의 연주 실력과 몸의 움직임에 집중한다. 또한 연주자가 자신의 음악으로서 말하고자 하는 작곡가의 메시지를 느껴본다. 연주자의 고도화된 연주 스킬을 바라보며 감탄하고, 그가 내쉬는 호흡과 내비치는 감정에도 크게 반응해 본다.

　마지막으로 연주에 깊이 빠져 있은 자신의 모습을 바라보자. 음악회에서 음악에 몰입하고 있는 나의 모습을 상상의 눈으로 바라보는 것은 작곡가와 작품 그리고 연주자와 내가 음악으로 하나가 된 상태를 바라보는 것이다. 음악을 이루는 중요한 요소들과 하나 된 상태에서 오롯이 음악에만 집중하고 있는 자신의 모습을 느껴보자. 그러한 모습을 순간순간 확인하는 것은 음악회에서 연주로의 몰입을 더욱 강하게 하는 작용제가 될 것이다.

어렵게 느껴지는 음악회에 적극 도전하기

음악회를 즐기는 다섯 번째의 방법은 프로그램이 어렵게 느껴지는 음악회에 적극 도전하는 것이다. 이 방법은 실천하는 것에 있어 적지 않은 어려움이 따르지만, 이에 따른 성취감도 크게 나타난다고 할 수 있다. 음악회 중에는 청중이 비교적 어렵지 않게 들을 수 있는 클래식 작품을 연주하는 공연도 있지만 그렇지 않은 어려운 작품을 연주하는 공연도 있다. 클래식 작품 중에서 특히 후기 낭만주의와 그 이후 시대의 음악들은 기본적으로 작품의 크기가 방대하고 음악 자체도 난해한 경우가 많다.

클래식 듣기의 실력을 높이기 위해서는 어렵게 느껴지는 작품을 피하지 않고 그것에 도전해야 한다. 왜냐하면 클래식에서 유난히도 어렵게 느껴지는 후기 낭만주의와 그 이후의 음악들이 클래식의 정점에 있기 때문이다. 특히 구스타프 말러와 안톤 부르크너, 리하르트 슈트라우스, 리하르트 바그너가 남긴 작품들은 현대 오케스트라와 클래식 음악의 절정을 이루는 걸작 중의 걸작이다. 이러한 작품들은 오케스트라의 규모 또한 남다르기 때문에 특히 음악회라는 음악의 현장에서 아주 강한 존재감을 나타낸다. 음악회에서 말러나 리하르트 슈트라우스를 듣는 것은 마치 거대한 태양계를 담은 영화를 아이맥스(IMAX)에서 보는 것 이상이라고 표현할 수도 있을 것이다.

이러한 음악의 강한 스펙터클을 느끼기 위해서는 처음에 어렵게 느껴지는 음악과 그 음악을 연주하는 음악회에 도전해야만 한다. 그렇지 않으면 이러한 중독성 강한 클래식 음악을 제대로 경험할 방법은 없다. 도전하는 어려운 작품이 오랫동안 귀에 들리지 않아도 그것을 꾸준하게 들어 보자. 꾸준하게 듣다 보면 결국 작품은 나의 것이 되어 있다. 작품을 나의 것으로 만들었을 때, 그리고 나의 것이 된 작품의 그 압도적인 모습을 음악회에서 바라볼 때의 느낌은 가히 우주가 움직이는 모습을 바라보는 것과 같다고 말할 수 있다.

해외에서 클래식 음악회 보기

음악회를 즐기는 여섯째 방법은 세계적으로 유명한 음악 페스티벌(Festival, 축제)이나 최정상 오케스트라의 공연을 해외에서 직접 보고 경험하는 것이다.

아쉬운 마음이 가득한 한 해의 마지막 날에 주황빛 야경이 아름다운 베를린에서 베를린 필하모닉의 송년 음악회(Silvesterkonzert)를 직접 보고 느끼는 것, 꽃향기가 싱그러운 5월 어느 날에 빈의 쇤브룬 궁전(Schloss Schönbrunn)에서 열리는 빈 필하모닉의 여름밤 콘서트(Sommer Nachts Konzert)의 현장 속에 있는 것, 스위스의 대자연 속에 머물면서 루체른 페스티벌(Lucerne Festival)의 다양한 공연을 감상하는 것 등, 이러한 음악 여행은 인생에서 가장 황홀한 자신과 음악을 위한 시간이다.

만약 '나만의 음악회 캘린더'에 이러한 해외 공연이 계획되어 있다면, 그 해는 기대감과 설렘으로 가득할 것이다. 자신이 사랑하는 오케스트라를 만나러 가기 위해 준비해야 하는 모든 과정에서 설레는 마음이 느껴진다. 궁금한 마음으로 오케스트라의 공연 일정을 살펴보는 것, 공연 일정에서 자신이 원하는 공연을 선택하는 것, 선택한 공연의 날짜에 맞게 비행기 티켓을 알아보고 휴가 계획과 여행 계획을 세우는

것, 그리고 공연 프로그램을 공부하며 오케스트라와 만나는 그날을 손
꼽아 기다리는 이러한 일련의 과정은 음악회를 진정으로 즐길 줄 아는
사람들만이 가질 수 있는 음악의 즐거움이자 행복이다.

이 세상의 모든 일은 첫 시작이 어려운 법이다. 해외로 음악 여행을
떠나는 것도 마찬가지이다. 처음에는 클래식을 듣기 위해 해외로 나간
다는 것이 마치 무언가에 크게 도전하는 것처럼 느껴질 수도 있을 것
이다. 그렇지만 한두 번의 경험이 쌓이다 보면 음악 여행은 곧 인생의

❶ 2013 루체른 페스티벌, KKL 루체른 | 빈 필하모닉 오케스트라　❷ 2024 필하모니 베를린 전경
❸ 2024 엘프필하모니, 함부르크 | NDR 엘프필하모니 오케스트라　❹ 2018 베를린 필 새해 전야 음악회 티켓
❺ 2018 베를린 필 새해 전야 음악회 | 베를린 필하모닉 오케스트라　❻ 2024 젬퍼 오퍼, 드레스덴 | 드레스덴 슈타츠카펠레

해외로 음악 여행을 떠나다

중요한 한 부분으로 자리하게 될 것이다.

　해외로의 음악 여행이 여러 부분에 있어 적지 않은 비용이 드는 것은 사실이다. 하지만 큰 부담이 된다고 해서 너무 염려할 필요는 없다. 왜냐하면 유럽의 음악회는 대체적으로 티켓 가격이 그리 비싸지 않기 때문이다. 해외에서 음악회를 볼 때의 가장 좋은 점 중 하나는 같은 오케스트라의 공연을 한국보다 훨씬 저렴한 가격으로 볼 수 있다는 것이다. 예를 들어 공연장에서 제일 상급 좌석을 기준으로 보았을 때 서울에서 50만 원이 넘는 베를린 필의 티켓 가격이 베를린에서는 그것의 1/4 ~ 1/5 정도밖에 되지 않는다. 이 얼마나 아름답고 다행스러운 일인가! 결론적으로 유럽, 서구권의 해외로 나가면 세계 일류 오케스트라들이 갈고 닦은 최고의 음악과 그들의 멋진 콘서트홀을 함께 만날 수 있다. 그것도 비싸지 않은 아름다운 티켓 가격으로 말이다.

　지금까지 우리는 음악회를 나의 것으로 만들고 그것을 즐기는 방법에 대해 꽤 많은 이야기를 나누었다. 결국 음악회의 가치는 객석에서 음악을 듣는 이가 스스로 만드는 것이다. 똑같은 음악회의 연주라도 듣는 사람에 따라 천상의 음악일 수도 있고 반면에 지옥의 고통일 수도 있다. 음악을 듣는 사람이 최상의 상태[165]로 클래식 공연을 맞이하는 것, 그것이 곧 음악회를 천상으로 만드는 중요한 '태도'이다.

---

165. 여기에서 '상태'란 음악회 프로그램을 미리 들어 준비하는 것과 음악회 당일의 건강 상태와 투여한 약물, 먹은 음식, 마신 음료, 동행자와 관계 등 음악회의 감상에 직접적인 영향을 주는 모든 요소들을 말한다.

마지막으로 음악회에서 주의해야 할 것에 대해 몇 가지를 이야기하고자 한다. 다음의 내용은 음악회에서의 중요한 에티켓이자 타인을 위한 매너이기도 하지만, 결국에는 나의 음악 감상을 최상으로 올리기 위한 지침과 같은 것이다.

소리

음악회는 소리에 아주 민감하다. 그래서 음악회가 열리는 클래식 공연장은 도서관보다 더 조용한 실내소음기준(Noise Criteria)이 적용되어 건축이 설계된다. 클래식 공연장에서는 청각이 아주 예민한 상태이기 때문에 자신으로부터 발생할 수 있는 모든 소리에 주의해야 한다.

'기침 소리', '콩콩 목을 긁는 소리', '백이나 옷의 지퍼를 여는 소리', '프로그램 북을 넘기는 소리', '코를 고는 소리', '병뚜껑을 열며 물을 마시는 소리', '아이가 산만하게 움직이는 소리', '움직이는 아이를 훈계하는 소리' 등 이러한 소음들이 음악회가 진행되는 동안에 발생하지 않도록 주의를 기울여야 한다.

참으로 다행인 것은 이러한 소리들은 음악회 전에 어느 정도 방지할 수 있다는 것이다. 기침이 나거나 목의 컨디션이 안 좋은 날에는 목안을 시원하게 하는 사탕을 준비하고 음악회가 끝날 때까지 컨디션에 맞게 섭취하면 된다. 그리고 지퍼가 달린 백이나 점퍼는 공연 전에 물품보관소에 맡기거나 연주 중에는 지퍼를 아예 건드릴 생각을 하지 않는다. 유럽의 경우에는 공연 시작 전에 입고 있는 코트나 점퍼를 비롯하여 부피가 있는 개인물품을 무조건 로비의 보관 장소에 맡겨야 하는 공연장이 많다. 왜냐하면 그러한 것들에 의해서 사람들이 공연장에서 시각적 혹은 청각적인 방해를 받지 않게 하기 위해서이다.

프로그램 북은 공연이 시작하기 전에 정독하고 공연 중에는 의자 밑에 두는 것이 옳다. 즉, 공연이 시작한 이후에는 프로그램 북을 보지 말고 연주자의 연주에 집중해야 한다. 코를 고는 것을 방지하기 위해서는, 연주가 지루하지 않고 재미있어야 하는데 그러기 위해서는 음악회 전에 프로그램을 많이 들어 음악회를 나의 것으로 만드는 것을 적극 추천한다. 음악회가 나의 것이 아니라 남의 것이기 때문에 졸린 것이다. 또한 공연 중에는 물을 마시는 것을 절대 피하고, 꼭 마셔야 하는 상황이라면 연주의 악장과 악장 사이에 빠르게 마시는 것이 좋겠다.

마지막으로 음악회에서 아이의 행동을 통제하지 못하는 것은 다른 사람에게 큰 폐가 된다. 물론 아이의 교육을 위해서 음악회에 데리고 오는 것은 아주 긍정적이나 아이의 산만한 행동으로 주위의 사람들이 음악을 듣는 데 불편함을 겪게 해서는 안 된다. 결론적으로 행동이 통제되는 아이라면 음악회에 같이 참석하되 그렇지 않은 아이라면 당분간 음악회에 데리고 오지 않는 것이 옳겠다. 아이의 조그만 움직임이 연주에 집중하려는 사람에게 엄청난 스트레스로 작용할 수 있기 때문이다.

핸드폰

공연 중에 '내 폰만큼은 절대로 울리지 않는다!' 라는 자신감은 완전히 버리도록 하자. 이러한 근거 없는 자신감 때문에 음악회에서 낭패를 본 사람들을 많이 봐왔다. 공연 중에는 무조건 핸드폰의 전원을 꺼야 한다. 이것은 남을 위한 배려이기도 하지만 나의 음악 감상을 위한 것이기도 하다. 핸드폰이 완전히 꺼져 있다는 것이 확인되었을 때 일말의 염려도 없이 음악에만 집중할 수 있다. 핸드폰 전원은 모든 연주가 끝나 연주자가 관객에게 인사하는 커튼콜 이후에 켜는 것이 바람직하다.

지금까지 많은 음악회를 다니면서 일반적인 상식으로 이해할 수 없는 관객의 모습을 여럿 보았다. 제일 기억나는 것은 자신의 핸드폰 화면을 가장 어둡게 조정하고 음악회의 연주를 동영상으로 녹음하는 사람이었다. 나는 기본적으로 옆에 있는 사람이 무얼 하든지 크게 상관하지 않는 편이다. 그렇지만 바로 옆자리에서 연주를 녹음하기 위해 지속하여 눈치를 살피고 핸드폰을 만지작거리면서 미세한 소리를 내는 상황은 지옥이나 다름없었다. 물론 그 상황을 참을 수가 없어서 옆 사람의 행동을 멈추게 하였지만, 그 음악회는 지금까지도 잊을 수 없는 최악의 음악회로 남아 있다.

음악회 에티켓을 잘 모르는 사람은 자신이 섣불리 하는 행동에 얼마나 많은 사람들이 큰 불편을 겪는지를 알지 못한다. 때에 따라서는 의도치 않게 그러한 사람이 나 자신이 될 수도 있다. 그래서 음악회에서는 남에게 피해 될만한 것들을 미리 제거해 놓는 것이 자신의 공연 에티켓뿐만 아니라 아무런 염려 없이 음악에만 집중할 수 있는 음악 감상에도 큰 도움이 된다.

음식

음악회는 오랜 시간 강한 집중을 요한다. 그래서 음악회를 갈 때는 공연이 끝날 때까지 최상의 정신 상태를 유지하고 있어야 한다. 음악회에서 좋은 컨디션과 정신 상태를 유지하기 위해서는 특히 공연 전에 먹는 것을 조심해야 한다. 공연 전 먹기에 좋은 음식으로는 가벼운 샌드위치나 샐러드가 있고, 또한 공복 상태를 유지하는 것도 음악회의 집중을 위한 좋은 방법이다. 공연 전에 배부르게 먹는 것은 음악회를 집중하는 데 큰 장애가 된다. 배가 부르면 견딜 수 없는 졸음이 따르기 때문이다.

공연 전에 완벽하게 피해야 할 음식이나 음료로는 우선 술과 커피가 있다. 기분 전환할 겸 가볍게 마신 와인 한 잔과 맥주 한 잔이 음악회 내내 정신을 몽롱하게 하고 졸리게 하는 원인이 될 수 있다. 또한 커피는 이뇨 작용을 일으켜 음악회 내내 매우 불편한 상황을 만들어낼 수 있다. 이런 상황에서는 음악을 단 일도 들을 수 없다. 될 수 있으면 술과 커피는 음악회 전에 마시지 않는 것이 좋다. 물 또한 많이 마시지 말아야 한다.

공연 전에 고기구이나 강한 양념의 음식, 트림을 유도하는 음식도 절대로 먹지 않도록 한다. 왜냐하면 이러한 음식은 몸에 냄새를 남기거나 냄새를 풍기기 때문이다. 공연장에서 내 코에 술술 풍기는 짙은 양념의 냄새를 맡아본 적이 있는가? 그것은 썩 유쾌하지 않은 기분을 만든다. 이렇듯 냄새 또한 소리(소음)와 마찬가지로 음악회에서 특별하게 주의해야 할 문화 에티켓이다.

박수

　'박수'는 상대방에게 축하와 격려, 감사 등의 의미를 전달하기 위해 가지는 행동을 말한다. 하지만 청중 가운데는 이러한 박수의 의미를 잘못 이해하고 자신을 위한 박수를 보내는 이들이 있다. 이들은 남들보다 먼저 박수를 시작함으로써 청중에게 '이제 연주가 끝났으니 박수 치세요! 저는 클래식을 잘 아는 사람입니다!'라는 의미를 전달하며 자기 과시를 하는 것이다. 개중에는 자신의 박수 소리를 듣고 청중이 따르는 모습을 크게 즐기는 이들도 있다. 마치 자신이 군중을 리드하고 있다는 느낌을 이러한 행동을 통해 가지려 하는 것이다. 이는 참으로 어리석은 행동이 아닐 수 없다.

　앞에서 한번 언급한 바 있는 '안다 박수'와 '안다 브라보'는 상식적인 교양을 가지고 있는 사람이라면 절대 하지 말아야 할 행동이다. 연주자(또는 오케스트라)의 연주가 끝나는 그 순간을 기다렸다가 '안다 박수'로 작품의 마지막 호흡을 해치는 것은 청중과 연주자가 그동안 쌓아 올린 음악회의 감동을 한 순간에 허물어 버리는 것과 같다. 음악회에서는 자신이 아는 것을 과도하게 드러내는 행동을 보여서는 안 된다. 이러한 행동을 보이는 사람이 주위에 있다면 이성적인 말로 주의를 줄 필요가 있다.

　음악회에서 박수는 그저 남이 칠 때 같이 따라 치면 되는 것이다. 굳이 남보다 먼저 칠 필요가 없다. 박수를 잘 친다고 누가 상을 주는 것도 아니다. 중요한 것은 공연이 다 끝났을 때 지금까지 훌륭한 연주를 보여준 연주자를 위해서 우레와 같은 박수와 아낌없는 환호를 보내주는 것이다.

안다 박수

그런데 여기에서 누군가가 이러한 질문을 한다.

"저는 음악회에서 다른 사람의 박수를 따라 치는 사람이 되고 싶지 않습니다. 악장과 악장 사이에 박수를 치지 않는 것과 같은 '공연 에티켓'을 지키면서 연주자의 연주가 끝났을 때는 마음으로부터 우러나오는 박수를 보내고 싶습니다. 그 누구를 따라 하거나 눈치 보지 않고 스스로 확신이 넘치는 박수를 하기 위해서는 어떻게 해야 합니까?"

이 질문에 대한 답변은 다음 한 가지밖에 없다.

"그러한 박수를 치고 싶다면 연주자가 연주하는 작품을 잘 알고 있

330

어야 합니다. 즉, 연주되는 작품이 총 몇 악장으로 구성되어 있는지, 각 악장이 어떻게 시작하고 어떠한 모습으로 끝나는지, 그리고 작품의 전체적인 흐름은 무엇인지 명확히 알고 있어야 합니다. 또한 집중이 흐트러져 연주자의 연주를 크게 놓치는 일도 없어야 할 것입니다. 음악회의 프로그램을 제대로 알지 못하면 박수를 칠 때[166]와 치지 말아야 할 때[167]를 명확히 구분할 수 없습니다. 결국 음악회 프로그램 전체를 잘 알고 있어야 스스로 자신감 넘치는 박수를 할 수 있습니다. 음악회를 가기 전에 음악회에서 연주될 작품을 '많이' 듣고, '꾸준하게' 듣고, '외울 정도'로 들어야 음악회에서 본인이 원하는 박수의 모습을 가질 수 있습니다."

---

166. 작품에서 마지막 악장의 연주가 끝났을 때, 연주자가 연주를 끝내고 청중을 바라보고 인사할 때.

167. 작품의 악장과 악장 사이 또는 연주자가 연주를 끝내고 작품의 마지막 호흡을 가다듬는 시간.

클래식을 듣는 것도
타고난 사람이 있을까?

물론이다. 선천적으로 클래식을 듣기 위해서 태어난 사람들이 있다. 이러한 사람들은 때가 되면 자연스레 클래식 고수가 되어 있다. 그 누군가가 이들에게 클래식을 들으라고 강요한 것도 아닌데 이들은 알아서 클래식 음악을 찾아 듣고 그것에 강한 매력을 느낀다. 또한 클래식을 잘 아는 사람이 이들에게 클래식을 듣는 방법이나 필수적으로 들어야 할 작품에 대해 알려주지 않아도 이들은 스스로 명작품과 명연주를 들으며 클래식을 듣는 자신만의 방법을 찾는다.

그렇지만 클래식을 듣는 것이 타고난 사람은 이 세상의 소수에 불과하다. 클래식 음악을 알아서 들을 수 있는 사람에 비해 그럴 수 없는 사람이 이 세상에 대부분을 차지한다. 대부분의 사람들이 클래식을 알아서 들을 줄 알았다면 이 책은 쓰이지도 않았을 것이다.

나는 클래식을 듣는 것에 선천적인지는 잘 모르겠다. 왜냐하면 단 한 번이라도 클래식을 쉽게 들어 본 적이 없기 때문이다. 하지만 쉽지 않은 음악에서 깊은 매력과 인생을 느낀다. 나의 삶에서 클래식을 안 듣는 날은 거의 없다. 이렇게 클래식을 호흡처럼 듣는 이유는 음악을 들을 때 강하게 솟아나는 감정이 스스로 살아 있음을 느끼게 하기 때문이다.

클래식을 들으면 들을수록 어떠한 책임감에 사로잡혀 도저히 가만히 있을 수가 없었다. 나에게 막강한 책임감을 느끼게 한 대상은 이 세상에 클래식을 전혀 모르고 살아가는 대부분의 사람들이었다. 그들은 나를 스스로 일어서게 했고 움직이도록 만들었다. 나는 도저히 클래식 음악을 소수[168]의 전유물로 두고 싶지 않았다. 클래식을 알리려는 나의 움직임과 의지는 결국 클래식을 듣는 방법에 대한 담론을 품은 하나의 클래식 음악 입문서가 되었다.

지금까지 이 책을 통해서 클래식 듣기에 대한 많은 이야기를 나누었다. 결국 이 책이 독자에게 강조하려 하는 것은 '음악은 많이 듣는 사람을 당해낼 수 없다'라는 것이다. 클래식은 기본적으로 많이 들어야 하는 음악이다. 세상에 아무리 어려운 클래식 음악이라 할지라도, 그것이 음악을 많이 듣는 사람과 마주하게 되면 언젠가 그에게 동화되기 마련이다. 결국 세상에 듣기 불가능한 어려운 음악은 없다. 다만 우리가 그것을 들으려는 마음을 가지고 있느냐가 중요한 것이다.

---

168. 클래식 음악을 업으로 삼는 사람들과 클래식을 듣는 것이 타고난 사람들.

클래식을 듣는 사람은 어려운 음악에 도전하는 과정을 즐길 줄 안다. 또한 난제의 음악을 듣는 어려움 속에서도 듣는 것을 포기하지 않고 조금씩 알아 가는 것에서 강한 즐거움을 느낀다. 이것은 음악을 듣는 사람이 가지는 삶의 최상위 에너지이다.

이러한 음악을 듣는 에너지는 우리네 생활 속에서 다양한 형태로 변형되어 그 힘을 표출한다. 그 힘은 우리가 생각하는 것보다 훨씬 더 강력하다. 음악을 듣는 힘은 특히 자신이 하는 일이나 생각에 그물처럼 연결되어 스스로 생산해 내는 모든 것, 즉 창의성에 큰 영향을 나타낸다.

건축사인 나는 클래식 음악으로부터 건축 디자인의 영감을 얻는다. 나는 내가 설계할 건축 프로그램[169]에 맞는 작곡가나 클래식 작품을 선택하여 그 음악이 가지는 세계를 건축에 담고자 노력한다. 괴테는 '건축은 응결된 음악'이라 했다. 나 또한 괴테의 사상에 동의하고 건축을 하나의 음악 작품으로 표현하고자 많은 노력을 하고 있다.

오래전 'KT 광화문 사옥'과 '연세대학교 경영관' 설계에 참여하였을 때 나는 리하르트 슈트라우스의 교향시를 많이 들었다. 슈트라우스의 음악에서 느껴지는 '새로움을 향한 역동성'이 미래를 선도할 기업과 젊은 경영학도의 정신에 크게 빛나기를 염원했기 때문이다. KT 광화문 사옥과 연세대학교 경영관 이외에도 내가 참여했던 모든 건축 프

---

169. 건축 프로그램은 사무실, 공연장, 전시실과 같은 건축물의 용도나 한 건축물 내에 계획되어야 하는 기능과 공간을 말한다.

로젝트에는 내가 듣고 표현하고자 했던 음악의 감성과 메시지가 담겨 있다. 서울 '하나은행 본점' 설계에서는 바흐 건반 작품에 담겨 있는 '이성과 감성의 조화'를, '서울동부지방검찰청'에서는 베토벤 후기 피아노 소나타가 노래하는 '사람의 인생'을, '제주신화월드'의 호텔리조트 설계에서는 모차르트 오페라가 품은 '무한한 사랑과 열정' 그리고 '삶의 위로'를 나타내고자 하였다.

이제는 스타 가수들의 콘서트 성지가 되어 버린 대구 '엑스코 제2 전시장'을 설계했을 때는 드뷔시와 라벨의 피아노 소품을 들으며 그들의 음악에서 느껴지는 '세련된 인상'과 '다채로움'을 건축에 표현하고자 하였다. 또한 88서울올림픽이 찬란했던 '잠실종합운동장 주경기장'의 리모델링 설계를 맡았을 때는 말러 심포니 1번 「거인」과 2번 「부활」을 들으며 '평화를 향한 인류의 도전'과 '도전하는 인류의 위대한 승리'를 꿈꾸었다. 나는 나의 '건축 의지'와 '음악의 표현'이 담긴 건축물을 경험하는 모든 사람들이, 나의 손길이 닿은 건축 안에서 음악의 향연을 느끼길 소망한다.

그토록 어렵게 느껴졌던 클래식은 이제 당신의 것이 되었다. 클래식은 앞으로 당신의 삶에서 다양한 관계를 이루고 있을 것이다. 그것은 평상시에 진솔한 이야기를 함께 나누는 친구였다가 가끔은 애틋한 감정을 느끼는 연인이 되고 또한 인생의 큰 가르침을 주는 스승이 된다. 이러한 음악과의 다양한 관계를 통하여 인생에서 점점 메말라져 갈 수밖에 없는 감성과 감상의 깊이를 더욱 더해 가기를 바란다.

이 책이 세상에 나올 수 있도록 나에게 용기와 기회를 준 가족에게 깊은 감사의 말을 전한다. 특히 오랜 시간 기다렸던 나의 '아들'과 우리 아들을 만날 수 있게 끝까지 포기하지 않았던 나의 '아내'에게 이 책을 바치길 원한다. 또한 이 책의 가능성을 발견해 주신 연암사 대표님에게도 감사의 말씀을 드리고 싶다. 마지막으로 지금까지 나의 삶과 함께 하면서 나에게 수많은 음악 이야기를 들려준 클래식에게도 참 고맙다라는 말을 전하고 싶다.